La dimension de la souffrance en psychosomatique

CHEZ LE MÊME ÉDITEUR

Des mêmes auteurs

DOULEURS ET PSYCHOPATHOLOGIES LIÉES AUX TRAUMATISMES, par E. FERRAGUT, P. COLSON *et al.*, 1999, 192 pages.

LA DIMENSION DE LA SOUFFRANCE EN CHIRURGIE ET RÉANIMATION, par E. FERRAGUT, P. COLSON. 1996, 144 pages.

LA DIMENSION DE LA SOUFFRANCE CHEZ LE MALADE DOULOUREUX CHRONIQUE, par E. FERRAGUT *et al.* 1995, 184 pages.

LE MÉDECIN, LE MALADE ET LA DOULEUR, par P. QUENEAU, G. OSTERMANN. Préfaces de B. KOUCHNER, P. DOUSTE-BLAZY et G. LAZORTHES. Postface de L. Neuwirth. 2000, 3e édition, 456 pages.

La dimension de la souffrance en psychosomatique

Éliane FERRAGUT

Avec la collaboration de :

H. BROCQ, S. CHABEE-SIMPER, P. DECOURT, M. DERZELLE, T. DHOMONT,
M. DOUSSE, M. RUEL KELLERMANN, É. SERRA, R. SIRVEN

MASSON

DANGER

LE PHOTOCOPILLAGE TUE LE LIVRE

ISBN : 2-294-00047-1

MASSON S.A., 120, bd Saint-Germain, 75280 Paris Cedex 06

LISTE DES AUTEURS

Hélène BROCQ, psychologue clinicienne, département d'évaluation et de traitement de la douleur/médecine palliative, hôpital Pasteur, Nice.

Sylvie CHABEE-SIMPER, psychologue, clinicienne, psychanalyste, centre d'évaluation et de traitement de la douleur, CHU de Montpellier.

Pierre DECOURT, psychanalyste, membre de la Société psychanalytique de Paris, Montpellier.

Martine DERZELLE, psychologue clinicienne, psychanalyste, consultation de la douleur, institut J. Godinot, Reims.

Thérèse DHOMONT, psychologue clinicienne, unité fonctionnelle de psychopathologie de la douleur et des pathologies somatiques, CH d'Aix-en-Provence.

Mathieu DOUSSE, psychiatre, attaché à la consultation d'évaluation et de traitement de la douleur, hôpital Lariboisière, Paris.

Éliane FERRAGUT, psychiatre, psychanalyste, chef de l'unité fonctionnelle de psychopathologie de la douleur et psychosomatique, CHU de Montpellier.

Micheline RUEL KELLERMANN, psychologue-odontologue, présidente de la Société d'odontologie psychosomatique.

Éric SERRA, psychiatre, chef de service, unité de psychologie de la douleur, CH d'Abbeville, consultation de la douleur, CHU Nord, Amiens.

René SIRVEN, maître de conférences, faculté de médecine, psychothérapeute, CHU Gui de Chauliac, Montpellier.

Avant-propos

La part réservée à la psychopathologie dans l'enseignement du diplôme interuniversitaire d'évaluation et de traitement de la douleur était faible et très variable d'une faculté à l'autre. Cela a amené, au sein de la commission interuniversitaire dont je fais partie, une réflexion qui a abouti à fixer un minimum horaire de 20 heures d'enseignement comportant 10 heures de psychologie fondamentale et 10 heures de psychopathologie de la douleur. En effet, quelques notions sur les bases élémentaires du fonctionnement psychique sont apparues indispensables d'autant qu'elles n'ont jamais été abordées au cours des études médicales contrairement aux autres disciplines.

Depuis que l'enseignement a évolué en capacité d'évaluation et de traitement de la douleur, une volonté d'unifier l'enseignement au niveau national s'est faite jour. Un programme a été proposé et une consultation des psychiatres et psychologues responsables pour chaque capacité est en cours, répertoriant les programmes actuels des différentes facultés et les questions posées aux examens dans le domaine psychologique. Une réunion de ces différents psychiatres et psychologues clôturera ce travail aboutissant à un programme commun définitif et permettant de constituer un pool de questions d'examen.

Les régions Provence-Côte d'Azur et Languedoc-Roussillon : Nice-Montpellier se sont regroupées pour l'enseignement et Marseille se joindra au groupe dès que la capacité y sera possible. L'organisation comprend neuf modules de 2 à 3 jours autour d'un thème. Un module de 3 jours en fin de 1re année présente successivement la psychologie fondamentale, la psychopathologie et les psychothérapies.

L'organisation des modules se fait en collaboration mais chaque faculté alternativement est chargée d'organiser dans sa ville et sous sa responsabilité un thème préférentiel. Le module « psy » est sous la responsabilité de Montpellier, il a eu lieu en mai 1999. Le programme correspond à celui présenté à la commission interuniversitaire *et* Montpellier a pris l'initiative d'y faire participer les enseignants de plusieurs facultés afin de faciliter la cohésion des programmes et de permettre une première réunion de travail sur ce thème.

Le programme a été le suivant :

– Mise en place du fonctionnement psychique et structure de personnalité.
– Place et rôle du symptôme dans la dynamique psychique.
– Les défenses psychiques.
– L'écoute et la dimension relationnelle dans l'acte de soins.
– Les différents types d'entretiens.
– Bases indispensables en psychosomatique.

– Généralités sur la psychopathologie de la douleur.

– Structure de personnalité et déni de la souffrance.

– L'expression de la douleur en fonction des différentes personnalités.

– Particularité de la prise en charge lorsque le patient n'entend pas la dimension psychologique de sa maladie.

– Les facteurs environnementaux.

– Douleur, angoisse et dépression.

– Tendance toxicomaniaque et douleur.

– L'accompagnement psychologique des malades graves.

– Dimension psychologique des douleurs aiguës.

– La douleur chez l'enfant et l'adolescent.

– Douleur et souffrance chez le lombalgique.

– Douleur et souffrance chez la personne âgée.

– Douleur et souffrance en odontologie.

– Les problématiques de deuil.

– Stress, pathologies traumatiques et post-traumatiques.

– Les théories de la communication.

– Bases théoriques des psychothérapies : indication et contre-indication. Présentation succincte des principales psychothérapies.

– La médiation corporelle en psychothérapie et les thérapies de relaxation.

Le projet de l'ouvrage est de présenter cet enseignement et d'être un référent pour les étudiants de la capacité d'évaluation et de traitement de la douleur ainsi que des différents diplômes universitaires de la douleur. L'ensemble des cours n'ayant pu être présentés en un volume, les cours manquants feront l'objet d'un deuxième volume où figureront notamment : l'évaluation en psychopathologie de la douleur, douleur et souffrance de la personne âgée, les théories de la communication, les psychothérapies.

Les personnes ayant participé à cet enseignement sont, par ordre alphabétique :

– Mme R. Bocher, psychiatre, chef de service, responsable pour l'enseignement psy – Capacité, Nantes.

– Mme H. Brocq, psychologue, responsable pour l'enseignement psy – Capacité, Nice.

– Mme S. Chabee-Simper, psychologue, secrétaire du Collège des psychologues de la douleur, Capacité, Montpellier.

– Mme M.C. Defontaine-Catteau, psychologue, vice-présidente de la SFD, responsable pour l'enseignement psy – Capacité, Lille.

– M. P. Decourt, psychiatre, Montpellier.

– Mme M. Derzelle, psychologue, présidente du Collège des psychologues de la douleur, Reims.

– Mme T. Dhomont, psychologue, consultation de la douleur, Aix en Provence.

– M. M. Dousse, psychiatre, responsable pour l'enseignement psy – Capacité, Paris.

– Mme J. Dufour, maître de conférence, psychosomaticienne, Marseille.

– Mme E. Ferragut, responsable de la Capacité, Montpellier.

– Mme M. Ruel Kellermann, psychologue-odontologue, présidente de la Société d'odontologie psychosomatique, Paris.

– M. E. Serra, psychiatre, chef de service, responsable du diplôme universitaire de la douleur, Amiens.

– M. R. Sirven, maître de conférence, psychologue – Capacité, Montpellier.

Les cours de Mesdames R. Bocher, M.C. Defontaine-Catteau et J. Dufour figureront dans le prochain ouvrage.

TABLE DES MATIÈRES

1

Non, docteur, ce n'est pas dans la tête… Lorsque le patient n'entend pas la dimension psychologique de sa maladie

É. Ferragut

Si nous considérons la personne humaine comme une unité fonctionnelle soma-psyché, la médecine devrait être essentiellement psychosomatique. L'abord du patient n'y serait pas restreint aux symptômes mais à une prise en charge avec une vision plus globale de sa vie et en tenant compte de nombreux éléments. Nous savons que la plupart du temps il n'en est rien; le plus souvent le fonctionnement médical se borne à une approche symptomatique ignorant tout ou presque de la vie du patient et de son psychisme. Il existe une définition plus restreinte du terme psychosomatique faisant allusion à certaines maladies précises dont l'étiologie psychogène est admise en médecine, par exemple l'ulcère gastrique.

Enfin, le terme psychosomatique désigne une spécialité mettant l'accent sur les interactions psyché-soma et les relations médecin-malade (Haynal, Pasini, 1978). Si cet abord du malade reste, certes minoritaire, il correspond cependant à tout un courant de pensée et de pratique qui a amené de nombreux somaticiens à se former à la dimension psychologique en médecine, à donner plus de place à l'aspect relationnel des soins et parfois même à participer à des groupes Balint pour une analyse plus fine de leur pratique (Balint, 1966). Lorsque l'on commença en France à se préoccuper des malades douloureux chroniques préconisant un abord global pluridisciplinaire et la recherche d'une étiologie multifactorielle, cela fut présenté comme une nouveauté alors que la démarche proposée correspondait en tous points aux approches psychosomatiques connues depuis longtemps, du moins pour certains. Si l'on peut comprendre que le symptôme douleur fut érigé en maladie douloureuse, il est plus difficile de franchir le pas suivant qui serait de faire de cette maladie à elle seule, quasiment une spécialité. Cela ne serait pas sans poser de problème nous y reviendrons.

Pour notre équipe il paraît plus évident, pour la compréhension des processus, de replacer la psychopathologie de la douleur dans le contexte plus général qui est le sien, à savoir, la médecine psychosomatique. Cela permet notamment de s'appuyer sur certains acquis théoriques sans être obligé de tout réinventer et ce même s'il existe quelques spécificités pour la douleur.

LA PSYCHOSOMATIQUE À DIFFÉRENCIER DE LA PSYCHIATRIE

La différence essentielle entre un malade psychiatrique et un malade psychosomatique c'est que l'expression des symptômes se fait dans des registres différents. En psychiatrie, quelles que soient les manifestations pathologiques : angoisse, trouble du comportement, délire... elles sont reliées à la sphère psychologique. Le plus souvent ces difficultés sont perçues par le patient et quand parfois ce n'est pas le cas (par exemple pour certains psychotiques), elles sont nettement perçues par l'entourage et les soignants. Concernant le malade psychosomatique il n'en va pas de même, en toute bonne foi, *il est convaincu que son symptôme ne concerne en rien la dimension psychique*.

Pour lui le problème se situe au niveau du corps, c'est là qu'il nous demande d'intervenir, c'est à ce niveau que les choses doivent se résoudre, pense-t-il. Et ce même si par ailleurs il peut être angoissé ou dépressif. À nous de comprendre et d'agir, pas à lui. *La pathologie vient témoigner là d'un conflit, d'une souffrance non perçus. Le patient évacue de son champ de conscience son ressenti, ses affects, qui l'éprouvent trop et le mettent en danger.* Cela peut fonctionner un certain temps puis cette partie de lui-même qui ne peut se laisser étouffer, va refaire surface mais modifiée, transformée, permettant au patient tout à la fois d'exprimer son malaise, sa souffrance tout en évitant d'être en contact avec ce que cela vient signifier. *Le symptôme en s'inscrivant dans le corps signifie là quelque chose qui ne peut se dire autrement.* Il faudra donc le décoder, en rechercher le sens, et ce aussi bien pour le patient que pour le soignant. La marche à suivre va se différencier de l'investigation et de la thérapeutique médicale habituelles, car la solution ici ne peut venir que du malade. Et c'est bien ce qui pose problème à certains médecins, ils ne sont plus actifs et artisans de la thérapeutique mais ne peuvent qu'inciter le malade à se confier et le motiver pour qu'il entreprenne une démarche où pourront être abordés certains aspects de sa vie. C'est volontairement que je n'approfondis pas ici les processus psychiques à l'œuvre, ils seront détaillés dans les chapitres suivants.

Par ailleurs, la nosographie psychiatrique, notamment le DSM IV, bien souvent amène un éclairage insuffisant pour la compréhension des mécanismes en jeu. En effet, le patient peut présenter certains dysfonctionnements intrapsychiques même s'ils ne donnent pas lieu à des états pathologiques décompensés, échappant ainsi à la classification psychiatrique. Il faut identifier la structure de personnalité du patient mais aussi il faudra repérer son fonctionnement psychodynamique, les défenses mises en jeu afin d'évaluer la place et le rôle du symptôme, de la douleur.

MODALITÉS DE LA PRISE EN CHARGE PSYCHOLOGIQUE

Comment aborder avec le patient une dimension qu'il ne peut pas entendre ? C'est là une question essentielle en psychosomatique. Nous pourrions même dire que lorsque ce pas est franchi, une bonne partie du travail est faite. En revanche, que faire lorsque les résistances du patient ne nous permettent pas de franchir cette étape ? Tout d'abord éviter les phrases assassines et inutiles, hélas, encore utilisées : « Vous n'avez rien », « C'est dans la tête », « Vous garderez cela toute votre vie », « Je ne peux rien pour vous », « Allez voir un psy », etc.

Cette façon malhabile d'amener les choses peut induire un blocage en renforçant les défenses du patient alors qu'un peu de subtilité aurait permis de les atténuer. Le patient perd confiance, il a l'impression d'être incompris et rejeté ; cela peut même déchaîner sa colère.

ABORD DU SUJET

Certaines précautions sont donc à prendre pour aborder le sujet.

Il faut assurer au patient que nous sommes convaincus qu'il a bien quelque chose et que ce n'est pas rien, que son symptôme, sa douleur le font bien souffrir au niveau de son corps même si nous n'en avons pas encore élucidé l'origine. Il est impératif d'éviter tout malentendu sur ce point afin qu'il perçoive sa parole comme entendue et respectée. Renvoyer à la dimension psychologique évoque parfois pour le patient une simulation ; authentifiée d'ailleurs par la trop célèbre phrase « vous n'avez rien ». Car si l'on a rien, pourquoi venir se plaindre. À la réflexion cette phrase signifie peut-être « cette plainte, je ne veux rien en savoir ».

Il faut oser nommer l'angoisse, la souffrance, le désespoir. Cela n'est pas rien, c'est même l'essentiel du problème. Naturellement, cela doit être fait en fonction des résistances du patient sans occulter le problème ni le dramatiser : « Vous avez traversé des épreuves difficiles, cela a pu vous perturber »..., « Avez-vous souffert de cette situation... » ...« C'est terrible ce que vous avez eu à vivre, comment avez-vous traversé cette épreuve ». Les phrases adéquates sont à trouver en fonction du contexte. Il est important d'avancer prudemment, de renvoyer au malade des questionnements l'amenant à s'interroger sur le ressenti et en lui laissant le temps de cheminer. *Toute interprétation abrupte et péremptoire, à ce stade, peu avoir un effet catastrophique, entraînant une réaction immédiate de fermeture*. De plus, mettre des mots sur un ressenti aide certains patients qui, bien qu'ils soient en contact avec leurs affects, ne savent pas les nommer.

Ne pas évoquer les affects traduit souvent la difficulté du soignant à aborder cela simplement comme faisant partie des choses de vie, face auxquelles tout le monde peut être confronté avec ou sans psychopathologie. La souffrance, les pertes, la tristesse nous touchent tous un jour ou l'autre, il est important de faire percevoir au patient que nous pouvons en parler avec lui et qu'aborder cela a de l'importance pour comprendre ce qui lui arrive.

Ce qui améliore la communication c'est de créer un climat de confiance où le patient se sent compris et reconnu. Si l'on se contente de lui donner la parole sans ajouter mot, c'est bien souvent inadapté. Il faut au contraire relancer le discours, questionner mais pas trop... répondre à ses interrogations, avoir une attitude rassurante et aussi s'adapter à sa personnalité et à ses résistances. Cela demande beaucoup de souplesse et pas d'attitude systématique. Il est important aussi que ce temps ne soit pas uniquement une évaluation mais devienne un espace de parole dont le patient pourra lui aussi tirer bénéfice.

Ce qui freine la communication, c'est toute précipitation du médecin trop invasive, trop directive qui vise plus à dérober des secrets au malade plutôt qu'à se préparer à entendre ce que l'on veut bien lui confier. Naturellement, toute manipulation visant à forcer les refus est à proscrire. L'on gagne parfois à savoir attendre...

Par ailleurs cet échange peut aussi réveiller des résistances chez le soignant en faisant écho en lui à des souvenirs douloureux ou en malmenant ses propres défenses. Il peut alors à son insu, filtrer les messages du patient et ne plus entendre ce qui est pourtant présent dans l'entretien. La seule façon d'améliorer cette écoute n'est pas l'acquisition d'un savoir mais un travail personnel sur notre vécu de ce type de situation. Enfin, il peut exister, pour le malade comme pour le médecin, des enjeux relationnels qui compliquent la communication et parfois même la perturbent. Chacun peut y agir sa problématique inconsciente, séduction, sadomasochisme... (Schneider, p. 13, 1991) et il faut alors démêler cela afin de débloquer la communication. Un psychothérapeute peut faire ce travail de supervision auprès de l'équipe, c'est l'intérêt des groupes Balint.

Si la prudence est de mise pour amener le patient à modifier son point de vue sur sa maladie il peut cependant être opportun, après mure réflexion, de signifier clairement au patient nos conclusions et qu'intervient dans sa pathologie, une participation psychique. Cela peut être nécessaire si le patient se met en danger en persévérant coûte que coûte dans une surenchère médicale, en exigeant à tout prix soit une intervention chirurgicale soit une prescription morphinique non justifiées.

Notre position doit alors être ferme, nous devons lui expliquer la vision que nous avons de sa problématique, qu'il doit éviter tout nomadisme médical et commencer une démarche thérapeutique adaptée à son cas. Il est très important alors qu'il entende cela, sans ambiguïté aucune, présentée à la fois et en plein accord par les psy et les somaticiens.

Alors libre à lui d'accepter ou de refuser. Après tout, c'est sa vie mais notre responsabilité, au moins, c'est de l'avoir informé. *Il peut alors être important de faire le choix de s'abstenir de prescrire pour bien signifier que ce n'est pas là que les choses se passent.* À d'autres moments il faudra être plus souple et parfois même demander au somaticien qu'il accepte de revoir régulièrement le patient même s'il n'y a pas nécessité, juste pour garder le contact et rassurer le malade.

Une des grandes difficultés en psychosomatique c'est que le patient veut obtenir de notre part un diagnostic qui le conforte dans son illusion d'organicité afin de se protéger d'une prise de conscience difficile et douloureuse. Selon les cas, il sera important soit de respecter cela, toutefois sans en être dupe, soit de refuser absolument de rentrer dans ce jeu. D'où la subtilité de certaines prises en charge qui nécessitent impérativement une évaluation psychologique très approfondie qui ne relève pas de l'amateurisme.

Il faut éviter à tout prix :

– les explications simplistes relevant d'une « psychologie de bazar » (ainsi nommée par M. Derzelle, présidente du collège des psychologues de la douleur) ;

– la référence à des pathologies qui n'expliquent rien : « C'est parce que vous êtes spasmophile » (et oui, cela se dit !) ;

– d'évoquer une série d'hypothétiques diagnostics (somatiques ou psychologiques) en laissant les choses dans le flou. Les hypothèses doivent être étayées, confirmées ou infirmées si l'on ne veut pas que le patient les utilise à sa guise.

Rencontre avec le psy

Habituellement, en psychologie, on attend du patient qu'il soit motivé et qu'il ait une demande, on conçoit mal une consultation «de force». Malheureusement en psychosomatique, ce n'est pas souvent le cas et si l'on attend que le patient se décide… cela risque de n'arriver jamais. *Il faut donc mettre en place un cadre qui permette de susciter cette démarche.* Deux possibilités existent :

– soit le somaticien par un travail progressif prend le temps de faire évoluer le patient et l'adresse secondairement au psychiatre quand il le se sent prêt à faire la démarche. C'est l'option la plus fréquente en médecine de ville, aussi bien pour les généralistes que pour les spécialistes, sinon le risque est grand que le patient ne donne pas suite à cette proposition; dans certains cas cependant, c'est aussi de la responsabilité médicale de dire au patient que cette démarche est absolument nécessaire. Cette façon de procéder peut être tout à fait satisfaisante *mais à la condition expresse que pendant ce temps il n'y ait pas d'erreur de prise en charge.* D'où l'intérêt d'une formation minimum en psychosomatique pour les somaticiens ou l'organisation de groupe Balint permettant de discuter des cas cliniques avec un psychothérapeute;

– soit la consultation psy ne dépend plus du souhait du patient mais devient plus ou moins systématique par un aménagement du cadre. Le patient rencontre alors le psy non parce que lui, en particulier, a un problème mais parce que c'est une disposition générale. Cela rend la démarche plus facile. À la prise de rendez-vous, il peut être signalé que le bilan d'une douleur comprend la rencontre avec plusieurs praticiens dont un psychiatre. Dans ce contexte, le patient peut arriver avec beaucoup de réticences, parfois même avec une certaine agressivité; ce n'est pas rare au niveau des centres de la douleur, mais cela ne doit pas faire annuler la consultation pour autant, c'est à l'équipe psychologique de s'en débrouiller. Et souvent, si l'entretien est bien conduit, après quelques réticences le patient arrive à parler et peut, même, être étonné par le bénéfice qu'il en retire.

Évaluation par le somaticien

L'évaluation de la psychopathologie par un psychiatre ou un psychologue dans une consultation de la douleur devrait être systématique pour tous les malades mais cette organisation assez idéale n'est pas souvent réalisée car il y a une inadéquation parfois très importante entre les possibilités de consultations de psychologie et le nombre de malades à voir. Ce qui fait que l'organisation du service correspond souvent au fonctionnement habituel en médecine, à savoir quelques patients seulement, sur l'ensemble des consultants, sont vus par le psychiatre, à la demande du somaticien. Cela ne devrait plus être, sinon à quoi bon créer des services spécifiques à l'infrastructure lourde et coûteuse? Quel inconvénient cela a-t-il?

Choix du malade à adresser au psy

Pour une partie des cas c'est relativement simple car la pathologie est assez évidente et correspond à des syndromes que les somaticiens sont habitués à repérer : dépression, état anxieux, traits hystériques ou hypochondriaques… et les somaticiens le font très bien. Mais il n'en est pas toujours de même. En effet, certains patients peuvent présenter des pathologies importantes sans que rien n'y paraisse… ou presque pour le soignant non averti... Les signes sont très discrets et ne peuvent être repérés que s'ils sont connus et recherchés précisément. Et c'est précisément, là, le travail du psy, qui échappe au somaticien... Le patient peut être bien adapté socialement ou professionnellement, ou notera simplement une hyperactivité, un faux self, l'impossibilité d'être en contact avec son ressenti, ses affects... mais encore faut-il le repérer. *Ainsi nous constatons fréquemment qu'il y a une sous évaluation importante de la psychopathologie.* Certains patients en grande souffrance ne voyant même pas un psy, et ce, dans des consultations de la douleur ! Ce ne devrait plus être, il faudrait veiller dans les centres de la douleur à créer des postes de psychiatres et de psychologues en nombre suffisant pour que tous les malades puissent être évalués. Nous sommes très loin du compte actuellement.

Prise en charge inadaptée

Mais ce qui est encore plus grave c'est que si une partie de la psychopathologie passe inaperçue, cela peut entraîner des erreurs de prise en charge parfois lourde de conséquence. L'exemple le plus flagrant est la mise sous traitement morphinique de patients non cancéreux présentant des problématiques psychologiques importantes et un profil toxicomaniaque. Nous savons que dans ces cas là l'évaluation psychiatrique préalable est obligatoire ; pourquoi cela n'est il toujours pas respecté ?

PLURIDISCIPLINARITÉ

Si nous tirons les conclusions du chapitre précédent, c'est dire qu'une partie des malades ne bénéficient pas d'une prise en charge pluridisciplinaire. Certaines unités annoncent officiellement (Congrès SOFRED 1999) que 10 % seulement de leurs patients bénéficient de cette prise en charge, déplorant de ne pas obtenir de postes de psychiatres ou de psychologues. De nombreux psy sont prêts à s'investir dans les centres de la douleur mais encore faudrait-il leur proposer des postes. Pourquoi est-ce toujours plus difficile de recruter un psy qu'un somaticien ? Heureusement, il existe des services où tous les malades sont vus par le psychiatre, très rare il est vrai.

La pluridisciplinarité est organisée différemment en fonction des équipes :

– soit somaticien et psy consultent ensemble, cela favorise l'échange mais n'est pas toujours réalisable eu égard au manque de personnel ;

– soit les somaticiens voient le malade et le psy consulte après dès le début de la prise en charge et pour tous les malades ;

– soit la consultation psy est décalée, elle n'intervient que plus tardivement et pas pour tous les malades. Cela peut parfois poser problème.

Parfois le patient n'est pas vu par l'équipe psy, naturellement cela pose problème. Le concept de pluridisciplinarité n'est pas forcément bien compris et lorsque le psy manque dans l'équipe certains pensent qu'acquérir un savoir psy réglera le problème. En fait pas du tout. Tout d'abord parce que ce savoir est long et difficile à acquérir et qu'une formation incomplète peut aboutir à des erreurs d'appréciation. *Mais surtout parce que la pluridisciplinarité c'est pouvoir interroger un autre point de vue que le sien.* Quel que soit notre savoir (et nous ne pouvons pas croire cumuler toutes les connaissances à moins d'être dans la toute puissance), *notre perception du malade dépend de notre subjectivité : et c'est cela qu'il faut venir interroger,* qu'un tiers, personne ou groupe, porte un regard autre sur cette relation et relance la discussion.

REPÉRAGE DIAGNOSTIQUE

Du point de vue psychopathologique, la douleur chronique peut présenter des entités cliniques fort différentes demandant des prises en charge spécifiques. Toute proposition thérapeutique doit donc être précédée d'une évaluation correcte des processus psychiques à l'œuvre.

Nous pouvons identifier essentiellement trois catégories :

– lorsque l'organicité domine ;

– lorsque la psychogenèse domine ;

– les pathologies mixtes.

Dans tous les cas, et quel que soit la problématique psychologique, il faut garder à l'esprit qu'une série de facteurs interfèrent toujours au cours de l'évolution de toute maladie. Ce sont :

– les facteurs prédisposants qui correspondent aux traits de personnalité, aux événements de l'histoire du malade qui peuvent avoir un rôle renforçateur sur la pathologie et teinte la plainte. En effet, l'hystérique, l'obsessionnel, l'hypochondriaque se plaindront différemment et il est important de repérer ces différences ;

– les facteurs aggravant qui sont les événements actuels ou récents qui peuvent interférer sur la pathologie en cours, deuil récent, conflit familial, chômage, etc. ;

– les facteurs de chronicisation qui sont les bénéfices secondaires pécuniaires ou affectifs et l'attitude de l'entourage familial ou social, par exemple, si la famille favorise la régression et l'installation dans la maladie.

LORSQUE L'ORGANICITÉ DOMINE

Si le trouble de départ est essentiellement organique, il doit être traité comme tel, ce qui habituellement ne pose pas de problème en médecine. Par contre, la part psychique n'est pas absente pour autant et il faudra évaluer précisément l'importance du retentissement psychologique de la maladie ou de l'accident. Nous savons que cette situation peut entraîner angoisse et/ou dépression mais également aboutir, chez des personnalités fragiles, à des décompensations qui s'exprimeront soit au niveau psychologique soit au niveau somatique. Nous avons pu démontrer qu'en post opératoire ou post accidentel un accompagnement psychologique du malade grave permet de diviser par quatre les complications somatiques et par trois les complications psychologiques (E. Ferragut, P. Colson, 1999). La nécessité d'un accompagnement psychologique dans des circonstances exceptionnelles et difficiles n'est pas réservée aux patients présentant des antécédents psychopathologiques. Toute personne craignant pour sa vie, redoutant des séquelles fonctionnelles ou esthétiques traverse une période de crise l'amenant à modifier son image, à aménager ses défenses, à repenser ses relations familiales ou professionnelles. Ce passage n'est pas sans risque pour certains et une écoute attentive, une relation thérapeutique au bon moment peuvent éviter les décompensations. Ce cas de figure peut exister dans des situations aiguës évoluant vers les névroses post-traumatiques ou si le patient a craint pour sa vie dans des situations terrorisantes vers des névroses traumatiques (ce thème est longuement détaillé dans un ouvrage précédent « La dimension de la souffrance en chirurgie et réanimation », E. Ferragut, P. Colson, 1996. J'y renvoie le lecteur). Mais ils peuvent également exister dans des situations chroniques, par exemple, une douleur persistante dans le cadre d'une maladie cancéreuse, ou d'un syndrome thalamique, etc.

L'accompagnement psychologique à faire est de même nature bien que les circonstances soient différentes. Concernant les pathologies où l'organicité domine, plusieurs écueils existent et il faut être attentif aux évolutions possibles.

1. Sous évaluer l'organicité et pencher pour une étiologie psychogène « puisque l'on ne trouve rien au niveau physique » est plus fréquent qu'on ne pense ! Il est impératif d'y être attentif et de ne conclure à l'origine psychique que sur des arguments positifs précis et non par diagnostic d'élimination.

2. Surévaluer l'organicité et prendre pour un symptôme somatique une simple épine irritative sur laquelle se décharge l'angoisse du patient est un autre risque. La plainte est ici disproportionnée. *Continuer à faire comme si l'organicité existait réellement au lieu de poser clairement le problème psychologique renforce le malade dans son erreur. Il est souhaitable, au contraire, de proposer un désengagement médical.*

3. L'évolution peut se faire vers une pathologie mixte où organicité et psychopathologie vont évoluer de pair, par exemple lorsque survient une décompensation psychologique importante qui évoluera pour son propre compte, névrose post-traumatique, dépression ou autre. Il est alors nécessaire de prendre en charge les deux symptômes dans leur spécificité et de façon concomitante.

4. L'évolution peut aussi se faire vers une étiologie psychogène dominante. L'organicité de départ peut guérir sans séquelle modifiant radicalement la situation, c'est la décompensation psychologique secondaire qui domine alors et il faut revoir l'abord thérapeutique.

Cas clinique : Mme X.

Voici un cas clinique intéressant. Mme X., une trentaine d'années, mariée, 2 enfants, arrive au Centre de la douleur, 7 ans après un accident grave de la voie publique : traumatisme crânien avec plusieurs jours de coma et fractures importantes à un membre inférieur. Lors de sa venue elle se plaint d'une douleur et d'une impotence fonctionnelle à un bras. Elle a vu de nombreuses équipes, les antalgiques et la rééducation fonctionnelle n'apportent rien, elle est dans une impasse thérapeutique. Elle est traitée pour un syndrome cervico-brachial dû aux séquelles cervicales du traumatisme.

L'organicité est au devant de la scène et les médecins se sont montrés réservés quant à une guérison possible. Après quelques entretiens psychologiques, le tableau clinique s'éclaire différemment. Elle évoque les manifestations pathologiques de son bras d'une façon très particulière m'amenant à l'inviter à approfondir cela. Je prends le temps de reconstituer les faits dans une anamnèse fouillée et nous voyons alors que :

– l'impact et les séquelles cervicales sont peu importantes ;

– le membre inférieur ne présente aucune douleur ;

– à la sortie du coma, il n'y avait aucun symptôme au membre supérieur, il y avait par contre un état dépressif important en lien avec la mort de son fiancé dans l'accident. Cela dura 3 ans. À ce moment, la famille excédée par tant de pleurs, pour un homme qui n'était même pas son mari, la somme de ne plus penser à lui, d'arrêter de pleurer et de se trouver un mari. Elle sortit de sa dépression, du moins en apparence, ce qui contenta tout le monde, famille et médecin. Elle ne parla plus jamais de lui, ne pleura plus, malheureusement quelque temps plus tard apparut la douleur du bras, plusieurs années après le traumatisme initial. Avec son mariage et la naissance de ses deux enfants l'évocation de l'ex fiancé devient tabou et même les équipes médicales n'en entendirent plus parler, d'où l'erreur diagnostique.

Ce n'était pas d'antalgique, ni de rééducation fonctionnelle dont elle avait besoin mais d'une psychothérapie où elle pourrait faire un travail de deuil. Elle dira plus tard : « Je l'avais dans la peau... Je pense à lui tous les jours... Il ne me quitte jamais ». Attention donc, un diagnostic peut en cacher un autre.

5. On découvre secondairement que l'organicité de départ est en fait, en elle-même, une pathologie mixte à forte composante psychologique. Par exemple, une personne présente des séquelles d'accident et une symptomatologie sur le versant de l'organicité, mais après une prise en charge psychologique apparaît une dimension passée inaperçue dans un premier temps, à savoir une destructivité importante qui va éclairer différemment les nombreux épisodes accidentels de sa vie. Il faudra alors se préoccuper de la dimension psychopathologique, pour espérer une évolution favorable des séquelles. Il en est de même pour des accidents isolés mais qui sont en fait des actes manqués ou des passages à l'acte suicidaires. Mais encore faut-il rechercher cette dimension, ce qui est loin d'être toujours fait en traumatologie ou rééducation fonctionnelle.

LORSQUE LA PSYCHOGENÈSE DOMINE

Nous ne parlons plus ici de toutes les répercussions et interactions psychologiques autour d'une pathologie organique. Ce dont il est question c'est d'une psychopathologie précédent toute manifestation douloureuse. *La symptomatologie psychologique n'est pas conséquence mais cause de la douleur,* même si d'autres facteurs peuvent s'y rajouter et renforcer le phénomène comme par exemple, des bénéfices secondaires, des influences familiales, etc. Il faut constamment garder à l'esprit que *la douleur alors est un moyen d'exprimer la souffrance et que l'on peut énoncer le paradoxe suivant que la douleur vient ici diminuer la souffrance.* Nous avons donc une problématique psychologique avec un patient qui porte sa plainte au niveau du corps et il va nous falloir différencier encore plusieurs cas de figure :

– soit il n'y a aucune symptomatologie corporelle, pas même fonctionnelle et nous sommes ici dans une plainte quasi délirante par exemple pour certains patients hypochondriaques ou psychotiques. Nous pourrions dire alors que leur prise en charge relève de l'équipe psychiatrique. Notons que le nombre de ces patients est toujours sous estimé car beaucoup de centres de la douleur ne les reçoivent pas et les adressent directement en psychiatrie. En conséquence ils ne sont pas comptabilisés dans les statistiques de la douleur chronique, pourtant ils existent ;

– soit il y a une symptomatologie de type fonctionnel comme par exemple lors de symptôme de conversion. Et il est important de préciser là que des manifestations de type hystériques ne sont pas l'apanage de l'hystérie et peuvent se retrouver dans le cas d'autres pathologies parfois beaucoup plus graves et le méconnaître n'est pas sans conséquence ;

– soit il y a une épine irritative somatique mais qui ne correspond pas à une organicité vraie et n'est que le support permettant l'expression d'une souffrance autre. L'erreur serait de traiter cela comme une organicité, il faut au contraire se désengager au niveau médical et orienter vers la sphère psychologique afin de recentrer correctement la problématique.

Lorsque la psychogenèse domine nous pouvons retrouver une foule de pathologies différentes notamment les pathologies du deuil, les névroses traumatiques et tous les types de psychopathologies qui peuvent présenter une expression somatique :

névrose d'angoisse, hystérie... Nous renvoyons le lecteur à un ouvrage précédent «La dimension de la souffrance chez le malade douloureux chronique» où tout cela est fort détaillé.

Pathologies mixtes

Ce sont naturellement les plus complexes car les difficultés des deux catégories précédentes vont se cumuler. Vont se trouver de façon concomitante, les conséquences psychologiques d'une organicité, les causes psychogènes des douleurs fonctionnelles et les divers facteurs psychologiques de renforcement et de chronicisation de toute situation médicale. Etant entendu que chacun de ces facteurs doit être identifié en tant que tel et pris en charge dans sa spécificité propre.

Il y a parfois de quoi s'y perdre ! C'est là que l'abord pluridisciplinaire a tout son intérêt, permettant d'analyser le problème sous différents angles.

CONCLUSION

Je pense que ces quelques pages peuvent faire prendre la mesure de la complexité du problème et parfois nous ne sommes pas trop de toute une équipe pour arriver à démêler les différentes influences et interactions de l'organicité et du psychologique. Ce qui me paraît important c'est de bien sensibiliser les algologues sur le fait qu'*un accompagnement psychologique qui serait sensiblement le même pour tous les malades douloureux chroniques n'est pas adéquat dans la prise en charge. Il faut, pour chaque malade, arriver à se recentrer sur sa pathologie dominante qui fixera la ligne directrice de la démarche thérapeutique*. Il sera alors temps de faire le choix de la démarche psychologique à proposer au patient en tenant compte de sa personnalité, de ses résistances, et des interactions intervenant dans sa pathologie ; c'est dire que les choix sont multiples ! Cela correspond aux modalités du choix thérapeutique que nous aborderons dans le tome suivant.

BIBLIOGRAPHIE

ALEXANDER F. — *La médecine psychosomatique.* Payot, Paris, 1977.

BALINT M. — *Le médecin, son malade et la maladie.* Payot, Paris, 1966.

BALINT M. — *Techniques psychothérapeutiques en médecine.* Payot, Paris, 1966.

BUCKMAN R. — *S'asseoir pour parler. L'art de communiquer de mauvaises nouvelles aux malades.* Interéditions, Paris, 1992.

FERRAGUT E. — *La dimension de la souffrance chez le malade douloureux chronique.* Masson, Paris, 1995.

FERRAGUT E., COLSON P. — *La dimension de la souffrance en chirurgie et réanimation.* Masson, Paris, 1996.

FERRAGUT E., COLSON P. — *Douleurs et psychopathologies liées aux traumatismes.* Masson, Paris, 1999.

HAYNAL A., PASINI W. — *Abrégé de médecine psychomatique.* Masson, Paris, 1978.

SCHNEIDER P.-B. — *Regards discrets et indiscrets sur le médecin.* Masson, Paris, 1991.

DSM IV — Critères diagnostiques. Masson, Paris, 1996.

2

Consultation psychosomatique

S. Chabee-Simper

Dans ce chapitre, nous allons aborder plusieurs aspects de la particularité de la consultation psychosomatique, en milieu hospitalier, dans des services de médecine ou de chirurgie. Cette question renvoie à la place du « psy » dans une équipe de somaticiens de différentes spécialités, à la notion de pluridisciplinarité, et à l'exercice d'une pratique et d'une écoute psychanalytiques dans ce cadre. Le thème des défenses et celui des deuils pathologiques seront ensuite les points centraux de la réflexion sur les problématiques psychosomatiques rencontrées dans ces services.

IMPACT THÉRAPEUTIQUE DE LA CONSULTATION PSYCHOSOMATIQUE

Ce travail est né de la constatation d'un double malentendu, à l'origine d'un certain nombre de difficultés dans l'approche psychosomatique en milieu hospitalier.

Ce malentendu se situe à deux niveaux :

– *avec les somaticiens* : ils ne demandent qu'un *avis* psy pour *leur* prise en charge des patients. Ce sont eux qui assurent la prise en charge, avec l'aide des psy dans le meilleur des cas. De plus, ils n'ont souvent aucune notion d'un impact thérapeutique possible dans une prise en charge psy des patients, au niveau psy et au niveau somatique. On observe fréquemment une méconnaissance du travail des psy, qui alimente des fantasmes autour de « ce que fait le psy avec le ou la patient(e) derrière la porte fermée » (pourquoi les patients ressortent-ils si souvent les yeux rougis ?, par exemple) ;

– *avec les patients* : ils ne demandent rien au psy ; de plus ils n'adressent leur demande qu'au somaticien et n'ont pas la notion que la prise en compte du niveau psy peut avoir un impact au niveau somatique, n'ayant pas accès à ce niveau de leur problématique.

Les somaticiens classent les patients en deux catégories :

– les *patients somatiques*, qui sont de leur ressort après évaluation du psy ;

– les *patients « psy »*, dont la problématique psychologique paraît prédominante, et qu'ils laissent volontiers aux psy (« C'est dans la tête »).

Mais avec l'approche psychosomatique, les psy se mêlent désormais de s'occuper également des patients dont la problématique s'exprime principalement ou exclusivement dans le corps réel. Et ils prétendent même qu'une prise en charge de la problématique psychologique du patient peut avoir des répercussions au plan somatique !

Le clivage somaticien/psy, dans la clinique, va dans le sens du clivage psyché-soma chez le patient, et l'entretient.

Pour les somaticiens, la demande exprimée au « psy » intervient souvent à un moment de mise en échec par le patient, et non pas dès le début de la prise en charge pour une compréhension globale de la personne et de son problème, c'est-à-dire la façon dont le symptôme s'inscrit dans l'économie psychique du patient. La plupart du temps, ce sont les somaticiens qui, parmi les patients reçus en consultation, « choisissent » ceux pour lesquels ils vont demander un avis psy ; si tous les patients ne sont pas vus par les psy en première intention, les cartes sont biaisées dès le départ.

Exemple : Mlle Y, hospitalisée, présente une douleur qui relève d'un traitement par antidépresseurs (ATD) ; mais ces médicaments sont associés pour elle à la dépression récente de sa mère et au sentiment que les ATD rendaient sa mère encore plus malade. D'où un rejet du traitement dont elle subit les effets secondaires sans pouvoir en ressentir les bénéfices. Après huit jours de perfusion, les somaticiens constatent, avec perplexité, l'échec du traitement et demandent de l'aide…

La question se pose également de la manière dont on adresse un patient au psy. Le « C'est dans la tête, allez voir un psy » est encore pratiqué de nos jours, et nous voyons alors arriver des patients avec des défenses en « béton armé ».

Quant aux patients, ils ont bien raison de se défendre des psy, car c'est justement pour que ça ne se passe pas dans la tête qu'ils somatisent, et les psy se mêlent alors de ce qui ne les regarde pas et deviennent des empêcheurs de somatiser… en rond.

Car si le patient nie qu'il puisse exister une problématique sous-jacente et agissante, c'est qu'il n'en a pas conscience : c'est le corps réel qui est chargé d'expulser ce qui ne doit pas advenir à la conscience. Plutôt une somatisation que l'émergence d'une douleur morale, plutôt une douleur physique que la souffrance ; certains patients qui fonctionnent dans l'alternance somatisation/dépression le savent bien : « C'était une période noire, dit un patient, on m'aurait dit à ce moment que j'avais 40 cancers, j'aurais dit : tant mieux ! »

« *La douleur est une souffrance qui n'a pas trouvé quelqu'un pour la vivre. C'est le mal qu'aucun moi ne peut considérer ou penser, le mal sans nom, sans visage, le mal de personne.* » [27]

La prise en charge psychothérapeutique va donc consister à retrouver la personne, le moi qui se cache derrière la somatisation. Et à *mettre des mots sur la souffrance* afin qu'elle puisse s'exprimer, être réintégrée dans un langage qui va « cicatriser du sens » [27].

S'il y a des mots qui soignent, reconstruisent, pansent les blessures, il en est qui blessent et figent : « Vous aurez toujours des douleurs », dit un chirurgien à un patient après un accident suivi d'une intervention, ou : « Ce n'est pas possible que vous ayez mal ! »…

Ces mots qui peuvent avoir de lourdes conséquences rejoignent et viennent souvent en écho à ce que j'appelle « les petites phrases qui tuent » des parents : « Ma pauvre fille tu ne feras jamais rien de tes dix doigts », et la « pauvre fille » se sectionne une phalange dans une porte, et se retrouve amputée, ultérieurement, d'un index à la suite d'un AT (doigt broyé dans une machine), amputation qui sera suivie de l'installation de douleurs chroniques.

Les mots vont émerger ou être proposés, à travers le *travail de lien* : liens entre le vécu de l'enfance, les événements de vie, et les somatisations ultérieures, vers une prise de conscience des fragilités, des failles, des blessures.

Exemple : « Ma mère, elle est..., elle est... pfutt... [je propose, en fonction de la teneur de ce qui précédait : ...autoritaire ?]. Voilà ! c'est ça ! TRÈS autoritaire. »

Exemple du travail de lien : Mme Son

Dès le premier entretien, on évoque la nécessité pour elle de penser plus à elle-même, de lâcher un peu les enfants qui sont devenus grands... Vers la fin de l'entretien elle rapporte une phrase de sa mère, entendue quand elle avait 13 ans : « Maintenant je vais penser à moi ». À partir de là, la situation familiale, qui était déjà difficile pour elle, est devenue un enfer : séparation d'avec le père, qu'elle n'était plus autorisée à voir, présence d'un beau-père violent, séparation d'avec ses sœurs, puis, rapidement, placement dans un foyer... Je propose un lien entre cette phrase, lourde de conséquences, et sa difficulté à penser à elle-même ; ce lien, qui n'avait jamais été fait, va être entendu et qualifié de « déclic » par la patiente.

Le travail de lien est une production de l'imaginaire : on imagine qu'il y aurait peut-être un lien entre et entre... : « On dirait que ». C'est l'imaginaire du psy qui va être utilisé dans un premier temps comme support, pour solliciter celui du patient.

Autre exemple : Mme Hu

Premier entretien : on remarque surtout l'absence d'affects exprimés par rapport au récit d'événements douloureux et traumatiques qu'elle a vécus. Le récit concerne essentiellement les somatisations et interventions : hystérectomie à 30 ans, suivie d'autres interventions puis apparition de douleurs chroniques. On peut tout de même aborder certains points de l'histoire familiale, et nommer les préoccupations actuelles.

Second entretien : il est débuté en faisant état d'une amélioration de ses douleurs, et de sa satisfaction de s'être dégagée des morphiniques, qui soulageaient peu ses douleurs. Elle exprime la peur du sevrage et, en l'aidant à aller plus loin, elle peut préciser que cette crainte était la peur du manque. Vers la fin de l'entretien, elle évoque son enfance, dans une famille de 9 enfants, qui ont tous eu des destins malheureux ou même tragiques, et elle conclut en disant qu'il leur avait manqué quelque chose à tous. Je reprends alors ce manque, cette carence profonde et lui propose un lien avec la morphine et la peur du manque, lien qu'elle entend et intègre.

J'ai souvent le sentiment, avec ces patients, qu'il s'agit de leur donner « manger » : donner à penser, les nourrir d'images et leur proposer des mots pour leur permettre d'exprimer leurs souffrances. Refaire avec eux le chemin de l'imaginaire à la symbolisation. Relier l'affect et la représentation qui étaient déliés. Donner du « bon manger », comme le disent les petits enfants.

Ce chemin ne peut s'effectuer qu'à travers la relation transférentielle : « tisser une relation » [5]. « C'est incroyable ! », disent les patients lorsqu'ils vont mieux ; incroyable que ce soit la relation qui soigne (*cf.* Balint).

Ultérieurement, le passage par l'émergence de la dépression est inévitable et douloureux : la fonction contenante du psy et son rôle de pare-excitation vont être primordiaux dans cette période, pour que le patient puisse se permettre de laisser émerger des souvenirs en retrouvant les affects douloureux qui y sont liés, sans se détruire.

Certains problèmes techniques sont soulevés par la prise en charge psychosomatique. Quoiqu'il en soit l'analyste a toujours la même écoute analytique, tout en adaptant la technique, et en aménageant un cadre contenant. «Le travail que requièrent [les] différents patients somatiques reste à mon sens un travail d'analyste, car il exige particulièrement de savoir et de comprendre ce que l'on fait, et pourquoi... Comme il est souvent plus délicat que l'analyse classique, plus fatigant, plus périlleux, on comprend aisément que beaucoup s'y refusent et se maintiennent sur un terrain plus classique et plus solide. Avec le risque cependant de voir parfois le patient, lui, changer de terrain... » [22]

Nous sommes avant tout *au service du patient.* Poser un diagnostic et donner un avis psy aux somaticiens fait partie du travail pluridisciplinaire, en équipe, mais ne représente qu'une partie de notre activité : aide aux somaticiens dans la relation aux malades (transfert/contre-transfert) et aide aux patients. Il est nécessaire d'avoir toujours présent à l'esprit que *chaque entretien doit être thérapeutique* et ne doit pas se limiter, même pour le premier, à une évaluation, à un but diagnostique.

Le patient apporte son histoire, il se dévoile plus ou moins, nous livre une part de ce qu'il est, ce qui représente un acte de confiance. Il importe donc de lui signifier que nous entendons la confiance qu'il nous accorde ; avant la fin de la consultation, il est impératif de lui «rendre» quelque chose de son histoire, en lui proposant des liens et des pistes d'élaboration.

Exemple : Mme X. est hospitalisée pour des douleurs chroniques, et prononce ces mots, dès le début du premier entretien : «Mon frère a été tué à la maternelle de Neuilly». L'énoncé lui-même manifeste comment a été vécu l'événement, puisque c'est du preneur d'otages qu'elle parle... Le deuil est compliqué par l'impact traumatique de l'événement, par le sentiment d'une injustice («On n'était pas obligé de le tuer, il avait été endormi par des somnifères quand la police a donné l'assaut»), par le poids d'un secret sur l'instruction (l'avocat refuse de lui communiquer certains éléments sous prétexte de la protéger), et par son sentiment de culpabilité (elle n'a pas su prévoir qu'il allait faire un tel passage à l'acte, qu'elle interprète *a posteriori* comme un acte suicidaire). Au cours de l'entretien, le lien entre ses douleurs et ce traumatisme sera explicité, et seront repris certains éléments, à savoir le secret et la culpabilité, présentés comme des pistes possibles à explorer.

Notre travail consiste donc *à apporter au patient quelque chose qu'il n'est pas venu chercher,* mais qui va lui permettre, à plus ou moins long terme, de retrouver un fonctionnement psychique. Même si notre interprétation n'est pas entendue sur le moment, nous pouvons souvent constater, par la suite, que nous avons semé des mots qui ont fait leur chemin.

Cette réflexion m'a évoqué une remarque de J. Lacan : «L'amour, c'est donner ce qu'on n'a pas à quelqu'un qui n'en veut pas». Et quel que soit le crédit que l'on accorde à la pertinence de cette remarque, ce *malentendu* ne nous empêche pas de continuer à vivre, ou à désirer vivre, des histoires d'amour... Peut-être en est-il de même dans le domaine de la psychosomatique, dans lequel l'intervention des psy tente de *réintégrer du bien-entendu et du bien-dit.*

Si le patient ne veut pas de ce que nous pouvons lui donner, du point de vue du psy, il nous apporte ce dont nous ne voulons pas : son symptôme somatique. Le premier entretien est le plus souvent très long, car il nous faut d'abord passer par toute l'histoire de la maladie somatique avant de pouvoir s'en dégager : c'est-à-dire que le patient nie le fait que nous soyons psy et nous considère comme un somaticien. Il nous faut alors trouver une brèche pour introduire la dimension psychologique.

« Tous les excès de la machine hospitalière ou de la médecine technicienne ne sont que l'exagération de la résistance centrale des patients, avec une complaisance d'autant plus complice que le refus de se prêter au jeu de l'implication personnelle est par ailleurs bien fixé. » [21]

Dans l'approche psychosomatique, le symptôme est considéré comme l'expression corporelle d'un déséquilibre, d'une souffrance, d'une situation d'impasse. De cette considération découlent deux conséquences : tout d'abord se pose la question du rôle du symptôme pour chaque patient, et s'impose, d'autre part, de ne pas se précipiter sur le symptôme pour le faire disparaître à tout prix. Il s'agit donc de comprendre et soigner à la fois.

Un exemple simple permet de démontrer le retentissement des affects sur le corps : l'exemple de la peur. Nous avons tous vécu des événements qui ont provoqué chez nous une grande peur ; l'accident de voiture que nous avons évité de justesse est une expérience commune à la plupart des individus. Lorsque le danger est écarté, on se retrouve les mains moites, les jambes « en coton », avec une tachycardie inquiétante, des sueurs froides et une sensation de grande fatigue. L'émotion forte a des retentissements « en direct » sur le fonctionnement physiologique.

En présence de troubles fonctionnels, on se situe « dans le prolongement pathologique des réactions physiologiques normales aux émotions » [20]. Ce prolongement peut s'étendre sur une longue durée, des mois voire des années.

Chez les patients psychosomatiques, les troubles sont la manifestation d'une souffrance qui demeure impensable ; les affects ne sont plus ressentis, seule demeure la douleur liée au symptôme, que la lésion soit guérie ou non. Il s'agit d'un symptôme qui affecte le corps réel, ayant donc un support organique. Le trouble peut apparaître à distance d'un ou plusieurs événements de vie que le patient n'a pu élaborer et dépasser.

Le symptôme ne pourra disparaître qu'après avoir été reconnu et entendu, dans un premier temps. Quand un petit enfant fait une chute et vient nous dire : « J'ai bobo, là », on ne lui demande pas à combien il cote sa douleur sur la réglette, on lui fait un câlin, on frotte l'endroit douloureux (contre-stimulation), sur lequel on applique un « baiser magique ». La réponse maternelle passe par la *reconnaissance du traumatisme et de la douleur,* et par l'affectif. À travers la blessure physique de l'enfant s'exprime sa souffrance devant la découverte de la cruauté du monde et de la difficulté à être, à grandir. C'est peut-être ainsi que l'on peut entendre la douleur chronique lorsqu'on est devenu « bobologue » : en termes de souffrance, d'incompréhension, de stupeur. C'est cette souffrance que nous devons entendre, reconnaître, pour permettre au patient de s'en libérer.

Le symptôme et l'organisation psychique dans lequel il s'inscrit sont protégés par des défenses qui vont intervenir pour mettre en échec toute tentative d'agir sur le symptôme trop brutalement. Plus le symptôme est installé depuis longtemps, plus il sera protégé, et plus il sera devenu lui-même une défense active…

DÉFENSES

Les défenses servent avant tout à protéger le Moi : des conflits entre le Moi et la pulsion, et des excitations internes qui perturbent le Moi.

Le *Moi* est une construction : il est dérivé de sensations corporelles, et peut être considéré comme une projection de la surface du corps. Cette instance du Moi est donc le résultat d'une projection de l'organique dans le psychisme, et Freud insistait sur ce point : le Moi est avant tout un *Moi corporel*. Pour D. Anzieu, qui a imaginé le concept de *Moi-peau*, le Moi se construit, plus précisément, par étayage sur les fonctions de la peau [2]. On peut évoquer certains tatouages, effectués par des adolescents ou de jeunes adultes sur eux-mêmes, qui sont la marque d'une fragilité du Moi et d'un manque d'étayage, dans des périodes de remaniements importants ; le tatouage intervient alors comme une tentative d'éviter une déstructuration en marquant sur la peau des limites plus tangibles et moins floues.

« Le Moi doit être considéré comme un grand réservoir de libido d'où la libido est envoyée vers les objets, et qui est toujours prêt à absorber de la libido qui reflue à partir des objets. » [6]

Quant à la *pulsion*, elle a sa source dans une excitation corporelle à laquelle est soumis l'organisme, et constitue le ressort du fonctionnement. Elle se définit par :

– sa source : l'état de tension ;
– son but : supprimer l'état de tension ;
– son objet : grâce auquel le but peut être atteint.

La pulsion est « un concept-limite entre le somatique et le psychisme » [7] : c'est la relation entre les deux qui s'y joue, et c'est dans cette *interface somatique/psychisme* que va pouvoir se glisser le symptôme.

Le *narcissisme* intervient dans « la phase précoce du développement du Moi, pendant laquelle ses pulsions se satisfont de façon auto-érotique » [7] : c'est le narcissisme primaire, ou originaire. Il fait référence à l'image unifiée du corps, à la constitution d'un objet pulsionnel : le Moi propre, représentation unitaire du Soi [8]. Ultérieurement, Freud désignera ce stade comme « un état universel et originaire à partir duquel va se développer l'amour objectal » [9].

L'introduction du concept d'Idéal du Moi (modèle intériorisé auquel le sujet cherche à se conformer) permet de répondre à la question du destin normal du narcissisme originaire : « Ce que le sujet projette devant lui en tant qu'idéal est le substitut du narcissisme perdu de l'enfance, dans laquelle il fut son propre idéal » [10]. L'intervention du narcissisme se retrouve dans le choix de l'objet d'amour, à travers la composante des relations d'objet : on aime soi-même, ce qu'on a été, ce qu'on aimerait être…

Dans le narcissisme secondaire, on assiste à un reflux libidinal sur le Moi propre : les investissements libidinaux sur les objets sont retirés de ces derniers pour retourner vers le Moi, ce qui se retrouve dans certaines pathologies [8].

Plus il existe de failles narcissiques, plus le Moi est de constitution fragile, et donc plus les défenses seront nécessaires.

Plusieurs types de *mécanismes de défense* sont repérables, sans que cette liste soit exhaustive.

DANS LA NÉVROSE

Le *refoulement* est une « opération par laquelle le sujet cherche à repousser ou à maintenir dans l'Inconscient des représentations (pensées, images, souvenirs) liées à une pulsion » [19], représentations dont la réalisation produirait un déplaisir excessif. Le refoulement est un grand « consommateur » d'énergie psychique, car il nécessite d'être maintenu en permanence, les représentants refoulés demeurant actifs dans l'Inconscient. Le retour du refoulé, en cas d'échec du refoulement, s'effectue sous forme de symptômes, de rêves, d'actes manqués... Mais le refoulement est également un processus constitutif du noyau originel de l'Inconscient : il est à l'origine de la formation de représentations inconscientes nommées « refoulé originaire ».

La *dénégation* est un « procédé par lequel le sujet, tout en formulant un de ses désirs, pensées, sentiments jusqu'ici refoulé, continue à s'en défendre en niant qu'il lui appartienne » [19]. Nous pouvons citer l'exemple de cette patiente nous affirmant : « Ma douleur est apparue après mon divorce mais ça n'a rien à voir ». Tout est dit et nié en même temps, sans qu'il y ait une accession à la conscience.

La *sublimation* est le processus qui consiste à dériver la pulsion vers un but non sexuel. Il rend compte « d'activités humaines apparemment sans rapport avec la sexualité, mais qui trouveraient leur ressort dans la force de la pulsion sexuelle » [19]. La recherche scientifique, par exemple, ne concernerait-elle pas les questions sur la sexualité et l'origine de la vie humaine : « Comment fait-on les bébés » ?

L'*intellectualisation* est utilisée dans une tentative de maîtrise des conflits et des émotions, et d'évitement de l'irruption de l'Inconscient. Dans la cure analytique, elle se manifeste par une tendance à se situer davantage sur le plan des idées, de la pensée abstraite, que dans le champ des affects et des fantasmes.

La *rationalisation* est un procédé très répandu qui intervient pour « camoufler secondairement les divers éléments du conflit défensif » [19], plutôt que comme défense directe contre la satisfaction pulsionnelle. Elle porte souvent sur les symptômes, sur lesquels sont « plaquées » des explications rationnelles.

La *projection* a une place un peu à part, car elle se retrouve aussi bien dans des modes de pensée que l'on pourrait qualifier de « normaux » que dans des productions délirantes. De plus elle est également un processus qui intervient dans la constitution de l'appareil psychique : le Moi se construit par projection de l'organique dans le psychisme, a-t-on pu écrire, par exemple. Pour Sami Ali la projection nous renvoie « à la racine de la distinction du moi et du non-moi, à l'émergence de l'activité intellectuelle en tant que négativité et à la mise en œuvre d'une projection primitive étroitement liée à la fonction perceptive elle-même » [23]. En tant que mécanisme de défense, on la retrouve aussi bien à l'œuvre dans tout fonctionnement névrotico-normal, que dans un cadre névrotique ou dans la paranoïa. Il s'agit de projeter à l'extérieur des excitations internes que leur intensité rend déplaisantes : on peut ainsi les fuir et s'en protéger. Dans le cas de la paranoïa, les représentations intolérables projetées à l'extérieur font alors retour du dehors : « [...] la proposition "je le hais" est transformée par projection en cette autre "il me hait" (il me persécute), ce qui va alors me donner le droit de le haïr » [11].

Dans le cas de la phobie, toute la construction repose sur une projection, dans le réel, du danger pulsionnel : l'angoisse n'étant plus attribuée à la pulsion, le Moi « peut donc réagir contre ce danger extérieur par les tentatives de fuite des évitements phobiques » [12]. L'objet phobogène (que J. Lacan qualifiait de « tigre de papier ») est le symbole des dangers liés à la sexualité.

Le *contre-investissement* consiste à investir des représentations destinées à faire obstacle aux désirs inconscients qui provoqueraient des conflits. Ce mode de défense se rencontre fréquemment dans la névrose obsessionnelle, sous forme de rituels de propreté par exemple : si la propreté est ainsi investie de manière exagérée et envahissante, c'est qu'il s'agit de lutter contre une attirance vers la saleté.

En psychosomatique

La *banalisation* est très présente dans cette problématique : les affects sont exprimés *a minima*, éventuellement jusqu'à ne plus s'exprimer, le langage est réduit à un langage fonctionnel dont la subjectivité est exclue. Cette situation est liée à la répression de la fonction imaginaire : toute production onirique disparaît, le rêve et ses équivalents (fantasme, acte manqué, lapsus...). On aboutit à ce que Sami Ali a nommé le Banal, à « une subjectivité sans sujet » [24]. Tout devient « normal » ou « automatique », que ce soit la dépression, l'angoisse, la maladie... La somatisation, liée à cette pathologie caractérielle du refoulement de l'imaginaire, est « en corrélation négative avec la projection » [25] : moins s'exerce la projection, moins se déploie l'imaginaire et plus la somatisation va devenir un recours, une porte de sortie.

Cette défense s'accompagne souvent d'une *hyperactivité*, dans laquelle le corps agit pour éviter la pensée, éviter la confrontation à la dépression sous-jacente. Dans ce cadre, les troubles du sommeil peuvent également être entendus en tant que processus défensif intervenant pour supprimer l'activité onirique, qui, à l'instar de la pensée, sont ressentis comme dangereux.

Dans les états limites

Les défenses les plus habituellement rencontrées sont le *déni* et le *clivage*, que l'on associe dans la mesure où le déni représente le processus défensif et le clivage la défense constituée : « Une part du Moi se détache de la réalité tandis qu'une part en tient compte » [13]. Le clivage est utilisé pour se protéger soit d'un conflit à l'intérieur du Moi, soit d'un danger venant de l'extérieur. Freud l'a essentiellement développé dans le cadre des perversions, comme le fétichisme, pathologie dans laquelle le clivage aboutit au déni de la castration. Dans un individu peuvent coexister « [...] deux attitudes psychiques différentes, opposées et indépendantes l'une de l'autre » [13]. Ce processus est différent du refoulement en ce qu'il ne peut donner lieu à la formation de compromis.

Ces processus de défense se retrouvent également dans la psychose, ainsi que la forclusion, mais nous ne développerons pas ce cadre.

Il nous faut maintenant apporter une précision importante, à savoir qu'il faut être attentif à ne pas confondre défense et structure ou organisation psychique. Les mécanismes de défense névrotiques se retrouvent *a minima* chez tous les individus « névrotico-normaux ». Par ailleurs, l'expérience montre qu'une psychose peut être « recouverte » par des mécanismes de défense obsessionnels qui sont utilisés pour « colmater », et éviter ainsi une décompensation, et qui risquent de nous faire passer à côté de la véritable problématique.

Les défenses sont plus ou moins modulables, suivant les sujets; certains événements de vie auxquels l'individu est confronté peuvent l'amener à mettre en œuvre des défenses plus archaïques que celles utilisées habituellement, dans un mouvement régressif du fonctionnement psychique, par exemple. Par ailleurs les défenses peuvent s'allier de manière différente suivant les périodes de vie : hystéro-phobiques, phobo-obsessionnelles... Les défenses efficaces se doivent d'être souples, adaptables aux besoins du Moi.

Tout ceci est à apprécier lors de la consultation : modes de défense utilisés, fragilité, rigidité des défenses, ainsi que les circonstances de l'apparition du ou des symptôme(s).

L'apparition du symptôme manifeste la mise en échec des défenses habituelles, et une *désorganisation psychique.*

SYMPTÔME

Dans le domaine de la névrose, prenons l'exemple de l'hystérie : l'apparition du symptôme de conversion est le signe du retour du refoulé. Les représentations qui avaient été refoulées, car créant un conflit intrapsychique, émergent de l'Inconscient; c'est le «saut du psychisme dans le somatique». Ce symptôme concerne le corps imaginaire, et non le corps réel, c'est-à-dire qu'il n'existe pas de lésion au plan organique; certaines paralysies, d'origine hystérique, ne suivent aucun trajet neurologique cohérent, les cécités hystériques ne sont liées à aucune lésion au niveau de l'œil... Ce symptôme, qui s'inscrit dans le corps imaginaire, représente un langage, dont le sens est à décrypter.

Dans le cas de l'hypocondrie, le symptôme concerne également le corps imaginaire : il s'agit d'une production délirante sur le corps, sur un organe ou plusieurs successivement, sans substrat organique. L'hypocondrie se situe du côté de la psychose, avec une conviction délirante qui rend l'approche très délicate; ces patients font le plus souvent du «shopping médical», harcelant médecins et chirurgiens pour un traitement ou une intervention qui ne résoudront rien. Cependant, certains patients peuvent présenter des préoccupations hypocondriaques, dans le cadre d'une névrose par exemple, préoccupations qui permettent de «fixer» l'angoisse; il s'agit alors de traits ou de tendances hypocondriaques.

Pour les patients psychosomatiques, la production de symptômes somatiques devient un mode de fonctionnement, correspondant à la pathologie du Banal. Il s'agit là de symptômes liés à de véritables lésions, qui concernent alors le corps réel. Ces symptômes ne représentent pas un langage, ils sont hors symbolisation : on peut dire alors que «le symptôme ne parle pas : il fait du bruit». Il est le signe d'une souffrance qui ne peut se dire, et ne peut même se penser. Il n'est donc pas à interpréter, comme un symptôme de conversion hystérique. S'il peut acquérir un sens, ce ne sera que dans un deuxième temps, lorsque le patient lui-même lui en donnera un.

Le concept de «maladie psychosomatique» a été progressivement abandonné, ne correspondant plus aux avancées théoriques de la recherche, dans une approche psychosomatique. En effet, certaines maladies ne sont pas «plus» psychosomatiques que d'autres; dans la maladie, quelle qu'elle soit, la psyché est toujours impliquée car les individus ne sont pas un corps biologique + un esprit, ou une mécanique + un ordinateur, mais un sujet dont la complexité est à appréhender dans sa globalité. Ce qui est psychosomatique c'est, outre l'approche du patient et de sa maladie, la problématique particulière qui mène à la somatisation. Si l'on utilise également le concept de malade psychosomatique, il s'agit de patients qui fonctionnent essentiellement dans ce registre du Banal.

Certains patients présentent une alternance de fonctionnement, entre symptôme névrotique et somatisation; il s'agit alors d'un passage entre «échec du refoulement» (avec retour du refoulé), et «refoulement réussi» [26]. Il semble, dans ce cas, que l'organisation névrotique de la personnalité, confrontée à un conflit qui représente une situation d'impasse, régresse vers une position plus archaïque, devant l'échec des défenses névrotiques.

Dans le cadre des états limites, nous nous limiterons à cette catégorie de patients dont la problématique se manifeste principalement sur un registre psychosomatique (ce qui n'exclut pas d'autres symptômes comme des comportements toxicomaniaques accompagnant la maladie…). Le symptôme évoque alors un passage à l'acte, sur un mode somatique, comme une mise en acte de ce que la psyché ne peut élaborer.

À la différence des névrosés qui refoulent les représentations, le patient état limite supprime la perception qui mènerait à la représentation : c'est ce que A. Green nomme « les phénomènes d'hallucination négative active autour de la perception » [17].

La fragilité de l'organisation et du système défensif, et la nécessité de réalimenter le narcissisme défaillant exposent fréquemment ces sujets à des décompensations. Le passage à l'acte, somatique ou autre, intervient comme tentative d'éviter cette décompensation et la dépression sous-jacente.

Le symptôme somatique s'enracine à la fois sur une fragilité somatique et en fonction de l'organisation psychique du sujet. Il a différentes fonctions, selon l'organisation psychique en jeu :

– il peut servir à éviter la décompensation sur le plan psychologique, par exemple le délire ;

– il peut intervenir pour contenir l'angoisse : angoisses d'anéantissement insupportables, par exemple ;

– il peut être utilisé pour éviter la dépression, en venant à la place des affects dépressifs et de l'effondrement ;

– il peut servir à contenir l'angoisse liée à la mort ;

– il peut représenter un langage, comme dans l'hystérie.

Dans tous les cas, le symptôme doit attirer notre attention en tant que signe d'une souffrance, d'une désorganisation psychique. Ce qui implique de ne pas nous précipiter sur le seul symptôme afin de le faire disparaître. Supprimer un symptôme de manière agressive et intrusive peut être dangereux pour le patient ; ceci est particulièrement évident dans le cas des douleurs chroniques. Mais ce respect du symptôme est contraire aux principes même de toute la formation médicale…

La prise en charge va consister à remplacer le symptôme par autre chose. Cet « autre » sera la relation thérapeutique, le transfert qui s'y joue et rejoue la problématique. Il ne s'agit plus de « combattre » le symptôme mais de permettre au patient d'y renoncer, en mettant des mots sur une souffrance, qui sera reconnue.

ABSENCE. PERTE. DEUIL

La clinique de ces patients nous a amenés à constater que la question de la perte était au centre de cette problématique psychosomatique ; si les pertes, et les deuils à effectuer, représentent une expérience commune à tous les êtres humains, nous ne sommes pas égaux devant le deuil. La capacité à faire un deuil dépend tout d'abord de la manière dont ont été vécues, dans la petite enfance, les *expériences de perte.*

La naissance en est la première, sous forme de séparation ; puis, toutes les étapes du développement, nécessaires et incontournables, incluent cette dimension de perte. De toute façon, pour grandir l'enfant doit accepter de quitter une position pour aller vers l'inconnu, ce qui pourra se faire sans trop de difficulté s'il est convaincu de garder les acquis précédents.

Nous avons déjà décrit le déroulement de ces étapes du développement par ailleurs, avec toutes leurs implications en terme de perte [3]. Nous ne reprendrons ici que l'expérience de la bobine, décrite par Freud [14]. Cet enfant, de 18 mois, observé par Freud, lançait une bobine, qu'il faisait ensuite revenir vers lui en tirant sur la ficelle ; lorsque l'objet disparaissait, il prononçait le mot « Fort » (parti), puis le mot « Da » (voilà) au retour de la bobine. Ce jeu symbolise la présence et l'absence de la mère, et c'est à travers ces expériences que l'enfant va progressivement acquérir la *permanence de l'objet.*

Une patiente, d'une quarantaine d'années, m'expliquait que le seul lieu où elle se sentait vraiment bien était « dans le giron de maman », et que le quitter était donc une souffrance. Lorsque je lui pointai que, dans la relation transférentielle, elle emportait quelque chose de moi avec elle (« J'ai repensé à ce que vous m'avez dit la dernière fois », en étant un des signes), elle me répondit : « Oui, mais je n'ose pas le faire avec maman, j'ai peur qu'elle disparaisse ». On observe là toute la problématique concernant la permanence de l'objet, non acquise, chez une patiente psychotique, et la mise en place qui peut s'effectuer progressivement à travers le transfert.

Ce travail de symbolisation autour de la permanence de l'objet va permettre de supporter que l'objet soit absent, car cette absence aura un sens, et il sera intégré que l'objet existe encore, ailleurs, même en son absence. Certaines mères ne permettront pas à l'enfant d'accéder à cette étape, elles-mêmes n'ayant pas dépassé cette problématique : on peut citer, pour exemple, l'installation, aux États-Unis, de caméras vidéo dans les crèches, qui permettent aux mères qui le désirent, via Internet, d'épier leur enfant dans ses activités, alors qu'elles sont à leur bureau devant l'écran de leur ordinateur ! Il s'agit bien, dans ce cas, de la mère trop « présente en son absence », que décrit Sami Ali, et qui ne permet pas à l'enfant de construire un *espace transitionnel*, et, de là, d'accéder à la symbolisation. C'est la qualité de la relation entre la mère « suffisamment bonne » (D.W. Winnicott) et l'enfant qui va permettre à ce dernier de supporter le manque pour qu'il devienne structurant ; encore faut-il que le manque soit introduit par la mère…

Par ailleurs, la mère « absente en sa présence », c'est-à-dire absente à l'enfant car trop absorbée en elle-même par ses préoccupations, sa dépression, son vide intérieur, laisse son enfant suspendu à son regard qui est ailleurs et donc dans une situation de dépendance qui ne lui permet pas non plus de créer son espace transitionnel et d'élaborer l'absence. A. Green, avec le concept de « la mère morte » [18], nous éclaire sur le traumatisme narcissique vécu précocement par l'enfant dont la mère, pour une raison ou une autre, se retrouve confrontée brutalement à un deuil qui la rend « morte psychiquement » aux yeux de l'enfant. Après avoir tenté, en vain, une réparation, l'enfant va désinvestir l'objet maternel et s'identifier à la mère morte ; cette identification primaire ne concerne pas l'objet, mais est une « identification au trou laissé par le désinvestissement » [18]. Toutes les relations objectales ultérieures se heurteront à ce vide, et à l'aliénation du Moi à une figure irreprésentable.

La symbolisation de l'absence va permettre à l'enfant de se constituer un *objet interne,* construit à partir des relations aux objets externes et des expériences de satisfaction vécues à travers ces relations ; l'objet interne est constitué par la permanence des représentations de l'objet à l'intérieur de soi. Ce cheminement mène à l'accès à la représentation ; on en voit donc l'enjeu. Toute cette élaboration autour de la perte, du manque et du deuil représente un processus fondamental, c'est-à-dire qui fonde l'objet et la vie psychique, et donne au Moi les capacités à élaborer les deuils de la vie.

Le deuil suppose que certaines étapes aient été dépassées, que soit acquise la permanence de l'objet, et qu'un objet interne ait pu se constituer, faute de quoi toute perte, au sens large du terme, représentera une menace d'effondrement et le deuil se heurtera à la problématique non résolue. Le deuil dépend donc du *choix d'objet*, de ce que l'on avait *investi sur l'objet*, et du *type de relation* que l'on avait avec l'objet ; c'est ce que nous allons retrouver dans les deuils pathologiques.

DEUILS PATHOLOGIQUES

Il n'existe pas de norme quant à la durée d'un deuil ; cependant un deuil pathologique peut se poursuivre pendant des années, voire des dizaines d'années. Ce qui caractériserait plutôt l'aspect pathologique du deuil, c'est l'immobilisme, la fixation prolongée sur la position régressive.

Autrefois des rituels sociaux marquaient une durée : on s'habillait en noir, après le décès de quelqu'un de proche, puis en gris, enfin la couleur réapparaissait progressivement dans l'habillement, et l'on pouvait de nouveau répondre à des invitations, participer à des réunions, c'est-à-dire réinvestir ailleurs.

Le travail de deuil consiste en un détachement progressif de la libido, par rapport à l'objet perdu ; que cela concerne une relation amoureuse (rupture ou décès), un travail et un statut social (retraite, chômage), la jeunesse et son potentiel (vieillissement), etc. L'épreuve de réalité oblige à se confronter à la nécessité de retirer la libido des liens qui la retiennent à cet objet désormais disparu. Cette exigence provoque la rébellion, car il est difficile d'abandonner une position libidinale ; cette révolte peut aller jusqu'à la production d'un délire, d'une psychose hallucinatoire, dans un déni de la réalité.

Pendant que s'effectue le travail de deuil, qui exige beaucoup de temps et d'énergie, « l'existence de l'objet se poursuit psychiquement » [15].

Certaines circonstances peuvent entraver le travail de deuil :

– lorsque l'on est confronté à une accumulation de pertes, dans un temps rapproché, qui empêche l'élaboration. Si le premier deuil n'est pas encore effectué lorsque survient une deuxième perte, puis une troisième, peut alors intervenir un effet d'accumulation. Une patiente, venue consulter, s'était effondrée, d'après son récit, à la mort de son petit chien ; pendant l'entretien il est apparu que lors des deux années précédentes elle avait perdu son mari, sa mère et une sœur ;

– si le deuil comporte toujours un aspect traumatique, les circonstances entourant certains décès accentuent cet aspect. La brutalité de l'événement en est un élément : les défenses sont d'autant plus aisément débordées que l'événement survient de manière totalement imprévue, comme dans le cas d'un accident de voiture, d'une crise cardiaque… ;

– lorsque la culpabilité, ou le sentiment de culpabilité, vient se mêler au deuil, on assiste à un empêchement du travail de deuil. La culpabilité ne pouvant s'apaiser en l'absence de l'objet, le sentiment de l'avoir détruit persiste et se développe ; en amont de ce sentiment de culpabilité, le conflit se joue dans l'ambivalence amour/haine, et l'on retrouve bien souvent des désirs de mort plus ou moins conscients à l'égard de l'objet, de son vivant. Ce sentiment de culpabilité s'intègre à une position régressive de toute puissance, comme si les désirs de mort avaient tué l'objet réel et qu'il s'agissait alors d'une culpabilité réelle dont le sujet se punit en s'interdisant de continuer à vivre, à travers le maintien dans la dépression ;

– intervient également l'incapacité plus ou moins grande à élaborer un deuil, liée à l'organisation psychique du sujet et la manière dont elle s'est mise en place. C'est ce que nous allons développer maintenant.

Dans tout deuil on observe une tentative de *retour au narcissisme primaire*, dans un mouvement régressif de la libido. Il s'agit de retrouver le stade de la symbiose avec l'objet, et d'éviter ainsi de souffrir du manque. Cette illusion du narcissisme primaire et de la toute puissance sur l'objet prend fin lorsque l'objet (la mère) vient à manquer et c'est cette nostalgie que le deuil va venir raviver. Si la perte n'a pu s'élaborer, dans la relation archaïque à la mère (*cf.* le Fort/Da), et que l'objet interne présente une grande fragilité, les capacités à faire un deuil vont en être diminuées, voire quasi inexistantes. Dans le deuil, c'est donc *l'objet interne* qui est en cause.

Si la régression au narcissisme primaire se maintient et se constitue en fixation libidinale, le deuil devient pathologique. Dans la mélancolie, présentée par Freud comme le « prototype des affections narcissiques », la régression jusqu'au narcissisme originaire se maintient, et *l'identification à l'objet perdu* se substitue à l'investissement objectal. « L'ombre de l'objet tomba ainsi sur le Moi » (15) ; la perte de l'objet devient une perte du Moi, *sa* perte pourrait-on écrire car elle va l'entraîner dans le néant... Freud en conclut que, dans ce cas, le choix d'objet s'était fait sur une base narcissique, c'est-à-dire qu'il ne concernait pas une relation à un objet extérieur mais bien la relation du sujet à lui-même.

En cas d'absence ou de faiblesse de l'objet interne, le risque pour le Moi confronté à une perte est de disparaître également ; c'est la problématique que l'on retrouve dans le cas des états limites, qui entretiennent avec l'objet une relation d'un type particulier : la relation anaclitique. Dans ce type de relation, il s'agit de pallier l'absence d'objet interne en mettant en place un étayage permanent ; la perte de l'objet menace donc directement le Moi.

Dans cette problématique, l'objet a un statut très particulier, en fonction des motions pulsionnelles à son encontre et des mécanismes de défense mis en œuvre. En effet, les expériences de perte et les relations à l'objet n'ont pas permis d'intégrer un objet permanent *à la fois bon et mauvais* ; l'ambivalence amour/haine impossible à atteindre est remplacée par le clivage. L'objet bon/présent est vécu comme intrusif et provoque des mouvements projectifs de haine pour s'en protéger et le mettre à distance ; il devient alors l'objet mauvais/absent, qui, lui, est à l'origine d'un vécu d'abandon. L'objet est donc toujours « trop », quel qu'il soit et indépendamment de ce qu'il est puisque c'est l'investissement qui porte sur lui qui est en cause.

Mais les mouvements pulsionnels de haine risquent de détruire l'objet ; « c'est parce que l'autre est massivement haï que sa présence est constamment nécessaire comme réassurance de sa permanence en dépit des attaques dont il est la cible » [4]. En l'absence d'un objet interne permanent, la perte devient insupportable et trop angoissante car la perte de la perception de l'objet se confond avec la perte réelle de l'objet ; dans cette problématique on ne peut se permettre de détruire l'objet (et donc de le perdre), ce qui impliquerait le risque de disparaître également.

Les expériences de perte, de séparation, permettent d'accéder à l'individuation, à travers la mise en place des limites dedans/dehors, et de dessiner les frontières du Moi ; dans le cas des états limites, c'est tout cet ensemble qui est concerné, le résultat en étant une grande fragilité du Moi et un investissement objectal très perturbé. La question du deuil vient donc toucher de plein fouet la problématique.

Cas clinique : Mme DU, 46 ans

Cette patiente est hospitalisée au centre antidouleur, pour des douleurs lombaires chroniques et un état dépressif ; un traitement par antidépresseurs, en perfusion, est mis en place, tandis que la patiente est suivie en entretiens psy. La décompensation actuelle est liée à la séparation d'avec son mari. Elle a déjà été hospitalisée en psychiatrie plusieurs fois par le passé pour des épisodes de bouffées délirantes, semble-t-il. Ses deux filles sont très peu présentes auprès d'elle, et elle se retrouve très seule, ce qui est une souffrance pour elle.

Depuis quelques années, son mari se passionne pour Johnny Halliday, passion dévorante dans laquelle il engloutit beaucoup d'argent, et qui lui prend tout son temps et son énergie à rechercher des disques et objets divers de son idole. Elle ne supportait plus, dit-elle, ce « ménage à trois » : ni l'investissement massif de son mari dans cette relation imaginaire et fétichiste avec Johnny, ni son choix d'objet et son désintérêt pour elle.

Nous mettrons ici l'accent sur la relation qu'elle entretient avec sa mère. Elle en a toujours été très proche : lorsqu'elle était encore à Paris elle la « soutenait », notamment en l'accompagnant dans les hôpitaux. Partie vivre dans le Sud de la France avec son mari, pour mettre de la distance, géographique du moins, par rapport à sa mère, elle reste en contact étroit avec elle : elles se téléphonent plusieurs fois par jour, et, tout en se plaignant de ce qu'elle qualifie d'intrusions, elle ne peut s'en passer, ressentant un fort sentiment d'abandon. Depuis sa rupture d'avec son mari, ce sont ses parents qui l'aident financièrement; elle justifie cette situation par ses problèmes de douleurs qui l'empêchent de travailler.

Il en est de même avec son ex-mari, qu'elle a quitté mais pour aller habiter à proximité. Cela lui permet de continuer à utiliser la voiture, qu'il a gardée, ce qu'elle justifie par un droit qu'elle aurait sur ce bien commun et par son problème douloureux qui ne lui permet pas de faire ses courses sans véhicule. Cette utilisation de la voiture est l'occasion d'échanges avec l'ex-mari, échanges toujours frustrants pour elle mais qui semblent lui être indispensables.

Les relations aux autres sont perçues comme dangereuses, les autres peuvent lui « faire du mal »; la solitude est finalement moins dangereuse, bien qu'elle représente une souffrance. Elle se plaint de ne pas être aidée, mais supporte mal de l'être. Elle a deux amies, qu'elle voit peu à cause des trajets en bus pour aller les voir, trajets qu'elle supporte mal en raison de ses douleurs; elle leur reproche de ne pas se déplacer plus souvent pour venir la voir. Les objets qui lui apportent le plus, dans la relation, sont, dit-elle, ses oiseaux. Elle développe volontiers ce sujet, et tout l'amour qu'elle peut exprimer dans ces relations.

Dans la relation thérapeutique, elle reproduit sa problématique. Au premier entretien, elle met en avant une plainte douloureuse, sa dépression, et peut exprimer l'aide qu'elle attend de son hospitalisation dans le service. La tonalité du deuxième entretien se situe dans la revendication : par rapport aux effets secondaires du traitement, à sa mère qui s'attribue « des droits » sur elle et profite de sa faiblesse actuelle, à son mari qui poursuit son idylle avec Johnny, à tous ceux qui l'ont abandonnée dans ses difficultés avec son mari. Elle refuse la proposition qui lui avait été faite d'effectuer un bilan psychologique pour mieux comprendre ses difficultés; de bon objet du début l'équipe soignante est devenue objet persécuteur, intrusif, dont il faut se protéger, partageant ainsi le sort de tous ceux qui se mêlent de vouloir l'aider.

Dans ce contexte, les douleurs interviennent pour « justifier » bon nombre de difficultés, comme nous avons pu le souligner. La douleur physique a également pour rôle d'éviter une décompensation plus grave au plan psychologique, probablement une bouffée délirante comme par le passé. Elle peut, d'autre part, être mise en place d'un mauvais objet sur lequel la haine peut se projeter, apportant ainsi un certain soulagement par rapport aux mouvements pulsionnels. Par ailleurs, la somatisation est intégrée au lien à la mère qui, elle-même, fonctionne habituellement dans ce registre.

Lors de ces entretiens, nous avons pu aborder la relation particulière à la mère, elle-même dans une relation de type anaclitique : sous prétexte d'aider sa fille, de se préoccuper de sa solitude, elle l'envahit, car elle s'appuie, en fait, sur sa fille pour vivre, comme elle l'a toujours fait. N'ayant pas acquis elle-même la permanence de l'objet, elle vérifie sans cesse que l'objet, absent, existe encore ailleurs. Elle continue à être la mère trop « présente en son absence », qui n'a pas permis à sa fille d'accéder à la constitution d'un objet interne. Cette dernière reproduit dans toutes ses relations la problématique abandon/intrusion, et ne peut élaborer une séparation, un deuil.

La fragilité de l'objet interne qui est en cause dans le deuil peut donc être transmise avec, pour conséquence, un « handicap » dans les capacités à faire le deuil. Dans le cas de la mort réelle de la mère, elle est « d'autant plus impossible à perdre (à “objecter”) qu'elle n'a pas permis à la perte d'elle-même de s'élaborer » [1]. Le deuxième cas clinique nous permettra de développer ce thème de la *transmission de l'impossibilité d'élaborer un deuil.*

Cas clinique : Mme AC

Cette patiente, que nous appellerons Jeanne, venue consulter au Centre Anti-Douleur, avait finalement accepté, à contrecœur, de me rencontrer. Le premier entretien présenta un aspect surréaliste : cette femme d'une quarantaine d'années, très maigre, dans un état physique inquiétant, et manifestement très déprimée, m'affirma d'emblée d'un ton péremptoire : « Je n'ai pas l'ombre d'un problème, je n'ai pas mon mari en horreur, ni mes enfants. » Silence... Puis : « C'est ma maladie, c'est mon corps, je ne veux pas être maternée ».

Huit années plus tard, après un long cheminement, nous décidâmes, d'un commun accord, que l'analyse qu'elle avait entreprise quelque temps après cette consultation était terminée.

Jeanne est la dernière de 4 enfants; elle a 3 frères. Son père est décédé alors qu'elle était adolescente, sa mère s'est suicidée quand Jeanne a été mariée et a eu une fille. Après la mort de sa mère elle sera enceinte d'un enfant qui, en raison d'une grave malformation, décédera à la naissance. Par la suite elle aura un autre enfant, un garçon, qui présentera très tôt un retard psychomoteur et des difficultés psychologiques, pour lesquelles il sera suivi pendant des années par un psy.

Après la mort de sa mère, elle a présenté de nombreuses somatisations, dont certaines ont mis sa vie en danger (phlébites, embolies pulmonaires...). Elle est venue consulter pour plusieurs types de douleurs : thoraciques, lombaires, céphalées. Également après ce décès, son mari est devenu alcoolique, ce dont il a pu se guérir quelques années plus tard alors qu'elle menaçait de le quitter.

Elle travaille dans une institution pour enfants en difficultés. Son mari a un poste itinérant et n'est donc pas toujours présent. Ils partagent des activités de loisirs, le mari prend en charge la plupart des tâches ménagères et la materne beaucoup; depuis plusieurs années, les relations sexuelles sont quasi inexistantes et Jeanne n'en éprouve plus de plaisir.

« Je ne supporte pas que mon corps ne marche pas comme je veux : c'est ma tête qui commande et mon corps doit obéir », m'explique Jeanne, me montrant ainsi le clivage corps/psyché qu'elle utilise comme défense. Cependant, alors que s'installe une relation transférentielle, apparaît l'angoisse, sous forme d'une crise un soir, à la maison; le médecin généraliste appelé la diagnostique comme telle. Une fois l'angoisse nommée, ce qu'elle accepte, elle peut reconnaître et nommer aussi l'agressivité. À partir de là, le fonctionnement psychique va pouvoir reprendre sa place, les affects vont pouvoir émerger et être reconnus.

La mère qui, jusqu'alors était toujours présentée comme la mère idéale, devient brutalement la mauvaise mère qui l'a abandonnée en se suicidant ; c'est cette prise de conscience qui a déclenché la crise d'angoisse. Il faudra des années d'analyse pour que ce clivage bonne/mauvaise mère puisse laisser place à l'ambivalence : la mère à la fois bonne et mauvaise, avec laquelle elle pourra finalement se réconcilier après l'avoir haïe.

Apparaissent alors des rêves, tout d'abord désagréables, parfois des cauchemars, puis des rêves à partir desquels elle peut associer, dont un rêve transférentiel : « J'étais dans une petite chaise, un psy me poussait... le reste j'ai oublié ». « J'ai pensé que ça allait vous faire plaisir. C'est bien ce qui se passe, vous me portez à bout de bras, avec des mots. »

Deux ans plus tard apparaît le premier rêve dans lequel sa mère est présente, vivante. Depuis le décès de sa mère, vingt ans auparavant, elle n'en avait jamais rêvé. Ce rêve, qui met en scène un scénario autour d'une robe que portait sa mère et d'un gros bouton à la taille qu'elle devait remplacer, la ramène à son enfance : « J'étais collée à elle... et elle, elle m'isolait, j'étais coupée du monde, sous prétexte que j'étais malade, elle me faisait manquer l'école des mois par an ». Elle évoque le cordon ombilical, non coupé. La mère la traînait de médecin en hôpital, en passant par les guérisseurs, pour une température chroniquement un peu élevée... Le recours à la somatisation, au corps réel, s'enracine donc dans le lien à la mère. L'emprise de la mère sur le corps de sa fille s'exerçait également dans le domaine vestimentaire : Jeanne était toujours habillée avec des vêtements « pratiques » comme des pantalons, sa coupe de cheveux était celle d'un garçon.

Plus tard, après le décès brutal de son mari, la mère a encore resserré le lien, par l'intermédiaire de sa dépression, que l'on pourrait qualifier de mélancolie. « Cette relation c'est devenu ma-mère-et-moi, mes frères en étaient exclus. » La mère avait fait part à ses enfants de sa décision de se suicider, en précisant qu'elle élèverait ses enfants auparavant. Pendant des années, Jeanne se leva la nuit pour aller apaiser les crises de hurlements et de pleurs de sa mère ; vers 20 ans elle refusa un poste intéressant en Italie pour ne pas laisser sa mère seule, alors que les 3 frères, plus âgés, avaient quitté la maison. Ses études, son mariage, tout était décidé par sa mère ; lorsqu'elle se maria, sa mère la confia à son mari en lui recommandant d'en prendre soin, et son mari prit alors la suite de sa mère. La mère les accompagna même en voyage de noces ! On ne pouvait tout de même pas la laisser seule...

Lorsque Jeanne eut son premier enfant (une fille), la mère investit massivement le bébé, à tel point que Jeanne s'en sentit un peu dépossédée. Quand l'enfant grandit et eut moins besoin de sa présence (lui échappa, pourrait-on dire) la mère décida de mettre à exécution son projet, avec une dizaine d'années d'écart : un matin, Jeanne la trouva morte, assise dans un fauteuil, des photos sur les genoux. Elle avait « ouvert le gaz ».

Au fil de son analyse, Jeanne a pris conscience du rôle qui lui avait été dévolu par sa mère. Nous avons nommé cela « Mission impossible » : maintenir en vie une mère qui ne pouvait faire le deuil de son grand amour, et qui avait décidé, de toute façon, de quitter la vie. « Maintenir ma vie en mère (lapsus)... ma mère en vie, c'était ma perte, et la mort de ma mère c'était ma perte aussi. » Mission impossible, donc, mais dont l'échec inéluctable ne pouvait que provoquer une immense culpabilité; et situation d'impasse également.

Le deuil de la mère était d'autant plus impossible à faire qu'en outre elle n'avait pu lui transmettre les «outils» pour élaborer la perte. «Comment la mort d'une mère peut détruire à ce point... me déposséder... jusqu'à m'empêcher d'être » Cependant, le deuil de la mère va s'élaborer progressivement, à travers la situation transférentielle. Après deux ans d'analyse, une étape importante sera franchie, au passage de : «J'ai perdu maman» à : «Ma mère est morte»; et trois ans plus tard, Jeanne dira : «Maintenant ce n'est pas ma mère qui me quitte, *je* quitte ma mère».

Ce travail n'est possible qu'en s'étayant sur la relation transférentielle à l'analyste : si la mauvaise mère a pu émerger à travers l'agressivité dirigée sur l'analyste (qui n'en a pas été détruite), l'image d'une bonne mère (et non pas la mère idéale) a pu se reconstruire dans le transfert. «Vous êtes comme j'aurais aimé que maman soit : la bonne mère et la jolie femme»; relation objectale fantasmatique permettant de constituer un objet interne et offrant un support d'identification féminine.

Pendant des années Jeanne a cessé de rêver pendant les périodes où je partais en vacances, signe que la permanence de l'objet n'était pas acquise et de la nécessité de la présence de l'objet support du fonctionnement imaginaire. Lorsqu'elle a pu continuer à rêver même en mon absence, je l'ai interprété comme signe de l'achèvement de la constitution d'un objet interne, libérant le Moi de sa dépendance à l'objet et permettant à l'Imaginaire (et donc au fonctionnement de l'appareil psychique) de se déployer.

Le deuil infaisable de la perte de la mère a compromis les deuils ultérieurs, pour lesquels elle était toujours aussi désarmée : deuil de son bébé mort, qu'elle n'a pas vu et qui n'a pas existé, en quelque sorte, puisqu'il n'a même pas été déclaré à la mairie, et deuil de l'enfant idéal qui aurait pu apporter une réparation. La blessure narcissique liée aux difficultés de son fils en a été d'autant plus douloureuse.

Le corps a été très présent dans ce travail : corps réel à travers les douleurs physiques, corps imaginaire dans les rêves et corps érotique à la fin de l'analyse. Jeanne a pu reconstruire, en partant de loin : elle partageait encore «un corps pour deux» avec sa mère.

L'accent a été mis, dans l'étude de ce cas clinique, sur la relation à la mère; d'autres aspects de la problématique auraient pu être approfondis, comme la relation au père et l'aspect œdipien de l'organisation psychique. Jeanne était convaincue que l'histoire de son père était marquée par un secret; elle a imaginé et exploré quelques pistes sans pouvoir conclure. Ce secret, partagé par la mère et dont elle aurait été la gardienne, aurait servi à les rapprocher, elle et son mari : «C'était une façon pour elle de s'approprier mon père», a-t-elle pu conclure.

Après huit années de cure analytique, Jeanne vit plutôt bien, avec quelques séquelles douloureuses dans son corps, et des blessures psychiques cicatrisées. Ses enfants vont bien, sa fille s'est mariée et vient d'avoir un bébé (garçon), son fils commence des études universitaires et une analyse. Il semble que l'évolution de ses enfants ait largement bénéficié du travail que Jeanne a entrepris sur elle-même. Son mari et elle se sentent bien ensemble pour retrouver une vie de couple une fois les enfants partis; cette relation est empreinte de tendresse et, de nouveau, de sexualité.

Le deuil est à l'origine de la mise en place d'un clivage du Moi, clivage plus ou moins perméable. S'il s'agit d'un clivage fonctionnel, il sera temporaire : pour pouvoir continuer à fonctionner, on met à l'écart du psychisme ce que l'on ne peut élaborer dans un premier temps. Si le clivage représente plus qu'une défense temporaire, qu'il s'installe et se verrouille, c'est l'ensemble des affects et des représentations liés à l'objet perdu qui vont être mis à l'écart, de manière durable, et qui vont constituer des incorporations dans le Moi. C'est le cas dans cette forme particulière de deuil pathologique décrite par A. Torok et N. Abraham [28], dont le concept de « crypte » rend bien compte de l'inclusion de l'objet perdu au sein du Moi ; clivage et déni permettent à l'objet de demeurer vivant dans le caveau formé par ce deuil indicible. C'est l'existence d'un secret honteux entre le sujet et le disparu qui rend la perte impossible à avouer en tant que telle. Cette forme de deuil pathologique peut se manifester à travers des troubles somatiques, et les patients ne font pas le lien entre les symptômes et le deuil, souvent ancien.

Cas clinique : Mme JA

Cette patiente, reçue tout d'abord en consultation d'algologie pour des dorsalgies chroniques, se présente très défensive. On la sent très déprimée, mais ne s'autorisant pas à lâcher ses défenses de peur d'être submergée par des affects douloureux.

C'est pourtant ce qui se produira à la première consultation psy : elle s'effondre en larmes et il faudra longtemps avant qu'elle puisse prononcer des bouts de phrase, entrecoupés de sanglots, pour raconter son histoire.

Mme JA a été mariée, une première fois, à un homme très violent dont elle a eu une fille. Lorsque cette fille a eu 8 ans, Mme JA a décidé de quitter son mari, mais, terrorisée par sa violence, elle n'a pu le lui annoncer, et s'est réfugiée chez ses parents avec sa fille. Quelque temps plus tard, alors que la petite fille jouait devant la maison de ses grands-parents, son père est venue la chercher et l'a emmenée sans prévenir personne. Puis il a téléphoné à la mère et lui a passé sa fille pour qu'elle lui dise « au revoir » ; il a alors emmené la fillette dans un endroit où ils avaient l'habitude d'aller tous les trois le week-end, en dehors de la ville, et là il a tué sa fille avant de se suicider.

Tous ces événements terribles se sont déroulés il y a vingt ans et, depuis, Mme JA porte en elle la souffrance indicible de ce traumatisme, souffrance qui s'est organisée en secret.

Remariée quelque temps plus tard, Mme JA a une fille de 18 ans à qui elle n'a jamais pu dire ce qui s'était passé auparavant ; sachant uniquement qu'elle avait eu une demi-sœur, la fille a posé très fréquemment de nombreuses questions à sa mère qui n'a jamais pu lui répondre.

Le deuxième entretien permettra d'apprécier la puissance des défenses qui protègent la crypte. Devant un clivage aussi verrouillé, nous essayons, dans un premier temps de travailler sur « les gardiens de la crypte » ; peu à peu une demande peut émerger, qui concerne la deuxième fille de la patiente. À la fin de l'entretien, Mme JA décide de dévoiler le secret à sa fille, pour ne pas le faire peser sur elle et sur son avenir, et elle accepte de faire le lien qui lui est proposé entre ses douleurs et cette souffrance.

Nous ne reverrons pas cette patiente par la suite ; peut-être un jour reviendra-t-elle, mais elle n'était pas prête à aborder ce deuil. Clivage et déni lui permettent de garder sa première fille vivante en elle, et la perdre représente un trop grand risque. Elle a pu cependant en parler et aborder un peu le sentiment de culpabilité qu'elle éprouve, encore intact vingt ans plus tard, et qui est à l'origine de ce deuil pathologique en forme de crypte. À la culpabilité de n'avoir pas protégé sa fille s'ajoute la haine envers l'ex-mari, haine qui n'a pu ni s'exprimer ni trouver un apaisement dans une reconnaissance sociale sous forme de sanction. Il s'agit donc d'un double secret à l'origine de ce deuil pathologique, et les mécanismes de défense qui le protègent laissent la voie à une transmission inconsciente. Comme l'a souligné Mme JA, sa seconde fille lui a posé de nombreuses questions à de multiples reprises, c'est à dire qu'elle sait sans être autorisée à savoir, qu'elle sait au moins qu'il existe, là, un secret. Porteuse de ce secret, elle est de plus mise en position d'enfant de remplacement, faisant vivre à travers elle une part plus ou moins importante de sa demi-sœur disparue.

Comme devant le traumatisme, nous ne sommes pas égaux devant le deuil. Les patients douloureux chroniques que nous sommes amenés à rencontrer portent en eux ces souffrances liées à des deuils non faits. La douleur représente une réaction à la perte de l'objet, et s'associe à l'angoisse liée au danger que représente cette perte pour le Moi. On assiste alors à un repli, à une transformation d'un investissement objectal en investissement narcissique, en réponse à ce deuil impossible à élaborer; c'est là qu'intervient la douleur physique, signe de la « [...] concentration de l'investissement sur le représentant psychique de l'endroit du corps douloureux » [16].

En conclusion nous insisterons sur l'aspect archaïque des problématiques rencontrées chez ces patients douloureux chroniques. Certes ces problématiques n'ont pas empêché, la plupart du temps, l'accès à une identité sexuelle et à un niveau œdipien du développement, mais les « fondations » étant fragiles, tout l'édifice l'est également. Le travail psychothérapique ne peut alors faire l'économie d'une « plongée en profondeur », tout en s'appuyant sur les éléments œdipiens de la personnalité pour reconstruire.

Parmi ces patients, certains suivront une thérapie, verbale ou à médiation corporelle, quelques-uns feront une analyse. Quelle que soit l'issue choisie par la suite, il est indispensable que l'aspect psychothérapique soit présent d'emblée dans la consultation, pour réintroduire la dimension psychologique de la problématique, rassembler ce qui était clivé : le corps et le psychisme, et favoriser une prise de conscience de la part du patient.

BIBLIOGRAPHIE

[1] ANDRÉ J. — L'unique objet. In : *Les états limites*, PUF, Paris, 1999.

[2] ANZIEU D. — *Le Moi Peau*. Dunod, Paris, 1985.

[3] CHABEE-SIMPER S. — Recherche : analyse thématique des résultats. In : *Douleurs et psychopathologies liées aux traumatismes,* Ferragut É. et Colson P., Masson, Paris, 1999.

[4] CHABERT C. — Les fonctionnements limites : quelles limites? In : *Les états limites*, PUF, Paris, 1999.

[5] FERRAGUT É. — *La dimension de la souffrance chez le malade douloureux chronique*, Masson, Paris, 1995.

[6] FREUD S. — *Abrégé de Psychanalyse*. PUF, Paris, 1938.

[7] FREUD S. — Au-delà du principe de plaisir. 1920. In : *Essais de Psychanalyse*, Payot, Paris, 1981.

[8] FREUD S. — Deuil et mélancolie. 1917. In : *Métapsychologie*, Gallimard, Paris, 1968.

[9] FREUD S. — *Inhibition, symptôme et angoisse*. 1926. PUF, Paris, 1951.

[10] FREUD S. — L'inconscient. 1915. In : *Métapsychologie*, Gallimard, Paris, 1968.

[11] FREUD S. — Leçons d'introduction à la psychanalyse, 1917. In : *Œuvres Complètes*, vol. XIV, PUF, Paris, 1995.

[12] FREUD S. — Pour introduire le narcissisme. 1914. In : *La vie sexuelle*, PUF, Paris, 1969.

[13] FREUD S. — Psychanalyse et théorie de la libido, 1923. In : *Œuvres Complètes*, vol. XVI, PUF, Paris, 1995.

[14] FREUD S. — Pulsions et destins des pulsions, 1915. In : *Métapsychologie*, Gallimard, Paris, 1968.

[15] FREUD S. — Remarques psychanalytiques sur l'autobiographie d'un cas de paranoïa (le Président Schreber). 1911. In : *Cinq Psychanalyses*, PUF, Paris, 1970.

[16] FREUD S. — *Trois essais sur la théorie de la sexualité*, 1905, Gallimard, Paris, 1968.

[17] GREEN A. — Genèse et situation des états limites. In : *Les états limites*. PUF, Paris, 1999.

[18] GREEN A. — La mère morte. In : *Narcissisme de vie, narcissisme de mort*, Éditions de Minuit, Paris, 1983.

[19] LAPLANCHE J., PONTALIS J.-B. — *Vocabulaire de la Psychanalyse*. PUF, Paris, 1967.

[20] MAZET Ph. — Difficultés et pièges dans l'abord des malades psychosomatiques. *Sem. Hôp*. Paris, 1982, 58 (42) : 2454-2458.

[21] MOREAU F. *et al.* — Entre médecin et psychanalyste. *Revue de Médecine Psychosomatique,* n° 14, La Pensée Sauvage, Paris, 1988.

[22] PARAT C. — L'ordinaire du psychosomaticien. *Revue Française de Psychosomatique,* n° 3, PUF, Paris, 1993.

[23] SAMI ALI M. — *De la projection, une étude psychanalytique*. Payot, Paris, 1970.

[24] SAMI ALI M. — Imaginaire et pathologie. *Revue Française de Psychanalyse*, Tome LIV, PUF, Paris, mai-juin 1990.

[25] SAMI ALI M. — *Le Banal*. Gallimard, Paris, 1980.

[26] SAMI ALI M. — *Penser le somatique*. Dunod, Paris, 1987.

[27] SCHNEIDER M. — *La tombée du jour*. Schumann-Seuil, Paris, 1989.

[28] TOROK M. — Maladie du deuil et fantasme du cadavre exquis. In : *L'écorce et le noyau*, Abraham N., Aubier-Montaigne, Paris, 1978.

3

Facteurs environnementaux intervenant dans la genèse de la maladie

M. Dousse

Évoquer ici l'existence de liens entre des facteurs environnementaux et la prédisposition, le début, le cours et le devenir de la maladie ouvre différents axes de réflexion quant aux implications de telles corrélations dans la structure même des démarches thérapeutiques que cela implique.

Réfléchir sur l'implication environnementale ne se peut qu'en tenant compte des variations contextuelles tant individuelles que d'un point de vue strictement sociologique. Ainsi sont rendus plus complexes encore non seulement la mise en évidence des liens mais la valeur même de ces derniers dans la genèse de la maladie.

Le XIXe siècle est reconnu par Michel Foucault comme le temps de « l'émergence historique de chacune des sciences humaines » où il note [8] qu'il a fallu à cette époque « les nouvelles normes que la société industrielle a imposées aux individus, pour que la psychologie se constitue comme science ». Là, l'auteur différencie bien les trois dimensions qui ouvrent aux sciences humaines. Ce sont les mathématiques qu'il classe dans « le savoir positif » et les deux autres dimensions du savoir : « celle où se déploie l'analytique de la finitude, et celle au long de laquelle se répartissent les sciences empiriques qui prennent pour objet le langage, la vie et le travail ».

La fin du XIXe siècle et le XXe siècle ont été témoins d'une grande productivité conceptuelle dans le domaine des sciences humaines aboutissant à une relative image d'opposition entre les différents courants théoriques ayant pour même objet l'amélioration de la qualité de vie subjective [19] de l'individu dans un contexte de maladie.

Au tout début du XXIe siècle, la situation semblerait figée. Chacun s'enfermant dans sa forteresse dont les remparts sont constitués d'écrits, de comptes rendus de recherches et d'élaborations théoriques. Rien, dans chacun des différents courants, n'est totalement dénué de fondement et seule serait critiquable, à mon sens, la conviction que certains entretiennent d'être seuls capable de tout soigner par la simple application dogmatique de leurs concepts thérapeutiques.

Tout bouge. La société est autant en mouvement que ne l'est la pensée de l'individu et le mouvement de l'un influence celui de l'autre. En même temps, la science dans ses dimensions techniques et fondamentales apporte à l'individu les résultats de ses recherches dont l'utilisation devrait être précédée d'une réflexion par ceux qui ont un savoir dans le domaine général des sciences humaines. Comment pourrions-nous nous départir de la nécessaire complémentarité des savoirs autant que celle des abords thérapeutiques ?

Lorsque le sociologue Alain Ehrenberg [6] fait l'analyse de l'évolution du concept de dépression à partir de celui de la neurasthénie décrite par George Beard en 1869, où « le facteur social est au premier plan de l'étiologie », et introduit un questionnement sur les risques liés à la prescription d'antidépresseurs, devons-nous ignorer le signal d'alarme que ce chercheur nous envoie ?

Si à partir du milieu des années 1950 le courant de psychiatrie biologique a cru pouvoir tout résoudre par un abord thérapeutique uniquement médicamenteux, l'analyse du sociologue nous oblige à considérer le problème des thérapeutiques comme beaucoup moins réducteur que ce que certains ont proposé.

Ainsi, faire un point sur ces facteurs environnementaux nous pousse inévitablement à faire référence à un modèle biopsychosocial qui s'opposerait au modèle biomédical.

En fait, je souhaiterais plus que ce modèle biopsychosocial soit considéré comme un concept rassembleur, où rien de l'autre ne soit exclu mais au centre duquel serait le patient.

À l'aube du XXIe siècle, à un moment de bilans et de prospectives, un modèle rassembleur non seulement des sciences médicopsychologiques mais aussi des sciences humaines ne permettrait-il pas de partir d'un bon pied ?

MODÈLE BIOPSYCHOSOCIAL

Pour bien connaître un patient, pourrait-on convenir qu'il faut avoir une bonne connaissance de l'environnement dans lequel il vie ?

Le modèle biomédical traditionnel se cantonne dans une approche biologique et médicale de la maladie dont est atteint le patient. Dans ce cadre là, le praticien peut se focaliser sur la maladie, sans considération pour celui qui en est porteur. Un tel modèle ne prend en compte ni le vécu psychologique du patient ni son environnement social. Une telle attitude pragmatique et réductrice fait inévitablement émerger le risque d'omission concernant les facteurs qui pourraient majorer l'impact de la maladie autant que ceux qui pourraient en être à l'origine.

Par exemple, si certains protocoles de traitement de la douleur aiguë en urgence vont jusqu'à proposer une anesthésie générale, n'y aurait-il pas là un risque de dérive où, sous couvert de soulager un certain nombre de patients, on en ferait taire d'autres ?

À l'opposé, le modèle biopsychosocial propose une approche globale du patient incluant l'exploration de tous les aspects intervenant dans et autour de la maladie (biologique, psychologique et social). Nous sommes bien là en amont de tout projet thérapeutique et il s'agit d'identifier avant tout. À l'aide de ce modèle, le praticien deviendra plus habile dans ses stratégies thérapeutiques.

Certains utilisateurs du modèle biomédical pourraient penser que l'abord biopsychosocial ne les concernent pas et se cantonner dans un mode de pratique qui leur amènerait un certain nombre de satisfactions. Il est certain que le modèle biomédical permet dans une grande majorité des cas d'obtenir le résultat thérapeutique escompté. Mais il n'est pas sans poser un certain nombre de questions [1, 7] :

– Est-ce le meilleur résultat escomptable ?

– Est-ce le résultat que le patient souhaite ?

– Que faire des échecs que ce type de pratique engendre ?

Dans ce genre de pratique, c'est en général après l'échec d'une stratégie thérapeutique biomédicale, que les patients sont adressés vers les spécialistes de la santé mentale. Quand j'écris « adressés », je ne détaille pas les différents modes de ces passages qui peuvent parfois revêtir l'aspect d'une « patate chaude ».

Le fait que ces patients présentent, autour de la maladie, une problématique plus complexe que ce que le praticien imaginait, ne les rend pas responsables de l'échec de la stricte application du modèle biomédical.

Chaque étudiant sait que la décision de devenir un praticien signifie énormément d'apprentissages et de remise en question des acquis et des modes de pratiques. Biologie, psychologie et sociologie sont en perpétuelle évolution et les interconnexions entre les différentes disciplines sont présentes depuis bien longtemps. Il ne peut donc plus exister une spécialité dans chaque camp, mais bien des praticiens capables de faire l'évaluation et l'analyse de ce qui revient à quoi et de ce qui intervient sur quoi.

Débattre des facteurs environnementaux dans la genèse de la maladie renvoie inévitablement au modèle biopsychosocial.

Les fondements de ce modèle peuvent se résumer en quatre postulats [2] :

– la plupart des maladies, qu'elles soit physiques ou psychiatriques, sont influencées et déterminées par des phénomènes biologiques, psychologiques et sociaux ;

– les variables biologiques, psychologiques et sociales influencent la prédisposition, le début, le cours et l'issue de la plupart des maladies ;

– les praticiens qui seront capables d'évaluer les liens entre les variables biologiques, psychologiques et sociales dans le cadre de la plainte de leurs patients, seront plus habiles à mettre en place une stratégie thérapeutique adaptée et par là même d'améliorer l'issue de la maladie ;

– pour évaluer et prendre en charge de façon adaptée des problèmes médicaux, le praticien doit être capable d'établir et de maintenir une relation thérapeutique médecin-malade et ce avec un nombre très varié de patients.

Ainsi, tout peut être lié dans l'histoire de la maladie d'un patient. Les différentes variables sont individuelles et la mise en évidence de leurs existences précède l'évaluation de l'intensité des liens qui les unissent.

Alors, intervient la notion du temps nécessaire à leur mise en évidence et ce n'est certainement pas en une consultation que cette évaluation va pouvoir se faire. Ce d'autant que si la première consultation est classiquement individuelle, il peut devenir nécessaire à un moment d'incorporer au cadre le conjoint et/ou certains membres de l'entourage du patient.

À ce propos, celui qui se réfugierait derrière le manque de temps, devrait plutôt s'interroger sur son mode de pratique et sur le risque qu'il fait prendre au patient avant de réfuter en bloc l'intérêt de cette évaluation.

Évaluer, c'est aussi établir un contact de qualité avec le patient, lui consacrer du temps et lui permettre d'aborder tous les sujets liés à la maladie qu'il est venu nous demander de soigner.

Ayant maintenant clairement développé les bases du modèle dans lequel doit être située la réflexion autour des facteurs environnementaux, je vous propose d'en centrer l'analyse sur le contexte interpersonnel.

CONTEXTE INTERPERSONNEL

Le contexte interpersonnel est reconnu comme ayant une influence sur l'individu et sa maladie [15, 20]. Sa prise en compte dans le traitement aurait un effet significatif sur le devenir de la maladie. Interviennent dans ce contexte interpersonnel les interactions :

– dans la relation médecin-malade ;

– dans la relation de couple ;

– dans les relations familiales ;

– dans les relations professionnelles.

Nos confrères anglo-saxons ont depuis longtemps reconnu l'importance de ces interactions et ont inclus dans les prises en charge, quelle que soit l'étiologie dite « principale » de la maladie, des abords tels que les thérapies de couple, les thérapies familiales, les abords sexologiques, le travail sur la communication et l'affirmation de soi. Dans certains « *programs* » des membres de la famille deviennent des « cothérapeutes » intervenant dans le traitement.

La littérature dans son ensemble suggère que les cliniciens tiennent compte tant de l'histoire personnelle du patient que de la façon dont il prend en charge sa maladie, ses forces et ses faiblesses, ainsi que les données sociales et culturelles [14].

Il devient clair que la prise en charge requiert alors une attention différente de celle liée aux problèmes physiologiques ou à la problématique intrapsychique.

C'est par un regard phénoménologique autant que dans la recherche de la dimension conflictuelle de laquelle certains patients ne s'échappent jamais, telle que proposée dans l'évaluation du contexte interpersonnel, que nous trouvons une aide précieuse. Celle-ci nous permet d'élaborer des hypothèses proposant des réponses au pourquoi certains patients deviennent invalides par leurs maladies, dépressifs, un fardeau pour leur famille et incapables de reprendre leur travail. Une telle analyse nous aide à comprendre pourquoi certains patients, avec les mêmes problèmes, continuent à vivre de façon productive et fructueuse.

Bien sûr, ce n'est pas par hasard qu'un patient va s'enkyster dans la maladie. D'un point de vue strictement psychanalytique, un travail de recherche permet souvent d'éclairer le lien entre le facteur environnemental et la réaction qu'il occasionne chez un patient. Mais, d'un autre côté, l'épidémiologie nous prouve l'existence de *facteurs de risques* présents avant même le déclenchement de la maladie. À ce niveau-là, l'individu n'est plus seul responsable mais se trouve pris dans une situation à risque.

MALADIE ET ÉVÉNEMENTS DE VIE

Pour approfondir cette notion de facteur de risque, je prendrai deux exemples.

Le premier exemple est un peu ancien car il date de 1967. Je fais ici référence au travail de Holmes et Rahe [11] qui ont élaboré une échelle quantitative donnant une valeur de risque à 43 événements de vie (Schedule of Recent Live Events, SRE). À chacun des événements de vie est attribué un score numérique (life-change units, LCU). Par exemple, le décès du conjoint a une LCU de 100, un traumatisme physique ou une maladie de 53, la mise à la retraite de 45 et un changement dans les habitudes alimentaires de 15. Les auteurs ont trouvé une corrélation quasi linéaire entre l'exposition au risque et le score LCU qui s'y rapporte et le développement ou le devenir de maladies médicales, psychiatriques ou chirurgicales chez l'individu. Depuis cette étude, d'autres auteurs ont validé l'hypothèse de relations entre des événements de vie et le développement ou l'intensification de troubles de santé.

Plus proches de nous sont les travaux d'épidémiologie de Le Pape et Lecomte [12, 13] concernant la dépression tant en ce qui concerne les facteurs de risques socio-économiques que ceux concernant sa prévalence.

Dans leurs travaux les plus anciens [12], les auteurs mettent en évidence les liens entre des critères socio-économiques et la maladie dépressive.

La prévalence de la dépression est plus forte :

- chez les divorcés et les veufs ;
- chez les personnes vivant seules ;
- chez les inactifs pour raisons de santé et chez les chômeurs ;
- chez les employés ;
- chez les personnes résidant dans l'agglomération parisienne ;
- chez les personnes disposant de faibles revenus.

De plus, ils font état de risques de morbidité clairement identifiés puisque risque vital et invalidité sont plus importants chez les personnes dépressives. L'âge morbide, calculé à partir de l'âge calendaire et de l'indicateur de morbidité, permet de parler de vieillissement prématuré chez les dépressifs.

Dans leur dernière publication [13] les auteurs notent une très forte augmentation de la prévalence de la dépression avec l'âge. Cette augmentation ne s'explique pas seulement par un simple effet du vieillissement. Elle s'explique davantage par d'autres facteurs ou événements de vie marquant différents moments de l'existence.

Ainsi, s'interroger dans le cadre de l'évaluation initiale d'un patient sur les événements de vie préexistants ou induits par la maladie serait l'étape première dans le cadre d'un projet de prise en charge globale qui s'orienterait non seulement vers le traitement mais aussi vers la *prévention des décompensations*.

ENVIRONNEMENT DE LA MAISON

Que le patient vive seul ou avec d'autres personnes, l'entretien de la maison ainsi que la vie sociale peuvent être à l'origine de problèmes qu'il faut évaluer car faisant partie du contexte interpersonnel.

Les prises de décisions financières autant que les conséquences financières de la maladie, l'entretient de la maison, l'approvisionnement, la confection des repas sont autant de tâches qui peuvent devenir de véritables problèmes au quotidien.

Dans un autre registre, la qualité des relations avec les amis, des relations sexuelles et plus généralement l'estime de soi sont certainement le minimum qu'un individu attend de son environnement au domicile.

L'évaluation de la qualité de vie au domicile est incontournable. L'analyse des corrélations entre les désirs du patient et la réalité sont une base de discussion avec le praticien. Si la maladie est inductrice d'une baisse des capacités de l'individu pour la réalisation des actes simples de la vie quotidienne, alors cette situation doit être prise en compte par l'entourage (amis, conjoint, membres de la famille).

Il conviendrait donc d'aborder le problème avec l'entourage pour trouver un compromis. Ce travail doit être assuré par l'un des membres de l'équipe soignante médicale autant que paramédicale, psychologue autant que travailleur social. Toute la dimension de la nécessaire *mise en place de réseaux de soins* trouve là aussi sa justification.

La non-résolution de ces problèmes va être à l'origine d'une recrudescence des tensions et du stress. Les patients développent un sentiment de culpabilité car ils ne sont pas aussi performants, ont perdu la capacité de faire ce qu'ils faisaient auparavant.

De l'installation d'un syndrome anxieux vont se développer progressivement une pathologie dépressive et une désocialisation.

Envisager un travail avec l'entourage vise aussi à crever l'abcès que peut être l'irritabilité vis-à-vis du handicap ou la culpabilité et le malaise vis-à-vis de la souffrance du patient.

L'arrivée de la maladie, inductrice directement ou non d'un handicap, va non seulement venir bouleverser les projets de vie du patient mais aussi l'équilibre des forces au sein du couple et plus généralement de l'entourage. En plus de l'effondrement des valeurs narcissiques, cause ou conséquence de la maladie, la lecture des mouvements relationnels interpersonnels ne peut se départir d'une analyse culturelle et plus généralement sociologique.

La maladie vient bouleverser les enjeux sociaux mettant en péril tant l'image sociale personnelle que le statut familial. Ces derniers sont forcement liés aux projets parentaux dont le patient n'a pas forcement fait le deuil. Comme l'évoque Max Pagès [16] : « L'interdit de faire honte à ses parents (en portant atteinte au statut social de la famille) serait un des interdits sociaux fondamentaux ».

Sans un projet structuré de travail tant avec le patient qu'avec son entourage, le risque d'évolution vers l'éloignement, l'isolement et l'incompréhension réciproque est certainement très important. Une telle situation serait inévitablement inductrice d'une augmentation des plaintes du patient, voire de l'apparition d'une symptomatologie sans lien directe avec l'origine biologique de la maladie.

ENVIRONNEMENT PROFESSIONNEL

La littérature permet d'établir un lien entre les conditions de travail et les répercussions sur la maladie. Je pense en cela aux travaux de Haldorsen [10] de Gatchell [9] qui font référence à la nature du travail, à ceux de Polatin [17] sur l'ancienneté au travail ou encore Sanerson [18] sur la perte du travail.

L'évaluation des caractéristiques ergonomiques du travail et leur adéquation avec la maladie sont aussi importantes que celle de la psychodynamique du travail telle qu'en fait état Christophe Dejours dans ses travaux [3, 4].

Au concept d'idéologie défensive proposé par Dejours, Pagès [16] associe celui de processus intergénérationnel en trois phases. La première est le vécu de l'expérience indésirable que pourraient être l'exclusion et la non-valeur sociale dans un contexte de maladie ; la seconde correspondrait à la mise en place consciente d'une idéologie défensive et la troisième aboutirait à l'intériorisation inconsciente des interdits sociaux.

Les théories sociologiques et psychanalytiques se retrouvent bien dans le contexte de l'observation et de l'analyse du comportement individuel dans le cadre du travail. Les connexions entre les systèmes de conflits d'origine sexuelle et les conflits d'origine sociale existent à tous les stades de l'intériorisation. La dimension de l'abord biopsychosocial trouve là encore toute sa justification.

Il est impossible d'envisager un abord thérapeutique sans tenir compte des conditions de travail. Il s'agit là tant de l'analyse des contraintes physiques auxquelles le patient sera exposé que de l'analyse de la qualité des rapports interpersonnels au sein de l'entreprise.

Là encore la dimension de l'abord interpersonnel ne peut s'envisager que dans le cadre d'un véritable travail en réseau où les différents intervenants sont le médecin du travail, le médecin conseil de la Sécurité sociale et la COTOREP. Sur le terrain même du travail, infirmiers et psychologues du travail spécialisés dans l'abord ergonomique vont avoir leurs rôles.

Le projet qui doit être construit autour de l'individu pour travailler à sa réinsertion doit tenir compte des capacités liées à la maladie.

Que ce soit par l'analyse du poste de travail autant que par l'étude des possibilités de reclassement professionnel en passant par un possible temps de formation du patient, la prise en compte des facteurs environnementaux nécessite autant du temps qu'une bonne connaissance des rouages des différentes structures.

D'autres facteurs entrent en jeu en particulier liés à l'employeur et à la qualité des rapports interpersonnels que le patient entretenait avec lui. Pourquoi un employeur ferait un tel effort alors qu'il peut tout à fait prendre un nouveau travailleur, plus jeune et moins bien payé ? Dans ce cas, le handicap lié à la maladie serait une chance pour l'employeur.

ENVIRONNEMENT DU LOISIR

Les conséquences socioprofessionnelles de la maladie favorisent l'éloignement des amis.

Le patient ne travaille plus, il ne se sent pas bien. Il parle en permanence de ses troubles et de son incapacité.

Un tel comportement est inducteur d'une réaction de retrait de l'entourage amical. C'est là souvent l'occasion pour le patient d'évaluer la qualité véritable des relations qu'il entretenait avec ses amis.

De la même façon, si l'arrivée d'un handicap lié à la maladie invalide la pratique de certaines activités de loisirs, il peut être là l'occasion de proposer au patient de s'investir dans la découverte de nouvelles activités. La thématique ici mobilisée est celle de la prise de conscience des capacités restantes plutôt que l'enkystement dans le deuil non fait des capacités perdues.

ENVIRONNEMENT SOIGNANT

Il ressort de l'analyse précédente sur les facteurs environnementaux intervenant dans la genèse de la maladie et leurs abords thérapeutiques sur un modèle biopsychosocial que l'équipe nécessaire à la mise en place des soins ressemble à un véritable réseau. Le nombre d'intervenants peut être variable en fonction des cas mais il doit au minimum être constitué d'un médecin somaticien, d'un praticien habilité aux thérapies physiques, un travailleur social, une équipe de santé mentale et d'autres spécialistes au cas par cas.

Nous avons vu combien tant les médecins conseils des structures d'assurances que les médecins du travail ont leurs rôles spécifiques et doivent être sollicités précocement afin que soit clarifiée la situation du patient en évitant ainsi les facteurs de chronicité purement sociaux tels que je les ai évoqués dans un texte antérieur [5].

Dans le cadre de la maladie, le patient est confronté :

– à des examens dont il ne comprend pas les résultats et qui ne sont que rarement expliqués clairement, avec des mots qui peuvent être compris de lui ;

– à des traitements pharmaceutiques ou chirurgicaux qui posent plus de problèmes que ne procure de bien être ;

– à son incompréhension personnelle concernant le fonctionnement même de son corps et les liens entre les traitements et les bénéfices escomptés ;

– à des situations problématiques du fait du caractère insatisfaisant des réponses thérapeutiques.

Les résultats de l'ensemble de ces confrontations problématiques se matérialisent par une recrudescence anxieuse pouvant aller jusqu'au sentiment de colère vis-à-vis du monde de soignants.

Le plus souvent, les patients n'ont pas conscience qu'ils peuvent influencer la manière dont ils sont traités. Si nous les trouvons installés dans un mode relationnel de type passif-dépendant, ce n'est certainement pas sans lien avec la manière dont les intervenants soignants les ont modélisés.

Je veux suggérer par là que la prise en charge d'un patient se fait sous la responsabilité d'un médecin ou d'une équipe médicale et qu'il lui revient de s'assurer non seulement de son propre bon fonctionnement tant pratique que théorique, mais aussi de celui de l'ensemble des intervenants.

Il y a fort à parier que c'est dans la formation des équipes et dans les moyens qui sont mis à leur disposition que se trouvera la meilleure adéquation visant à tenir compte de l'ensemble des facteurs environnementaux intervenant dans la genèse de la maladie.

CONCLUSION

Pourquoi m'a-t-il fallu écrire ce texte pour me rendre compte combien le symbolisme du changement de siècle résonnait autant dans mes processus de recherches autour du thème « psychosomatique et environnement » ?

Au moment où les différents intervenants du monde des soignants s'éparpillent dans une recherche de Vérité qui épargnerait leurs souffrances éthiques (au sens de C. Dejours) en ménageant leurs conforts, n'est-il pas un peu provocateur de proposer ici un modèle qui, pour être mis en œuvre, nécessite des moyens dont peu d'équipes disposent ?

En effet, le modèle biopsychosocial est avant tout un outil d'évaluation qui est le seul permettant de s'intéresser aux facteurs environnementaux intervenant dans la genèse de la maladie.

Il autorise le mélange des connaissances issues des sciences humaines que ce soit la biotechnologie ou l'aspect biomédical, la psychologie et la sociologie. Tout cela dans un seul but qui est de replacer l'individu dans sa globalité physique et mentale autant que dans son intégrité de citoyen, rappelant ainsi que c'est, directement ou indirectement, lui qui nous paye et auquel nous devons de ne pas rester sclérosé dans nos vieilles habitudes du siècle dernier.

En évaluant avec le patient l'influence de ces facteurs environnementaux, nous ne pouvons faire autrement que de les lui pointer et de répartir les tâches en ce qui concerne la gestion thérapeutique que cela doit induire. À partir de là, aucun modèle psychothérapeutique ne prend un pas prépondérant sur un autre. Pour un même patient, il peut y avoir un temps pour un mode de thérapie et un autre moment pour un autre abord. Psychiatres autant que somaticiens, psychologues du travail et psychanalystes autant que sociologues cliniciens et travailleurs sociaux, tous ont leurs rôles découlant de l'évaluation initiale.

Un bon fonctionnement en réseau devrait inclure toutes ces disciplines.

Les modalités thérapeutiques vont inévitablement évoluer. Si la fin du siècle est allée dans le sens d'une dégradation des conditions de soins sous couvert tant d'économies de santé que des spécialistes de l'éthique, garde-fou autant qu'alibis, sachons aborder le XXIe siècle avec optimisme.

C'est, de mon point de vue, dans la pluridisciplinarité des sciences humaines plus que dans la logique cartésienne réductrice des experts en évaluation et en accréditation que peut émerger un courant fédérateur qui, pour reprendre les propos d'Harold I. Eist tenus au cours d'une conférence de l'American Psychiatric Association en 1998, serait « bon pour l'individu, bon pour la société et bon pour le pays ».

BIBLIOGRAPHIE

[1] CASSELL E.J. — *The nature of suffering and the goals of medicine*, New York, Oxford University Press, 1991.

[2] COLE S.A., SARAVAY S.M., LEVINSON R.M. — *The biopsychosocial model in médical practice. in Human Behavior.* Sous la direction d'A. Stoudemire, Lippincott Raven, New York, Philadelphia, 1998.

[3] DEJOURS C. — *La souffrance en France,* Seuil, Paris, 1998.

[4] DEJOURS C. — *Plaisir et souffrance dans le travail,* AOCIP, Paris, 1987.

[5] DOUSSE M. — La société, facteur de chronicité de la douleur en France ? In : *Douleurs et psychopathologies liées aux traumatismes.* Sous la direction d'É. Ferragut, Masson, Paris, 1999, p. 155-163.

[6] EHRENBERG A. — *La fatigue d'être soi, Dépression et société.* Odile Jacob, Paris, 1998.

[7] ENGEL G. — The need for a new médical model : a challenge for biomedicine. *Science,* 1977, 196 :129-136.

[8] FOUCAULT M. — *Les mots et les choses, une archéologie des sciences humaines.* Gallimard, Paris, 1966.

[9] GATCHELL R.J. *et al.* — The dominant role of psychosocial risk factors in the development of chronic low back pain disability. *Spine*, 1995, 20 : 2702-2709.

[10] HALDORSEN E.M. *et al.* — Patients with low back pain not returning to work : a 12 months follow up study. *Spine,* 1998, 23 : 1202-1208.

[11] HOLMES T.H., RAHE R.H. — The social readjustment rating scale. *J. Psychosomat. Res.*, 1967, 11 : 213-218.

[12] LE PAPE A., LECOMTE T. — Aspects socio-économiques de la dépression. Évolution 1980-1981/1991-1992, CREDES, Paris, 1996.

[13] LE PAPE A., LECOMTE T. — Prévalence et prise en charge médicale de la dépression. France 1996-1997, CREDES, Paris, 1999.

[14] MECHANIC D. — Social psychological factors affecting the presentation of bodily complaints. *New England Journal of Medicine*, 1972, 286 : 1132-1139.

[15] ONNIS L. — *Corps et contexte. Thérapie familiale des troubles psychosomatiques.* ESF, Paris, 1989.

[16] PAGES M. — Le moment sociologique en psychothérapie. In : *Sociologies cliniques.* Sous la direction de V. de Gaulejac et S. Roy, Hommes et Perspectives, n° 205-214, Marseille, 1993.

[17] POLATIN P.B. *et al.* — A psychosociomedical prédiction model of response to treatement by chronically disabled workers with low back pain. *Spine*, 1989, 14 : 957-961.

[18] SANDERSON P.L. *et al.* — Compensation, work status and disability in low back pain patients. *Spine*, 1995, 20, 554-556.

[19] TERRA J.L. — *Qualité de vie subjective et santé mentale.* Ellipses, Paris, 1994.

[20] TURK D.C. — Factors influencing the adaptive process with chronic illness : Implications for intervention. In : *Stress and anxiety.* Sous la direction de G. Sarason et C.D. Speilberger, Halsted Press, Washington D.C., 1979.

4

Douleur, angoisse et dépression

É. Serra

La douleur est définie comme une expérience sensorielle et émotionnelle désagréable associée à une lésion tissulaire réelle ou potentielle ou décrite dans les termes d'une telle lésion. La douleur est donc reconnue comme un phénomène pluridimensionnel auquel devra répondre un traitement plurimodal. Dans ce domaine, les aspects psychologiques sont particulièrement étudiés.

L'association de la douleur avec la dépression mais également avec l'anxiété est de constatation habituelle en médecine. Dans un premier temps nous rappellerons quelques notions fondamentales sur les concepts cliniques de dépression et d'anxiété. Puis nous présenterons la douleur comme signe de la dépression ou de l'anxiété. Ensuite nous présenterons l'anxiété et la dépression comme signes de la douleur. Enfin, nous avancerons quelques hypothèses pour rendre compte de cette association si fréquente douleur-anxiété-dépression.

DÉPRESSION

Clinique de la dépression

La dépression est un syndrome clinique bien défini [14]. On y retrouve une tristesse de l'humeur avec perte du goût de vivre, perte du plaisir, douleur morale, pessimisme, sentiment d'incurabilité parfois. Il existe une inhibition psychomotrice marquée par un ralentissement psychomoteur, un émoussement idéatoire et affectif, une perte des initiatives. À ces deux signes importants s'associent également des angoisses plutôt matinales et éventuellement des idées morbides voire des idées suicidaires. Il existe enfin des signes dits somatiques avec une insomnie classiquement matinale, une anorexie, un amaigrissement consécutif et enfin diverses plaintes somatiques dont des douleurs.

ÉVOLUTION DU CONCEPT DE DÉPRESSION

La dépression est une entité pathologique. Le modèle dont dispose le sujet normal pour la comprendre est la perte et en particulier la situation de deuil. L'affect qui prédomine peut se retrouver dans des expériences de morosité partagées par tout un chacun. Ce mal du siècle a inspiré les artistes sous les dénominations de *spleen* ou de *blues*. L'état affectif donna naissance à la neurasthénie de Beard, entité clinique centrée par la notion de fatigue qui semble une préoccupation habituelle outre-Atlantique. Un facteur de développement du concept de dépression fut l'efficacité des antidépresseurs. Elle avoisine 70 %. L'information scientifique et commerciale à leur sujet favorisa une diffusion du diagnostic de dépression. Cela permit une raréfaction des faux négatifs. Mais peut-être y a-t-il eu depuis une fréquence accrue des faux positifs : le diagnostic n'est en effet posé que sur quelques éléments dépressifs.

Interroger l'évolution de ce concept clinique n'amène toutefois pas à nier sa gravité en matière de santé publique. La dépression est une souffrance importante pour nos concitoyens qui en sont atteints. La dépression est directement liée au problème dramatique du suicide. On peut estimer à 150 000 le nombre de tentatives de suicide en France chaque année. Elles sont souvent liées à des états dépressifs. On peut estimer à 15 000 le nombre de suicides chaque année dans notre pays. Ils sont eux clairement associés à la dépression.

Ces dures réalités ne nous empêchent pas une nouvelle fois d'évoquer le risque hégémonique du concept de dépression. Hégémonie au sein de la psychiatrie dans laquelle ce diagnostic facile à poser domine les autres troubles même quand il leur est associé. Hégémonie au sein de la médecine où toute pathologie médicale peut se trouver accompagnée du diagnostic de dépression. Ce qui est un progrès par la reconnaissance d'un trouble psychologique mais aussi une restriction de cette difficulté au diagnostic en question. Hégémonie enfin sur l'ensemble des souffrances humaines qui se trouvent volontiers assimilées à la dépression.

NOSOGRAPHIE DE LA DÉPRESSION

La *mélancolie* telle qu'on la rencontre dans la psychose maniaco-dépressive est la description la plus typique de la dépression.

Dans la *schizophrénie*, la dépression constitue une forme de début, en se présentant comme une dépression dite atypique. Elle apparaît aussi comme une forme d'évolution de la schizophrénie soit accompagnant la perte, l'abandon, le deuil, le délire, soit résultant de la prescription des neuroleptiques.

Dans la *paranoïa*, c'est surtout dans le délire de relation de Kretschmer ou paranoïa sensitive que l'on retrouve associés à des éléments du caractère paranoïaque des éléments du caractère sensitif marqué par une tendance à la dépréciation voire à la dépression.

La *dépression névrotique* est une évolution habituelle dans la névrose d'angoisse. On la rencontre également dans la névrose phobique, dans la névrose obsessionnelle et dans la névrose hystérique sous l'appellation de cyclothymie. La tendance forte de la névrose hystérique à coller à l'ambiance culturelle du moment nous amène à penser que bon nombre de patients hystériques expriment aujourd'hui leur souffrance névrotique sous le masque de cette dépression tant à la mode. Si l'on croit Illich, la douleur peut bénéficier de ce même engouement inconscient [23].

On rencontre la *dépression organique* associée à des troubles neurologiques : accident vasculaire cérébral, maladie de Parkinson, épilepsie, tumeur cérébrale notamment temporale ou frontale, démence, confusion mentale. On la rencontre également dans les traumatismes crâniens avec des syndromes post-traumatiques. La dépression accompagne très habituellement l'alcoolisme : qu'il s'agisse d'ivresse dépressive, de dépression liée au sevrage, ou à l'inverse que sur une dépression préexistante l'alcool soit consommé comme antidépresseur. La dépression se retrouve dans d'autres situations médicales comme la tuberculose, le cancer, le syndrome asthénique des cardiopathies et des opérés du cœur, le lupus érythémateux disséminé, le diabète, l'hypothyroïdie... Enfin, la dépression iatrogène mérite d'être rappelée : corticoïdes, isoniazide, L-dopa, anorexigènes, neuroleptiques.

Une *dépression réactionnelle* peut survenir après un traumatisme individuel comme un deuil, une perte, un épuisement ou encore après un traumatisme collectif comme une catastrophe. En pratique médicale quotidienne et notamment psychiatrique, on parle volontiers de dépression névrotico-réactionnelle qui recouvre l'essentiel du champ de la dépression.

ÉCHELLES DE LA DÉPRESSION

De nombreux instruments ont cherché si ce n'est à objectiver la dépression en tout cas à la quantifier. Ainsi on utilise en français la HDRS de Hamilton créée en 1960, ou encore la Beck — 13 ou 21 créée par l'auteur du même nom en 1962 et 1972, ou encore la MADRS de 1979, ou encore le très visuel diagramme Hard de 1984. Il est à noter que certains outils métrologiques plus généraux possèdent en leur sein une sous-échelle de la dépression comme le MMPI ou la SCL 90 R ou encore la HAD (Hospital Anxiety Depression). Les échelles citées figurent dans divers ouvrages français [19].

Les échelles présentent plusieurs intérêts. Elles peuvent permettre un dépistage sur des patients. L'obtention d'un score favorise le suivi des patients dans le cadre d'un traitement. Ce sont des outils devenus incontournables dans les essais cliniques en psychopharmacologie. Une limite de ces instruments est justement d'avoir été développé pour des essais thérapeutiques. Les échelles issues de la recherche apportent une aide dans la clinique quotidienne. Mais elles ne peuvent pas s'y substituer.

TRAITEMENTS DE LA DÉPRESSION

Nous avons vu qu'il était nécessaire d'évaluer qualitativement et quantitativement la dépression. Il est important de préciser le contexte nosographique. Il est important également de repérer la gravité, la profondeur de cette dépression et les possibilités personnelles ou contextuelles du patient déprimé de réagir face à son problème.

Les psychothérapeutes, en fonction de leurs compétences et de la demande du patient, utilisent des psychothérapies cognitives et comportementales ou des psychothérapies psychanalytiques.

En ce qui concerne la chimiothérapie, celle-ci repose naturellement sur la prescription d'antidépresseurs. Les antidépresseurs tricycliques de naguère, encore aujourd'hui référence importante des psychiatres français, sont toutefois détrônés par des antidépresseurs plus récents d'efficacité comparable et d'effets secondaires moindres. On trouve parmi ces derniers les inhibiteurs de la recapture de la sérotonine.

Quand cela est cliniquement justifié, ce qui est fréquent au début de la dépression, on associe volontiers un anxiolytique voire transitoirement un hypnotique.

ANXIÉTÉ

ANXIÉTÉ ET ANGOISSE

Les *définitions* de ces deux termes peuvent parfois les confondre. On peut aussi les distinguer. Dans ce cas l'anxiété, cette peur sans objet, peut être décrite comme le versant psychologique d'une entité dont l'angoisse serait le versant somatique. Ou encore l'anxiété peut être décrite comme un état chronique alors que l'angoisse en est l'aspect critique. Ou bien encore l'anxiété peut correspondre à une émotion quasi normale, d'intensité modérée, tandis que l'angoisse correspond à une décharge émotionnelle bien plus intense.

En *clinique*, l'anxiété majorée le soir associe une inquiétude, un sentiment d'infériorité, de l'irritabilité, des troubles de la concentration avec des signes somatiques notamment digestifs et une insomnie d'endormissement [2, 14]. La crise d'angoisse, attaque de panique des auteurs américains, met en avant les manifestations somatiques qui motivent les consultations ou l'hospitalisation. Parmi ces signes marqués par les troubles cardio-respiratoires figurent des douleurs diverses, des paresthésies.

Comme nous l'avons étudié avec la dépression, la détermination du *cadre étiologique* de l'anxiété est importante. L'anxiété constitue tout d'abord un sentiment, une émotion, un ensemble de comportements normaux.

L'anxiété est définie comme réactionnelle dans le cas d'une catastrophe collective ou individuelle ou bien encore dans le cas où elle est la conséquence d'affection somatique. Il s'agit alors là d'une angoisse vitale. Mais y compris dans ce cadre, il peut être normal d'éprouver des affects anxieux ou dépressifs. Pour peu qu'ils ne soient pas trop intenses et que le sujet puisse les assumer [26].

L'anxiété névrotique renvoie depuis le texte fondateur de Freud en 1894 à la lignée des névroses [17]. Elle correspond d'un point de vue psychogénétique à une angoisse de sexualité ou encore à une angoisse de mort. L'évolution de la névrose d'angoisse se fait vers l'amélioration, la dépression ou diverses somatisations comme l'hystérie ou les troubles psychosomatiques. Dans une perspective comportementale, telle qu'elle apparaît sur l'axe I du DSM IV, l'anxiété est le symptôme clé des troubles anxieux : anxiété généralisée, trouble panique, trouble obsessionnel compulsif, état de stress post-traumatique [2].

Enfin, l'anxiété psychotique renvoie à des notions plus archaïques d'angoisse de l'existence, d'angoisse de morcellement, voire même de ce que l'on pourrait appeler une angoisse de l'essence.

ÉCHELLES DE L'ANXIÉTÉ

On peut énumérer un certains nombres d'échelles : la Hamilton de 1959, l'échelle de Tyrer de 1984, la COVI de 1976, la HAD citée précédemment, mais cette fois dans son score anxiété, ou encore le diagramme HARD de 1987. Enfin, notons que dès 1921 une échelle visuelle analogique (EVA) fût utilisée pour scorer le niveau de l'anxiété.

Traitements de l'anxiété

On retrouve des orientations psychothérapiques cognitivo-comportementales ou psychanalytiques selon que le clinicien pratiquera une approche plus comportementale à travers le diagnostic de troubles anxieux ou plus psychanalytique à travers le diagnostic de névrose. En ce qui concerne la chimiothérapie, les anxiolytiques benzodiazépiniques ou non benzodiazépiniques constituent le traitement de fond de l'anxiété. Mais particulièrement pour les benzodiazépines, le risque de dépendance doit en faire limiter la durée de prescription. Ainsi qu'on le sait depuis les années 60, la prévention des crises d'angoisse bénéficie très utilement de la prescription de certains antidépresseurs.

LA DOULEUR COMME SIGNE D'ANXIÉTÉ ET DE DÉPRESSION

Douleur dans l'anxiété et la dépression

La douleur est un signe classique d'*anxiété* [2, 14). Hyperesthésies et paresthésies, céphalées, « crises douloureuses pseudorhumatismales » sont évoquées par Henri Ey à la suite de Freud [14, 17]. Parmi les critères diagnostiques de l'Attaque de panique figurent : « douleur ou gêne thoracique » et « paresthésies (sensations d'engourdissement ou de picotements) » [2].

La douleur comme signe de *dépression* a toutefois été étudiée plus régulièrement. La douleur est un symptôme classique de dépression selon Henry Ey [14]. Pourtant la douleur n'est pas évoquée dans les critères diagnostiques de l'Épisode dépressif majeur du DSM IV. Dans l'ouvrage américain, elle est un signe clé des Troubles somatoformes pour le diagnostic de Trouble somatisation qui exige « quatre symptômes douloureux » et pour le diagnostic de Trouble douloureux. La douleur dans ce dernier cas « n'est pas mieux expliquée par un Trouble de l'humeur, un Trouble anxieux » alors qu'elle n'est pas évoquée comme critère de la dépression [2]. Le Trouble douloureux est une douleur à facteurs psychologiques importants. Selon Von Knorring et Merskey le symptôme douleur est présent chez 55 % des déprimés (cité par Pablo [31]). Des facteurs favorisent la présence d'une douleur comme signe de dépression : l'existence d'une dépression névrotico-réactionnelle (Von Knorring), l'utilisation de la douleur dans les relations interpersonnelles (Kreitman), l'existence d'un bas niveau socioculturel (Giberts), plutôt chez des personnes âgées, chez des femmes. Ades présente la douleur comme un élément clinique faisant craindre une chronicisation plus facile de la dépression. Les douleurs peuvent résister alors que l'humeur a été améliorée par un traitement antidépresseur (cité par Pablo [31]).

Dépression masquée et équivalent dépressif

Il s'agit d'une situation clinique qui intéresse beaucoup les psychologues et psychiatres et à vrai dire inquiète tous les soignants. Le patient authentiquement dépressif n'exprimerait comme seule plainte qu'une douleur [18]. Ceci se développe à l'insu du malade. L'approche psychosomatique tente une compréhension de ce phénomène. On trouve côte à côte différentes idées comme le concept de pensée opératoire où le sujet ne présente qu'une pensée concrète, pratique, sans affect, ou encore le concept de déni où le sujet peut nier par exemple la dimension affective, émotionnelle d'une situation donnée, ou bien encore le concept d'alexithymie que l'on pourrait définir comme une incapacité à exprimer ses émotions. Mais si la dépression est masquée, cela veut dire aussi qu'elle se développe à l'insu du médecin. Le problème est alors celui d'un retard diagnostique.

Y aurait-il une dépendance culturelle de l'expression somatique de la dépression ? Guelfi estime que ce n'est pas le cas [18]. Cela signifie peut-être que l'homme souffre avec son âme et avec son corps. Cela signifie peut-être que dans toutes les cultures la maladie somatique éventuellement exprimée par une douleur est plus facilement acceptée que la maladie psychique volontiers vécue comme une faiblesse.

Il faut toutefois noter que le concept de dépression masquée est critiqué. Il n'est pas acceptable en termes poppériens. À aucun moment on ne peut confirmer ou infirmer ce diagnostic [30]. Sans entrer dans le débat, on doit rappeler que toute symptomatologie somatique mérite une tentative de compréhension psychologique. Parfois les facteurs psychiques ainsi repérés s'avéreront prépondérants. Quoiqu'il en soit, quand on avance l'hypothèse d'une dépression, il est indispensable d'en rechercher les signes. Seule la présence de ces signes affirmera positivement le diagnostic de dépression.

Douleur psychogène

Une partie du raisonnement que nous avons utilisé pour évoquer le concept de dépression masquée peut être reprise pour celui de *douleur psychogène*. Certains parlent de douleur *sine materia*. La définition de la douleur et l'absence de parallélisme entre la douleur et une lésion ne nous permettent plus de retenir cette expression comme synonyme. La douleur psychogène évoque également le diagnostic de somatisation, c'est-à-dire l'expression somatique de difficultés psychologiques. Le terme de somatisation recouvre le sens d'un processus ou le sens d'une série de classes nosographiques comme l'anxiété, la dépression, l'hystérie, l'hypocondrie… Pour parler de douleur psychogène, un diagnostic psychiatrique positif est nécessaire. On ne peut plus accepter aujourd'hui un simple diagnostic d'exclusion. *Ce n'est pas parce que le patient n'a pas de douleur somatiquement compréhensible que sa douleur est nécessairement psychogène.*

Affirmons à cette occasion la primauté dans la médecine du 3e millénaire de la *causalité circulaire ou plurifactorielle*. C'est-à-dire que la douleur se nourrit de facteurs divers et que la douleur entraîne des difficultés psychologiques qui elles-mêmes entretiennent cette douleur. Cette primauté se fait ou se fera au détriment de la causalité linéaire ou pasteurienne qui est enseignée de façon dominante dans les études médicales ou paramédicales. Il est vrai que l'approche est performante dans le domaine de la pathologie infectieuse où un agent pathogène responsable d'une symptomatologie peut être traité efficacement par un antibiotique. Cette causalité sied bien au domaine de l'urgence dans lequel une douleur rétrosternale constrictive par exemple est, jusqu'à preuve du contraire, un infarctus du myocarde plutôt qu'un reflux gastro-œsophagien ou qu'une crise d'angoisse. Pourtant ce modèle linéaire doit se voir préférer un modèle psychosomatique et social en médecine quotidienne. Cela est encore plus vrai dans le domaine des pathologies chroniques comme le diabète, le cancer ou bien évidemment la douleur. La douleur présente habituellement des facteurs psychologiques. Elle entraîne des conséquences psychologiques. Les éléments psychologiques sont toujours associés à la douleur. Seule leur importance varie. Pour conclure on peut dire que le vocable de douleur psychogène est acceptable quand les facteurs psychologiques sont clairement dominants.

Compte tenu des remarques précédentes, il semble intéressant de livrer à la critique du lecteur la synthèse faite par Guggenheim et traduite par Lejoyeux [20]. Elle consiste à repérer des signes en faveur de l'origine psychogène d'une douleur : Madison. La multiplicité de la douleur (M) correspond à une douleur survenant simultanément ou successivement dans plusieurs parties du corps. L'authenticité (A) renvoie au temps passé par le patient à convaincre le clinicien du caractère authentique de sa douleur. Le déni (D) porte sur le refus de conséquences psychiques de la douleur ou même de l'existence d'une dépression associée à cette douleur. La dimension interpersonnelle (I) fait état des modifications de l'intensité ou de la nature de la douleur en présence d'autrui. La singularité (S) apparaît dans la description que fait le patient d'une douleur singulière exceptionnelle. La fascination (O de «*Only you*») correspond à l'idéalisation du médecin par le patient qui estime que celui-ci est le seul à pouvoir le soigner. Enfin, avec le non-changement (N), le patient considère que rien ne modifie sa douleur et que rien ne l'aide.

ANXIÉTÉ ET DÉPRESSION COMME SIGNES DE DOULEURS

LA DÉPRESSION COMME SIGNE DE DOULEUR

Dans le cas de la douleur chronique, douleur-maladie ou encore syndrome douloureux chronique, le patient présente fréquemment un état dépressif. «D'où vient cette douleur? Pourquoi ne guérit-elle pas? Que suis-je devenu?», pourrait s'interroger le malade. Replié sur lui-même, il restreint ses investissements extérieurs et perd l'espoir.

Dans sa description de la douleur-maladie, Le Riche évoque toute la détresse du patient douloureux chronique. D'une façon plus systématisée, François Boureau présente les signes dépressifs retrouvés dans le syndrome douloureux chronique : tristesse, troubles du caractère, perte des intérêts, fatigabilité, troubles de l'attention, insomnie [9].

La dépression est retrouvée comme signe de douleur chez 10 à 100 % des douloureux selon les critères retenus [11]. Disons que les signes dépressifs sont habituels. Et dans certains cas le patient douloureux peut même présenter un authentique diagnostic de dépression.

Le profil psychologique des patients douloureux a été exploré. Au bout de six mois d'évolution de leur douleur, on trouve chez ceux-ci un profil névrotique de dépression, mais aussi d'hystérie et d'hypocondrie [24, 29]. La dépression est décrite comme réactionnelle. Elle est d'une part réactionnelle à la maladie, à la douleur. Elle est d'autre part réactionnelle à un épuisement synaptique selon une perspective biochimique ou selon une approche plus psychologique à une impuissance apprise, une perte d'espoir.

L'ANXIÉTÉ COMME SIGNE DE DOULEUR

Il est bien connu que la douleur aiguë, signal d'alarme, douleur symptôme, génère habituellement de l'angoisse. Cette inquiétude s'accompagne d'interrogations du genre «Mais qu'est-ce qui m'arrive?» et de la recherche de réassurance.

Bien que moins étudiée, l'anxiété est un signe de douleur chronique tout aussi fréquent que la dépression [34]. Fishbain [16] a rapporté dans une étude portant sur 283 patients suivis dans un centre antidouleur que 62,5 % d'entre eux présentaient un trouble anxieux. Sur une population de 97 patients lombalgiques chroniques, 31 % présentaient ou avaient présenté au cours de leur vie des troubles anxieux dont 23 % à type d'anxiété généralisée [4]. Trois études ont même montré que 20 à 50 % des patients migraineux étaient anxieux contre 10 à 20 % déprimés [10, 13, 28].

ASSOCIATIONS DOULEUR – ANXIÉTÉ – DÉPRESSION

PRÉDISPOSITION ANXIEUSE OU DÉPRESSIVE À LA DOULEUR

Les sujets les plus anxieux et les plus attentifs à leurs sensations corporelles rapportent le plus de douleurs [1].

L'anxiété situationnelle a été testée comme facteur de la douleur. Il semble que les résultats soient en faveur d'une analgésie liée au stress et d'une analgésie liée au détournement de l'attention [3].

La douleur chronique peut-elle survenir chez des sujets prédisposés ? Cette hypothèse correspond au *pain-prone disorder* [8]. Par la suite, ce concept est rejeté avec les mêmes critiques que celles adressées à la dépression masquée. S'il ne semble pas évident de repérer un individu enclin à la douleur, on peut toutefois penser que toutes les personnalités marquées par l'anxiété exprimeront plus de douleurs. Ainsi que nous l'avons évoqué, les tests de personnalité n'ont pas découvert de profil psychologique préalable mais plutôt un remaniement de personnalité consécutif à la douleur. Plus simplement on considère que la triade hypocondrie-hystérie-dépression retrouvée chez le douloureux chronique n'est que le résultat ininterprétable d'un test non prévu pour les malades somatiques [25].

Les prédispositions à la douleur se retrouvent dans les processus psychologiques dont rendent compte les théories psychosomatiques [15]. Nous les avons déjà vus. Il s'agit du déni, de la pensée opératoire ou encore de l'alexithymie. Notons que dans ces perspectives, c'est l'absence de capacité à mentaliser, voire à s'angoisser ou à se déprimer, qui favoriserait la douleur.

ANXIÉTÉ ET DÉPRESSION COMME FACTEURS DE CHRONICISATION DE LA DOULEUR

L'anxiété est corrélée à une vision pessimiste, catastrophique de la douleur. Les patients anxieux semblent moins capables de contrôler et réduire leur douleur [21]. Mc Cracken [27] a montré que les patients douloureux qui présentent une anxiété induite par la douleur, ont de plus grandes difficultés à faire face et à s'adapter à leur situation. On peut redouter qu'un sujet douloureux, parce qu'il est anxieux ou dépressif, s'enferme dans son comportement de malade. Il favoriserait ainsi la chronicisation de la douleur [33].

APPROCHE ANTHROPOLOGIQUE

Certains auteurs nous éclairent sur l'ambiance culturelle dans laquelle baignent les notions de dépression, d'anxiété, de douleur et plus généralement de médecine.

C'est Balint [5], dans son ouvrage fameux de 1957, qui évoque le premier le risque d'*organisation du symptôme*. Quand un patient présente une plainte à son médecin, ce dernier comprend la plainte en termes symptomatiques médicaux et cherche à construire avec ce ou ces symptômes un diagnostic médical auquel il pourra répondre par une pratique apprise à la faculté. Nous pourrions redouter là que la médecine enracine dans le corps du patient la plainte alléguée en une organicisation du symptôme. C'est le danger encouru quand il y a priorité du diagnostic somatique sur le diagnostic psychologique. On retrouve une même approche à travers l'expression : médicalisation de la plainte [12]. Dans notre société, toute plainte peut être comprise par la médecine. Le risque est alors lié à une compréhension uniquement médicale et donc un rejet de la multiplicité des sens.

En ce qui concerne la douleur, Illich décrit ce concept médical comme véritable paradigme des souffrances humaines. Toutes les difficultés de la vie risquent d'être saisies par la médecine selon une approche exclusivement organique à l'instar de ce qui se déroulerait autour de la douleur selon cet auteur [23].

À une autre occasion, nous avions évoqué chez certains de nos contemporains une tendance à adresser toutes leurs difficultés à la médecine [35]. Ils trouvent en effet dans cette institution un refuge pour leurs angoisses ou pour leur détresse existentielle.

Enfin, il nous semble que la prééminence de la médecine est favorisée par ce que nous avions appelé la «*culture médicale*» [35]. Cette culture est constituée de plusieurs éléments retrouvés dans la société occidentale et en particulier dans la société française. De très nombreuses connaissances médicales sont diffusées par les médias. Les sujets doivent être intéressants voire spectaculaires. Ils sont volontiers superficiels pour demeurer accessibles. Ces nouveautés sont adressées à des citoyens qui en général ne possèdent pas eux-mêmes les savoirs médicaux leur permettant de critiquer l'information scientifique. Tous les soignants et en particulier tous les médecins connaissent les impacts d'une émission médicale télévisée sur les consultations du lendemain. Un autre élément de la culture médicale est probablement notre protection sociale développée qui favorise le recours aux soins. Par ailleurs, l'offre médicale est allée croissante quantitativement mais aussi qualitativement. La demande médicale est, elle, de plus en plus forte. Le citoyen exige une santé en progrès. Il refuse la maladie mais aussi éventuellement la vieillesse, voire même toutes les souffrances de la vie. La médicalisation peut être très rapide. On note également une course à la forme, à la beauté, à la jeunesse; course dans laquelle la médecine peut être sollicitée. Enfin, il existe dans notre société du chômage une course au travail qui voit depuis plusieurs années des individus refuser l'arrêt de travail qui mettrait en péril leur emploi.

DES MOTS POUR LA DOULEUR, L'ANXIÉTÉ ET LA DÉPRESSION

Un certain nombre de liens symboliques, linguistiques, peuvent être repérés à travers le discours des patients, ce qu'ils endurent. Quand un sujet dit : «j'ai mal», cela peut signifier : je suis mal, j'ai peur, je m'inquiète. On peut avoir «plus de peur que de mal». Et endormir la douleur, c'est souvent la prévenir en combattant l'anxiété. Certains expliquent ainsi l'effet placebo.

L'homme exprime ses inquiétudes fondamentales, ses souffrances, à travers des expressions concernant le corps. Ainsi la douleur thoracique gauche, en regard du cœur, est-elle un lieu d'élection pour l'anxiété. Le vocable médicalement consacré de céphalée de tension renvoie aussi bien à une tension neuromusculaire qu'à une tension psychique.

Quand un sujet appelle « j'ai mal », c'est pour qu'on lui vienne en aide, qu'on ne le laisse plus en souffrance. Mais le pire n'est-il pas le silence d'une douleur annihilante, de celle de ces enfants trop calmes, de ces suppliciés sans révolte, de ces suicidés de la douleur ?

Quand un sujet dit : « j'ai mal », cela peut signifier qu'il a mal dans son corps, qu'il a mal dans son esprit, qu'il a mal dans son existence toute entière. Il a mal dans son corps comme il souffre de sa vie. Cette possibilité d'analyse doit toujours être laissée au sein de la relation médecin-malade. Si l'on précise la douleur, si l'on nomme la maladie, cela n'exclut pas d'autres modalités de compréhension basées sur l'écoute.

Approche psychologique

On connaît l'importance de l'anxiété comme affect central dans les névroses. Selon la *psychanalyse*, la douleur peut être perçue comme un symptôme névrotique. Une douleur intercurrente peut faire décompenser une névrose sous-jacente avec risque notamment d'évolution vers l'hypocondrie [34]. Dans cette perspective psychodynamique, les associations entre douleur, anxiété et dépression peuvent parfois être comprises grâce aux mécanismes de la conversion. Toutefois les explications manichéennes sont rares en ce domaine et l'on constate volontiers une surdétermination, c'est-à-dire la coexistence de plusieurs explications, plusieurs sens à un même symptôme. Cela est facilement compréhensible pour tout soignant qui s'occupe de la douleur, phénomène à la fois psychologique, somatique et social.

La douleur signe une faille chez le sujet, elle marque son incomplétude, elle barre l'illusion de toute puissance, elle rappelle à la misérable condition humaine, elle altère l'image du corps, elle suscite un désinvestissement extérieur et entraîne un repli narcissique de l'individu expliquant alors des conséquences psychologiques à type d'anxiété ou de dépression.

Avec le *comportementalisme* et le *cognitivisme*, on comprend que le conditionnement douloureux est maintenu par des renforçateurs comme l'évitement selon les mécanismes bien connus dans le domaine de l'anxiété. La douleur est entretenue par des erreurs de croyance, d'adaptation, notamment un pessimisme diagnostique qui s'apparente à des cognitions de type dépressif [9].

L'association entre la douleur d'un côté et l'anxiété et la dépression de l'autre apparaît donc comme réflexive [11, 22, 25].

TRAITEMENTS

Chimiothérapie

Accroître l'acceptation de la douleur mais aussi diminuer l'anxiété facilitent l'adaptation du patient face à la douleur [27]. Les anxiolytiques peuvent aider à une prise en charge de l'anxiété [34]. On utilisera plus volontiers des substances non sédatives. Les antidépresseurs ont leur place en cas d'association douleur et dépression.

Il ne faut pas priver le malade d'une assistance médicamenteuse adaptée. Ceci dit les médicaments doivent être utilisés à dose efficace, pendant une période donnée, à l'intérieur d'un protocole expliqué au patient et accepté par lui. Enfin la relation médecin-malade ne se résume pas à la prescription de psychotropes.

PSYCHOTHÉRAPIES

L'accompagnement psychologique d'un patient douloureux chronique tiendra compte des dimensions anxieuse ou dépressive éventuellement associées. Cela est habituel dans un programme thérapeutique plurimodal. Les symptômes présentés n'impliquent pas nécessairement un diagnostic de pathologie psychiatrique. La réponse médicamenteuse ne s'impose pas alors [26]. Le médecin comme les autres soignants mais avec potentiellement plus de poids, offre au patient une écoute, un soutien, une aide à la résolution psychique des difficultés constatées.

Plus communément que la psychanalyse cure-type, on utilisera des *psychothérapies d'inspiration psychanalytique*. La psychanalyse aide le médecin par une meilleure compréhension de l'inconscient. Celui du soigné et celui du soignant. Ce qui peut être proposé au patient, c'est un accompagnement, un soutien. Chez le soignant, la pratique des groupes de parole, des groupes Balint, constitue une aide, une formation de choix [5]. La cure-type psychanalytique n'est spécifiquement utile que pour une douleur psychogène entrant dans les cadres accessibles à cette thérapie. Et alors il faut dépasser le symptôme, ne pas s'y focaliser. Idéalement, la résolution viendra en son temps [33]. Dans le quotidien de la prise en charge de patients douloureux, la psychanalyse nous enseigne une certaine patience, l'art de ne pas affronter à tout prix le symptôme, de ne pas chercher absolument sa disparition.

Les *thérapies comportementales* sont souvent utilisées par certains [33] qui les préfèrent en cas d'association de la douleur avec l'anxiété. Les réponses thérapeutiques aux modèles comportementaux de Pavlov ou Skinner reprennent celles pratiquées dans les domaines de l'anxiété et des phobies. Dans la désensibilisation systématique de Wolpe, si l'on oppose à la situation anxiogène ou douloureuse, une réponse inhibitrice de celle-ci comme la relaxation, on évite l'apparition du comportement cible. On renforce les comportements bien portants, on aide le patient douloureux et anxieux à affronter des situations importantes.

En cas d'association douleur et dépression, la thérapie cognitive peut être indiquée puisque les composantes cognitives de la douleur répondent au modèle développé par Beck dans la dépression. Les erreurs de croyance du patient douloureux et dépressif seront rectifiées comme la tendance à généraliser ses difficultés, à dramatiser sa situation, à ne percevoir que le mauvais côté des choses.

L'écoute du sujet et la prise en considération de sa réalité de la douleur réduisent l'écho de l'anxiété et de la dépression dans le vécu quotidien [34]. Cependant en cas de besoin, chaque entité bénéficiera d'un programme thérapeutique spécifique même s'il existe des traitements communs. L'amélioration de la symptomatologie douloureuse sera d'autant plus importante et rapide que, parallèlement au traitement antalgique sera associée une prise en charge correcte de la pathologie anxieuse ou dépressive préexistante [29].

Enfin, la relaxation est un outil précieux dans le traitement de la douleur et de l'anxiété. Cette pratique se déploie de la relaxation de sens psychanalytique selon Sapir jusqu'à la technique plus organique de Jacobson en passant par la technique de Schultz assez utilisée, éventuellement accompagnée de biofeedback. On la retrouve dans la méditation, dans la sophrologie, dans l'hypnose puisqu'elle fut définie comme autohypnose. La relaxation est également employée comme outil pour la désensibilisation systématique de Wolpe, méthode comportementale. La technique est d'abord corporelle. Elle est utile quand un patient est réticent à une première approche psychologique ce qui est particulièrement le cas du douloureux chronique. L'efficacité de la relaxation sur la tension musculaire, sur l'anxiété, et donc sur la douleur devrait la faire proposer systématiquement.

CONCLUSION

Les associations douleur–anxiété–dépression sont fréquentes. En raison des proximités sémiologiques et thérapeutiques de la dépression, de l'anxiété et de la douleur, les évaluations de l'anxiété et de la dépression sont nécessaires en cas de douleur. Cela conduit à une prise en charge simultanée de la douleur, de l'anxiété et de la dépression qui concourt à améliorer la qualité de vie du patient douloureux et à réduire les risques de chronicisation.

Les signes anxieux et dépressifs sont souvent causés par la douleur. Mais le médecin, le soignant qui reçoit une plainte douloureuse ne doit pas oublier qu'elle peut être du registre de l'anxiété ou de la dépression. La souffrance peut prendre le masque de la douleur. Toute souffrance peut s'exprimer à travers une douleur. Mais il faut se rappeler que la dépression ou l'anxiété chez un patient douloureux n'exclut pas l'organicité de la douleur.

L'approche psychique valorisée dans le présent chapitre s'inscrit pleinement dans l'évaluation des différentes composantes de la douleur et dans la prise en charge plurimodale du patient douloureux.

BIBLIOGRAPHIE

[1] Ahles T.A., Cassens H.L., Stalling R.B. — Private body consciousness, anxiety and the perception of pain. *J. Behav. Ther. And Exp. Psychiat.*, 1987, 18(3) : 215-222.

[2] Americain Psychiatric Association. — DSM IV : *Manuel diagnostique et statistique des troubles mentaux*. 4e éd., Masson, Paris, 1995.

[3] Arntz A., Dreessen L., Merckelbach H. — Attention, not anxiety, influences pain. *Behav. Res. Ther.*, 1991, 29(1) : 41-50.

[4] Atkinson J.H., Slater M.A., Patterson T.L., Grant I., Garfin S.R. — Prevalence, onset and risk of psychiatric disorders in men with chronic low back pain : a controlled study. *Pain*, 1991, 45 : 111-121.

[5] Balint M. — *Le médecin, son malade et la maladie*. 1957. Payot, coll. Science de l'Homme, Paris, 1988.

[6] Beck A., Epstein N., Brown G., Steer R. — An inventory for measuring anxiety : psychometric properties. *J. Consult. Clin. Psychol.*, 1988, 56 : 893-897.

[7] Beck A., Ward C.H., Mendelson M. *et al.* — An inventory for measuring depression. *Arch. Gen. Psychiatry*, 1961, 4 : 561-671.

[8] Blumer D., Heilbronn M. — Chronic pain as a variant of depressive disease. The pain-prone disorder. *J. Nerv. Ment. Dis.*, 1982, 170 : 381-406.

[9] Boureau F. — *Pratique du traitement de la douleur*. Doin, Paris, 1988.

[10] BRANDT J., CELENTANO D., STEWART W., LINET M., FOLSTEIN M.F. — Personality and emotional disorder in a community sample of migraine headache sufferers. *Am. J. Psychiatry*, 1990, 147 : 303-308.

[11] CRAIG K.D. — Emotional aspects of pain. In : *Textbook of pain*, Wall P.D., Melzack R., 2nd ed., Churchill Livingstone, Edinburgh, London, Melbourne, New York, 1989, p. 220-230.

[12] DELAHOUSSE J., PEDINIELLI J.L. — La médicalisation de la plainte. *Psychologie Médicale*, 1989, 21(3) : 325-328.

[13] DEVLEN J. — Anxiety and depression in migraine. *J.R. Soc. Med.*, 1994, 87 : 338-341.

[14] EY H., BERNARD P., BRISSET C. — *Manuel de psychiatrie*. 5e éd., Masson, Paris, 1978.

[15] FERRAGUT É. — *La dimension de la souffrance chez le malade douloureux chronique*. Masson, Paris, 1995.

[16] FISHBAIN D.A., GOLDBERG M., MEAGHER B.R., STEELE R., ROSOMOFF H. — Male and female chronic pain patients categorized by DSM III psychiatric diagnostic criteria. *Pain*, 1986, 26 : 181-197.

[17] FREUD S. — Du bien fondé à séparer de la neurasthénie un complexe de symptômes déterminé en tant que « névrose d'angoisse ». 1894. In : *Œuvres complètes. Psychanalyse*, vol. III, 1894-1899. PUF, Paris, 1989.

[18] GUELFI J.D. — *Éléments de psychiatrie*. Éd. Médicales et Universitaires, Paris, 1976.

[19] GUELFI J.D. — *L'évaluation clinique standardisée en psychiatrie*. Tomes I et II. Éd. Médicales Pierre Fabre, 1996.

[20] GUGGENHEIM F.G., SMITH G.R. — Somatoform disorders. In : *Comprehensive Textbook of Psychiatriy*. Kaplan H.I., Sadock B.J. 6th ed., Williams and Wilkins, London, 1995, vol. 1, p. 1251-1270.

[21] HALLBERG L.R.M., CARLSSON S.G. — Anxiety and coping in patients with chronic work-related muscular pain and patients with fibromyalgia. *European Journal of Pain*, 1998, 2(4) : 309-319.

[22] HENRY P., BROCHET B., DAUBECH J.F. — Aspects psychologiques des migraines et céphalées. *Douleur et Analgésie*, 1997, 10(1) : 21-26.

[23] ILLICH I. — *Némésis médicale. L'expropriation de la santé*. Seuil, coll. Points, Paris, n° 122, 1975.

[24] KELLNER R. — *Somatization and hypochondriasis*. Praeger, New York, 1986.

[25] LEGRAIN V., OPHOVEN E. — Évaluation des facteurs psychologiques liés aux céphalées de tension : revue des instruments psychométriques. *Douleur et Analgésie*, 1999, 12(1) : 101-110.

[26] MARX G., GAUVAIN-PIQUARD A., SALTEL P. *et al.* — Anxiété, dépression, cancers : aspects cliniques. *L'Encéphale du Praticien. Cancers et Dépressions*. 1998, 2 : 66-71.

[27] MC CRACKEN L.M., SPERTUS I.L., JANECK A.S., SINCLAIR D., WETZEL F.T. — Behavioral dimensions of adjustment in persons with chronic pain : pain-related anxiety and acceptance. *Pain*, 1999, 80 : 283-289.

[28] MERIKANGAS K.R., ANGST J., ISLER H. — Migraine and psychopathology. Results of the Zurich cohort study of young adults. *Arch. Gen. Psychiatry*, 1990, 47 : 849-853.

[29] MERSKEY H. — Pain and psychological medicine. In : *Textbook of pain*, Wall P.D., Melzack R., 2nd ed, Churchill Livingston, Edinburgh, London, Melbourne, New York, 1989, p. 656-666.

[30] MURPHY M.R. — Classification of the Somatoform disorders. In : *Somatization : physical symptoms and psychological illness*. Bass C. Blackwell Scientific Publications, Oxford, 1990.

[31] PABLO D. — Approche psychiatrique de la douleur chronique. Thèse Médecine n° 90, Lyon Sud, 1990.

[32] QUENEAU P., OSTERMANN G. — *Le médecin, le patient et sa douleur.* Masson, Paris, 1993.

[33] SERRA E. — Spécificité de la prise en charge psychologique du douloureux chronique. *Psychologie Médicale*, 1995, 27(1) : 19-22.

[34] SERRA E. — Douleur et anxiété : une association sous-estimée. *Ann. Psychiatr.*, 1999, 14(3) : 240-245.

[35] SERRA E., Papavassilopoulou E. — Spid, CFS, PTSD, tétanie, dépression ou le refuge dans la médecine. *Psychologie Médicale*, 1992, 24(4) : 329-331.

[36] SERRIE A., THUREL C. — *La douleur en pratique quotidienne. Diagnostic et traitements.* Arnette, Paris, 1994.

5

Expression de la douleur

M. Derzelle

Parce qu'elle est indissociablement un phénomène langagier, verbal et non verbal, prenant l'autre à témoin — que cet autre soit le médecin, la famille ou la société —, la douleur comme plainte douloureuse est toujours indissociablement dans le même temps un phénomène relationnel. Brouillant les frontières du somatique et du psychique, du visible et de l'invisible, de ce qui tient au corps et de ce qui tient aux mots, n'est-elle pas, en effet, ce dont l'expression vagissante, toute informelle qu'elle fût, primait déjà sur les autres contraintes de la mère, et même sur les privilèges du père ?

Interprétée comme douleur par la mère, elle constituait pour le nourrisson un accès privilégié à cette dernière et parfois même son mode d'être aimé le plus intraitable, les douloureux chroniques et les hypocondriaques en particulier le savent bien. S'agissant de la relation malade-médecin, n'est-il pas d'ailleurs analogiquement possible d'en rendre compte en usant de ce qui est plus qu'une comparaison, l'entrée du malade dans le discours médical étant rituellement marquée du sceau de la plainte douloureuse comme l'était l'entrée de l'enfant dans le discours de sa mère ? « De quoi vous plaignez-vous ? », « Où avez-vous mal ? » Le dialogue entre un médecin et un patient s'instaure toujours de la même façon et la douleur exprimée par ce dernier apparaît d'emblée comme la réponse immédiate et quasi stéréotypée à la question du médecin.

Parce qu'elle est fondamentalement le mode d'interpellation (initiale) de l'autre, la douleur comme plainte douloureuse, manifestations à voir et à entendre mêlées, dynamise toujours un trajet subsumable sous la séquence suivante : c'est elle qui attire l'attention de l'entourage, remplit la fonction de régler la distance affective et physique des couples, s'avère utilisable dans les transactions en cours, qu'elles soient personnelles ou professionnelles ; c'est elle qui ensuite s'exprime au médecin, à l'enseigne du secours et du recours, celui-ci, grâce aux précisions qu'en tirera son interrogatoire, tentant de passer du subjectif à l'objectif et, à partir de ce qu'il a entendu, établissant un diagnostic. Parce que le geste diagnostique et éventuellement thérapeutique qui en découle est fondé sur la plainte douloureuse du patient, l'objectivité, à y regarder de près, parait donc très vite n'être qu'une illusion puisque, passant par le langage, la doléance est forcément sujette à toutes les variations et à toutes les influences que la personnalité du sujet peut lui apporter. Aucune oreille, quel que soit son désir de neutralité, n'étant un simple instrument de transmission, il faudrait donc ajouter également que la personnalité de celui qui écoute prend là aussi une grande importance, porteuse de toutes les projections qui lui sont propres. Ainsi la douleur présentée et exprimée par l'un sera-t-elle toujours entendue par l'autre avec tout ce qui fait le fondement même de la relation humaine, c'est-à-dire toutes les projections de mécanismes identificatoires et de fantasmes propres à chacun.

Parce que toute plainte douloureuse est en conséquence forcément redoublée d'un scénario relationnel, au sens où, recours à l'autre soignant, elle lui assigne nécessairement une place spécifique, elle est toujours étroitement liée, quelque hystérique ou réelle que soit sa nature, à une fantasmatique personnelle qu'il conviendra de repérer. On entend par fantasmatique personnelle l'ensemble des images mentales ou scénarios d'un sujet qui le mettent en scène dans l'expression de ses pulsions et qui donnent sens à ce qu'il tente de mettre en acte dans la réalité. Comment mieux dire que les contenus de la plainte, ou plus précisément les divers sens qu'elle comporte, dépendant ainsi de la personnalité de celui qui la prononce, devront être examinés au plus près chaque fois, faisant la part de ce qui appartient à l'actualité et ce qui ressort du fond mental structural du patient, faisant la part de ce qui se joue dans l'intersubjectivité et ce qui s'y joue de l'intrasubjectivité comme autre versant de la même pièce? Que le patient appartienne aux structures qu'il est convenu d'appeler normales-névrotiques, les plus banales, ou que sa personnalité soit plus profondément marquée du sceau de mécanismes névrotiques ou psychotiques, l'évaluation du «facteur affectif» — appelant ainsi toutes les composantes psychiques qui définissent la relation — sera donc toujours un élément d'importance, non pas tant pour juger de la qualité de la douleur ou de celle de la simple météorologie relationnelle que surtout pour en déduire éventuellement la portée pronostique.

De la pure et simple tonalité affective de la présentation au nécessaire repérage d'une névrose ou d'une psychose profonde, un large spectre se dessine où l'hyperémotivité d'un sujet qui se plaint de son corps d'une façon qui ne peut que faire errer le diagnostic éventuel fera partie intégrante de celui-ci au même titre que l'intégration d'une douleur d'emblée prise dans un système de revendication dont le but est la réparation d'un préjudice n'ayant rien à voir avec ce qui vient de survenir. L'expression de la plainte douloureuse, bien loin de n'être qu'un élément de seconde zone, rejetable dans la classe inférieure, celle de l'imaginaire et de la subjectivité parce qu'inarticulable dans le système conceptuel médical, devient ainsi un élément capital dans le trajet relationnel et de soins dynamisé par la plainte : elle dit la pathologie de la demande, la pathologie de l'identité, la pathologie du corps morcelé, en disant de l'homme son manque à être par la parole et le comportement où il en témoigne.

En fait, si les symptômes des douleurs corporelles peuvent être utilisés par la quasi-totalité des entités de la nosologie psychiatrique, c'est le plus souvent dans le cadre de troubles névrotiques que trouvera à s'intégrer la plainte douloureuse, les pathologies psychotiques constituant un plus faible pourcentage parmi les patients consultant pour douleurs. Certes, des phénomènes douloureux peuvent parfois s'observer au cours des psychoses paranoïaques comme des psychoses schizophréniques, rattachables à des réinterprétations anxieuses ou délirantes de sensations physiologiques banales mais seule l'hypocondrie paranoïaque, conviction délirante d'être atteint d'une maladie grave, suscite d'importantes difficultés dans la relation malade-médecin en raison du risque de passage à l'acte médico-légal qu'elle comporte.

Les diagnostics psychopathologiques le plus fréquemment associables à celui de douleur chronique sont en fait ceux de plainte hystérique et de plainte hypocondriaque. Mais la difficulté est parfois grande, au plan de la clinique, de faire fonctionner un registre plutôt que l'autre. Pour mieux préciser ce qui est en question dans l'une et l'autre plainte, il est peut-être intéressant de les comparer et de les faire jouer l'une contre l'autre plutôt que de les caractériser de façon spécifique. Quatre points principaux disent leur différence :

– l'hystérique donne à voir, se donne en spectacle, dans le visible, l'hypocondriaque, lui, donne à entendre ce qui se joue sous l'enveloppe corporelle, à l'intérieur, d'où son appétence pour toutes les techniques de la médecine moderne permettant d'interroger les organes (scanner, IRM, fibroscopie, endoscopie, etc.) et la prévalence de localisations régulièrement crâniennes et/ou abdominales des symptômes, bien propre à évoquer l'image, à caractère nettement anal, d'une cavité creuse et fermée. Possible métaphore d'un contenant dont les attributs dominants seraient sans doute à chercher du côté des modalités de l'intérieur et de la profondeur, cette image rejoint en cela très exactement la dimension centrale du discours hypocondriaque dont les maîtres mots sont «contenir», «détenir» et surtout «se tenir» et fournit, à l'imaginaire, de ce fait, l'occasion d'y faire défiler des monstres en général animés, fantasmes de grossesse par exemple ;

– l'hystérique est comme un feu follet : là où on croit la saisir, la décrire, elle n'est déjà plus. Ses plaintes sont à son image, changeantes, labiles, labyrinthiques. Après s'être plainte, parfois avec véhémence, de toute une série de troubles douloureux, l'hystérique peut fort bien ne plus y penser et parler d'événements de sa vie actuelle ou passée sans référence aucune aux symptômes. Fixes et persistants, véritablement lancinants et souvent circonscrits à un seul territoire, ceux de l'hypocondriaque s'opposent point par point à la symptomatologie habituellement mouvante et flottante de la «belle indifférente». L'entrée dans la relation avec le corps médical ne les atténue ni ne les déplace. L'histoire médicale antérieure n'en révèle ni une quelconque répétitivité, ni d'éventuelles migrations ou métamorphoses. Leur mode d'expression, tout empreint de la mesure d'une authentique souffrance, ne donne lieu à aucun théâtralisme et engendre régulièrement chez l'autre l'impression d'une véritable tyrannie, faite de ressassements et d'interrogations ;

– l'impuissance du médecin semble également être au rendez-vous de la plainte hypocondriaque et de la plainte hystérique, bien que celles-ci poursuivent des objectifs économiquement très différents. Si l'hystérique tire une véritable satisfaction à prouver au médecin ses échecs successifs, à le réduire à l'impuissance et à le pousser à bout, façon de rejouer répétitivement la projection sur l'autre d'une toute puissance phallique suivie d'une castration imaginaire, c'est parce qu'elle est structurée autour d'une situation d'impasse posant concurremment l'exigence d'une cure avec la conviction d'incurabilité que la plainte hypocondriaque fige chroniquement la question posée. La réponse négative ne confirmant jamais, pour l'hypocondriaque, l'absence de maladie, sa requête s'inverse, dès lors qu'elle est niée, plus pour être malade que pour être guéri. Croyance en un corps mystérieusement atteint incluant dans son chiffre une relation à l'autre, l'hypocondrie instaure ainsi en premier lieu une relation étrange et à soi et à l'autre ;

– l'hystérique parle une langue qu'elle ne comprend pas car elle ne sait pas d'où elle parle ni à qui elle parle, en un texte difficile à déchiffrer qui utilise une langue présente et perdue à la fois, une langue qui parle mais que nul ne peut entendre. Elle-même ne peut entendre, elle n'entend encore que le son de sa voix qui la trouble secrètement et ne souhaite pas être interrompue. L'hypocondriaque, lui, parle en prenant le médecin à témoin et en le paraphrasant, avec cet étranger intime qui converse avec lui à travers des morceaux de corps, d'organes. L'importante et réelle excitation à même les mots dont il fait preuve est frappante : cet « autoremplissement phonatoire », par le biais de descriptions répétées et d'explications étranges, constitue un remarquable trompe-l'œil fait par le patient de l'invisibilité de ses plaies. Il attire l'attention d'un regard quand seul son texte, en réalité, l'accapare. Paraissant investir comme des organes les mots, il désigne ceux-ci comme étant ses vrais maux.

Plainte hypocondriaque, plainte hystérique : le rapport central et capital de la plainte, telle qu'elle est exprimée, avec le niveau basal classiquement nommé chez Balint « défaut fondamental » n'échappe guère, même si les registres sont différents. « Il s'agit certes d'une relation à deux personnes, mais dans laquelle un seul des partenaires compte ; ses désirs et ses besoins sont les seuls qui importent et qui doivent retenir l'attention ; l'autre partenaire, bien que ressenti comme extrêmement puissant, ne compte que dans la mesure où il consent à satisfaire les désirs du premier ou, au contraire, décide de le frustrer. »

Sur un terrain psychotique, c'est-à-dire sur un terrain qui comporte dans sa structure psychique une défaillance mentale responsable de l'activité délirante, la dimension hypocondriaque, présente dans la névrose sous forme de préoccupations exagérées de l'état de santé, donne lieu à une véritable organisation délirante de la personnalité qui investit le corps morcelé d'un vécu imaginaire (incurabilité, transformation corporelle, possession, influence, persécution). Cette thématique, qui peut se manifester épisodiquement dans toutes les psychoses et constitue un signe clinique de la psychose comme fixation à un corps n'ayant pu atteindre l'unification imaginaire et symbolique, se rencontre surtout dans la schizophrénie, dans la mélancolie et dans l'hypocondrie des délires chroniques systématisés.

Dans la schizophrénie, si les manifestations hypocondriaques peuvent être parfois un mode d'entrée dans la maladie, elles ne doivent pas être confondues avec une simple dysmorphophobie liée à l'apparition d'un corps sexué. Elles sont un doute, au niveau de l'existence, sur la cohérence des limites corporelles, le vécu d'une perte du sentiment d'individualité entraînant un comportement de vérifications compulsives, comme le palper du visage, associé au sentiment de bizarrerie du monde intérieur. Ce délire de transformation corporelle témoigne du vécu de morcellement du corps. Parfois s'y adjoint un syndrome d'influence, témoignage de la non-différenciation, avec téléguidage de la pensée par autrui ou par des ondes, proférattion de voix par les organes intérieurs.

Dans la mélancolie, le thème hypocondriaque va prendre la forme d'une certitude délirante d'être atteint d'un mal mortel avec idée d'incurabilité liée à un profond sentiment de culpabilité et de punition recherchée. Le syndrome de Cotard en est une des modalités, qui correspond à un vécu délirant de transformation corporelle.

Enfin, dans les délires systématisés, le thème hypocondriaque a presque toujours le sens d'une persécution : quand bien même l'origine traumatique et/ou chirurgicale est réelle, le préjudice est ici nettement délirant, rapporté à l'action d'un persécuteur. Ce type de délire peut s'accompagner de violence, y compris de violence meurtrière.

Si les auteurs ont des points de vue différents concernant la question de la fonction des douleurs chroniques dans le cadre des états psychotiques et prépsychotiques, force est de constater cependant qu'au plan de la clinique le rôle de contenant trouvé dans la structure de soins par le biais de la plainte somatique ne fait en général aucun doute. Ceci indique une nécessaire prudence dans la prise en charge des patients ayant une défaillance du sentiment d'existence, faute de quoi on risque une décompensation majeure, voire suicidaire. Ceci indique aussi la nécessaire réflexion à mener sur l'équivalence fonctionnelle de symptômes fort différents.

Et si la plainte douloureuse, plus qu'un bruit à faire taire et/ou un symptôme à éradiquer, était parfois une « autre allure de la vie » ?

BIBLIOGRAPHIE

BALINT M. — *Le défaut fondamental*. Petite bibliothèque Payot, Paris, 1977.

DERZELLE M. — *La pensée empêchée. Pour une conception psychosomatique de l'hypocondrie*. L'Harmattan, Paris, 1996.

EY H. — *Études psychiatriques*. Tome II (Aspects sémiologiques). Desclée de Brouwer, Paris, 1950.

FREUD S. — *Études sur l'hystérie*. 4e éd., PUF, Paris, 1973.

ISRAËL L. — *L'hystérique, le sexe et le médecin*. Masson, Paris, 1979.

PERRIER F. — Structure hystérique et dialogue analytique. In : *La Chaussée d'Antin* (2), 10/18, Paris, 1978.

6

Tendance toxicomaniaque et douleur

M. Derzelle

Parler de toxicomanies aux médicaments, c'est évidemment associer *le meilleur et le pire*. Le *meilleur*, le médicament, symbole de la médecine et de ses progrès, associé à l'image positive des soins et de la guérison. Le *pire*, la toxicomanie, le mal absolu pour certains, la déchéance, l'absence de volonté, la désinsertion sociale : en bref, un des fléaux de notre société, contre lequel il convient de lutter par tous les moyens, image négative s'il en est.

On comprend alors aisément que les défenseurs (et les bénéficiaires) de la médecine et du médicament — les médecins, les pharmaciens, l'industrie pharmaceutique — n'acceptent pas aisément cet amalgame, et mettent tout en œuvre, consciemment ou inconsciemment, pour l'éviter. Les moyens dont ils disposent sont importants puisqu'ils sont détenteurs de la parole autorisée et des moyens de la diffuser (intoxication).

C'est ainsi que nous avons assisté à la *dénégation de l'existence des toxicomanies médicamenteuses*, puis à leur minimisation. Les publications les concernant restent confidentielles, ne bénéficiant pas de la diffusion qui est faite aux autres effets secondaires des médicaments. Il n'y a jamais eu de congrès scientifique sur cette question. Elle n'est que rarement évoquée par les visiteurs médicaux.

Dans ce contexte général d'une dénégation des toxicomanies médicamenteuses, pourquoi ce discours inflationniste, souvent à la bouche des prescripteurs eux-mêmes, disant le risque d'une toxicomanie aux antalgiques, et parmi eux bien entendu aux opiacés surtout ? Pourquoi ce *silence* sur les toxicomanies médicamenteuses en général, mais ce *bruit* autour du risque de toxicomanie aux opiacés en particulier ? Quelle est, dans tout cela, la part de la réalité ? Quelle est celle du fantasme ?

La toxicomanie aux médicaments étant manifestement perçue comme déstabilisatrice, voire subversive de l'ordre médical et pharmaceutique du fait de l'utilisation à des fins de jouissance ou d'autodestruction d'un produit destiné en principe à guérir, n'y a-t-il pas à lire et à décoder dans ce discours inflationniste un déplacement : *celui d'un risque réellement grand*, produit du développement scientifique (la toxicomanie médicamenteuse) sur *un autre fantasmatiquement grand*, héritier de toute la tradition non scientifique et mystico-poétique des paradis artificiels (la toxicomanie aux opiacés) ? Le discours inflationniste sur le risque de toxicomanie aux opiacés n'est-il pas qu'un moyen de défense du discours médical pour maintenir hors de ses limites — hors de la tradition scientifique — l'ambiguïté du poison-remède ? Tout ce bruit n'aurait-il pas pour moteur et visée essentiels le maintien du thème manichéen de la médecine : ce qui est mauvais doit être chassé (à l'extérieur) ?

Le statut de l'objet-drogue étant actuellement à la base d'une véritable dichotomie théorique (discours médical : « C'est la drogue qui fait le toxicomane » ; discours analytique : « C'est le toxicomane qui fait la drogue ») ne faudrait-il pas voir dans ce discours inflationniste disant le risque d'une toxicomanie aux opiacés, une *emprise du concept médical de toxicomanie* faisant la part belle aux seuls effets pharmacologiques ?

S'il s'avérait que le comportement toxicomaniaque, plus que le résultat de propriétés extraordinaires de telle ou telle drogue, fût celui de la place que le sujet lui accorde dans la dialectique de son désir propre *pour supprimer la douleur d'exister*, ne serait-il pas bien plus juste de parler, plutôt que de toxicomanie chez certains sujets douloureux, d'un *continuum toxicomaniaque parcourant tout le champ de la demande d'antalgiques,* de la consommation normale, sur prescription, aux grandes polytoxicomanies massives et dévoyées en passant par toutes les modalités et possibilités de consommation abusive ? L'idéal médical ne rejoint-il pas en effet un certain idéal des toxicomanies dès qu'il vise une sédation possible de la douleur et notamment de la douleur d'exister ? Chez les douloureux chroniques, on le sait, le départ est souvent impossible à faire.

Ces questions étant posées, sans doute un trajet s'impose-t-il de la réalité au fantasme ; ceci devrait permettre de remettre le problème de la demande d'antalgiques des sujets douloureux à sa juste place, sans minimiser ni exagérer son importance.

RÉALITÉ DU COMPORTEMENT TOXICOMANIAQUE DE CERTAINS SUJETS DOULOUREUX

NON SPÉCIFIQUE : L'APPARTENANCE AU CHAMP DES « THÉRAPEUTICOMANIES »

La toxicomanie médicamenteuse existe. Il n'est plus temps de la dénier, mais au contraire de l'analyser dans sa réalité. Quelle est-elle ? Il existe une zone d'indistinction, une zone de recouvrement entre le toxique et le thérapeutique, séparable en trois grandes catégories et dont participent les antalgiques. Cette séparation a une valeur essentiellement didactique. Elle correspond, certes, à un regroupement statistique cohérent, mais si l'on revient à la clinique individuelle, la continuité est évidente entre elles trois.

Toxicomanies médicamenteuses chez les sujets dits toxicomanes

Associations à la consommation de toxiques illicites

Des médicaments viennent apporter des sensations nouvelles ou moduler les effets sédatifs ou excitants des drogues.

Ce sont :

– soit des sujets jeunes qui gardent encore quelque distance par rapport au marché et à l'utilisation des drogues illégales ;

– soit des sujets qui d'emblée essaient tous les produits ;

– soit de plus anciens toxicomanes qui se lassent quelque peu de leur expérience continue avec le même produit. Ces polytoxicomanies deviennent de plus en plus fréquentes. Elles viennent relativiser, si cela était encore nécessaire, le primat donné au produit.

Substitution

Elle pallie le manque en produit illégal, ou en période intermédiaire, pour combler l'attente douloureuse et exquise de la « défonce à venir ».

Mode d'entrée dans la toxicomanie illégale

Notamment lorsque des psychotropes (tranquillisants mineurs, somnifères divers) ont été prescrits dans le jeune âge, l'habitude prise d'un « fonctionnement au produit » peut faciliter le passage sans trop de questionnement apparent à des produits plus nocifs.

Mode de sortie d'une toxicomanie illégale

On évoquera ici l'aspect très ambigu pouvant paraître « souhaitable » à beaucoup d'observateurs ou thérapeutes d'une « resocialisation » éventuelle par passage à l'entrée dans la dimension de la maladie. La prescription de benzodiazépines est, de ce point de vue, fréquente, potentialisées après l'alcool ou un produit codéiné.

Toxicomanies médicamenteuses pures avérées

Elles se rapprochent tout à fait de conduites toxicomaniaques illégales et sont quantitativement très importantes, avec consommation de doses considérables de médicaments. De tous types avec parfois attachement préférentiel à l'un d'entre eux ou à une famille, parfois aussi en association multiple, elles voient la vie du patient centrée, focalisée sur cette consommation. Il est souvent difficile de démêler dans les motivations ce qui tient à la recherche de l'oubli, du sommeil, de la sédation, de l'anxiété, ou à la recherche de sensations voluptueuses, à la suppression de douleurs, au plaisir du fonctionnement dans un état second. La dépendance est souvent grande.

La typologie de ce profil est en général assez caractéristique : femme, 30-40 ans, dont l'état est souvent le fruit d'une longue évolution de plusieurs années de prise médicamenteuse habituelle, toxicomanie cachée, honteuse, culpabilisée. La patiente se sent dépendante et utilise plusieurs médecins, plusieurs ordonnances, plusieurs pharmaciens, la composante relationnelle est indéniable : aux difficultés de la vie affective, à la relation conjugale perturbée, viennent se joindre de franches augmentations de la consommation. C'est d'ailleurs souvent à l'occasion d'un abandon, d'une séparation, d'un désarroi désorganisateur, que la consommation jusque-là à peu près contrôlée se dérègle complètement dans une demande d'aide.

Ces patients mélangent allègrement anxiolytiques, hypnotiques, alcool, antalgiques. La structure de personnalité est, en général, celle d'une névrose grave. Sous les apparences superficielles d'une personnalité hystérique, se cache le plus souvent une carence narcissique, une faille affective profonde : la dépendance massive au produit n'étant que le déplacement de la dépendance à l'autre, cet autre étant ressenti comme tout puissant, à la fois nécessité vitale et porteur de destruction. On retrouve là de façon frappante les traits de personnalité caractérisant la femme alcoolique.

Toxicomanies médicamenteuses méconnues

Les médicaments ne sont pas pris pour rechercher jouissance et volupté; au contraire, la méconnaissance tient au fait qu'ils sont le plus souvent utilisés dans ce qui semble être la « règle de l'art ». Toujours, à l'origine de la consommation, une *justification médicale*, mais devant la persistance des plaintes ou l'apparition de symptômes nouveaux, l'escalade médicamenteuse s'installe : le sujet cherche toujours le produit qui le guérira de ses symptômes, et le médecin, tout en percevant plus ou moins incontestablement l'inefficacité de cette demande, prescrit de nouveaux médicaments, des augmentations de posologie : il n'y a plus relation, mais complicité médecin-malade. Chacun des protagonistes se donne l'impression qu'il a fait ce qu'il avait à faire (avec un accord tacite pour ne pas aller au fond des choses) mais en réalité il y a double tromperie : « fausse » demande du malade, « fausse » réponse du médecin.

La situation se complique lorsque le malade fait ses mélanges, reprend d'anciens traitements ou des produits prescrits à d'autres occasions ou à d'autres personnes. Le patient peut associer diverses ordonnances, d'un ou plusieurs médecins, les prescriptions du pharmacien, de la voisine, tout cela toujours uniquement dans un but thérapeutique affiché. De façon ritualisée, se perpétue la consommation de quantités quotidiennes considérables. Il ne saurait, pour le sujet, être question de supprimer un médicament, mais par contre il est toujours possible d'en rajouter.

Dans cet attachement fétichiste à l'ordonnance, il est difficile de faire la part de la dépendance physique, psychique, de la crainte du besoin et du désir du médicament. On peut ainsi voir, lors de la diminution minime des doses ingérées, apparaître des rebonds d'anxiété, d'insomnie, de douleur ou des signes de sevrage.

Les sujets particulièrement concernés sont les suivants :

– les *asthéniques* : ils usent et abusent des vitamines, des psychostimulants, parfois des amphétamines, souvent des antalgiques;

– les *insomniaques et anxieux chroniques* : c'est sans doute la pathologie où la recherche du médicament miracle est la plus courante et où le sujet est prêt à tout pour supprimer le symptôme gênant (sauf à ne plus utiliser de médicament);

– l'*hypocondriaque* : pour lui, le médicament est le témoin de la sollicitude médicale et de la réalité de sa souffrance. Il a additionné et comparé les prescriptions et finira par connaître et discuter toute la pharmacopée en rapport avec le polymorphisme de sa symptomatologie;

– l'*obsessionnel* : il valorisera à l'extrême le rituel des prescriptions et des prises et ne supportera pas, du fait du fonctionnement de sa structure, la moindre modification;

– l'*hystérique* : la forme grave où domine la dépendance à l'autre a été décrite mais souvent les divers types sont entremêlés.

Malgré les quantités abusives, les complications psychologiques, physiques, sociales paraissent peu importantes : ce qui laisserait à penser que les conséquences néfastes sont en grande partie liées au mode de consommation et à la personnalité du malade.

Remarques :

Il y a souvent interpénétration entre les différentes toxicomanies : alcool-tabac-drogue-médicaments.

Le produit n'est que peu de chose dans la toxicomanie médicamenteuse, puisque le champ des thérapeuticomanies concerne indifféremment les opiacés, les antalgiques mineurs, les barbituriques, les amphétamines, les antiparkinsoniens, les benzodiazépines.

Le toxique et la thérapeutique ont une zone de recouvrement évident bien au-delà ou bien en deçà des toxicomanies avérées au sens médical du terme (le caractère mystique ou fantasmatique de la toxicomanie aux opiacés de certains sujets douloureux s'articule parfaitement avec le continuum toxicomaniaque dans le champ de la demande d'antalgiques).

SPÉCIFIQUE

Chez les malades cancéreux douloureux

En « phase terminale », on est dans le cas typique du faux débat et du faux problème. De quel droit refuser une toxicomanie à un malade qui va mourir dans trois jours ? Et que penser de la détermination de « la phase terminale » ?

La démystification de deux pièges s'impose :

– il est faux de croire que la morphine est le traitement obligatoire des douleurs du cancéreux : elles sont très souvent calmées par d'autres antalgiques et des neuroleptiques. Par contre, lorsqu'on l'utilise, il convient de l'utiliser sous forme correcte, avec une posologie adaptée constamment à l'état de douleur ;

– il est ridicule de craindre une toxicomanie. Seule la sédation compte. L'expérience prouve d'ailleurs que les comportements de dépendance sont rares. L'effet d'accoutumance n'existe pas. La voie d'administration doit être la bonne : *Fortal*, inefficace *per os*, est souvent efficace par voir IM. Le bon produit doit être prescrit : la faible durée d'action du *Palfium* lui retire son intérêt en matière de contrôle de la douleur chronique.

La vérité est qu'on a là affaire à un changement de plan, à un véritable renversement des valeurs et des priorités : est prioritaire la prise en compte de la qualité de vie qui reste plutôt que sa durée. C'est le malade qui sait ce qui est bon pour lui, lui qui guide le soignant. Restent alors à réaliser : la bonne analyse du mécanisme, le bon choix du produit (durée et puissance d'action), la bonne prescription (répartition des prises).

Chez les malades non cancéreux douloureux

La rareté d'une « toxicomanie » aux opiacés est remarquable dans le cadre de notre expérience à la consultation de la douleur : ainsi, en 15 ans de consultation à Reims, seuls deux cas ont pu être répertoriés.

Le premier cas est celui d'une dame âgée à qui il avait été prescrit du *Moscontin* depuis 6 mois pour douleurs séquellaires de zona. De structure hypocondriaque, elle avait conduit là son médecin généraliste, faute de mieux !

Le second cas est celui d'une dame recevant *Dolosal* et *Palfium* depuis 7 mois, après l'échec des antalgiques périphériques et anti-inflammatoires pour des douleurs dorsales (clichés radiologiques : ostéoporose, ostéophytes d'origine arthrosique). Elle était par ailleurs éthylique et le prescripteur était son mari médecin !

Se révèle là en général l'inadéquation de la prescription : chronique/aiguë, nociception/désafférentation, avec pour seul objectif de faire « taire la plainte ». La prescription inadéquate par excellence est bien entendu celle de morphiniques pour des doléances hystériques.

Cette prescription, effectuée en amont de nos consultations et par d'autres intervenants, est en fait une erreur thérapeutique qu'il nous faudra gérer dans un premier temps sous la forme d'une désintoxication. Rappelons que pour prescrire avec rigueur des morphiniques chez des malades non cancéreux, il est nécessaire d'effectuer au préalable un bilan psychologique et d'avoir l'accord de l'équipe psychologique.

VÉRITÉ DE LA LIAISON INTRINSÈQUE TOXIQUE-DOULEUR

TOXICOMANIE-PASSION-DOULEUR

La toxicomanie aux antalgiques chez les sujets douloureux, quand elle existe, ne marque pas une entrée dans la toxicomanie mais signe plutôt la substitution d'une relation passionnelle à une autre.

L'univers des objets possibles se réduit à un seul objet : chez le douloureux chronique, les perturbations physiques et psychologiques vont se majorer progressivement avec la persistance de la douleur amenant le sujet à réduire de plus en plus ses activités physiques, intellectuelles et relationnelles, familiales et socioprofessionnelles. De ce fait, les préoccupations du sujet se centreront de plus en plus sur son corps, facilitant ainsi la perception des phénomènes algiques dont l'amplification convaincra le sujet d'une aggravation de son état indépendamment de toute évolution de sa maladie. Tous les échecs constatés renforcent parfois le sujet douloureux chronique alors dans l'idée que la médecine est incapable de soigner sa maladie et sa douleur et que la société doit donc lui reconnaître un statut d'handicapé voire de grand invalide. La douleur est ainsi progressivement le tenant-lieu d'une identité («je suis toxicomane»), perdant progressivement dans l'ordre de l'avoir ce qu'elle gagne dans l'ordre de l'être. Organisatrice de l'espace et du temps du sujet, elle apparaît dans son lien à celui-ci, comme celui de la drogue au toxicomane sous le double signe de la nécessité et de l'exclusivité :

– de la nécessité, car nous comprenons que pour le sujet douloureux sa douleur lui est devenue nécessaire au sein de son économie psychique, de son mode d'exister, au point qu'elle ne saurait lui manquer sur un plan vital, bien qu'il nous dise le contraire ;

– de l'exclusivité, au sens où la douleur, par le lien exclusif que le sujet douloureux établit avec elle, invalide d'emblée toute possibilité, pour les autres objets, de se constituer en tant qu'objets de plaisir, objets investis.

À douleur chronique pourrait-on dire objet obligé, plaisir obligé, vie obligée, à l'enseigne d'une totale aliénation et dépendance.

Les caractères définissant l'investissement de la douleur par le sujet répondent ainsi aux caractères par lesquels on peut définir la relation passionnelle, relation qui est celle que le toxicomane entretient avec l'objet drogue, qui lie le joueur à cette activité particulière qu'est le jeu, que le sujet établit parfois avec le Je d'un autre en termes de «coup de foudre».

Qu'entend-on au juste par «relation passionnelle» ? On désigne du terme de «relation passionnelle», dans la théorie analytique, toute relation présentant concurremment les trois caractères suivants :

– ce qui aurait dû rester objet d'investissement et de plaisir est devenu un objet qui vient prendre place dans la *catégorie du besoin.* L'objet passionnel fait partie de l'obligé, de l'imposé, du nécessaire, du hors choix ;

– quand bien même cet objet devient pour le sujet le seul qui puisse être investi, *l'éprouvé de souffrance* prend vite la prévalence ;

– l'objet apporte un « plaisir », est l'objet d'un investissement dont l'intensité et la valorisation par le sujet sont proportionnelles au *risque de mort,* de destruction physique, psychique et sociale qu'il comporte.

L'évidence s'impose : le discours de certains douloureux chroniques présentent les trois critères d'un discours où le désir ne circule plus. Un seul objet, comme le toxique, nécessaire et exclusif, est investi. Intéressant : il existe un modèle métapsychologique pour penser un tel investissement. Il s'agit du modèle de la maladie organique et de l'hypocondrie dont, en 1914, Freud dit clairement que, du point de vue de la modification de l'économie psychique, le fait que la lésion soit réelle ou non n'a aucune importance. Un retrait des investissements du monde extérieur et des objets d'amour s'effectue tandis que s'accomplit un retrait narcissique. Freud cite alors cette phrase tout à fait évocatrice : « L'âme se resserre au trou étroit de la molaire ». Le modèle de la toxicomanie serait-il l'hypocondrie ? Ne peut-on pas penser alors une sorte de continuité = douleur chronique-hypocondrie-relation passionnelle-toxicomanie, avec un simple changement d'objet ?

TOXICOMANIE-HYPOCONDRIE

La demande d'antalgique est toujours une suppression « toxique » de la douleur comme si les antalgiques fonctionnaient là comme des prothèses chimiques contre l'effroi, la douleur, le vide.

L'étude de l'*abstinence* peut permettre d'approcher ce qu'il en est de cette correspondance. Le discours sur l'abstinence s'organise en effet sous une référence à un manque qui prend la figure d'une lésion douloureuse. Comme si la drogue semblait prêter du corps, son absence évoque toujours doublement :

– une forme de mutilation, d'amputation, un membre fantôme, un organe absent (*hallucinatoire*) ;

– de la douleur : affection principale engendrée par l'abstinence, causant une plainte à la limite du psychique et du somatique.

La drogue absente créerait la figure d'un membre ou d'un organe douloureux : un organe manque pour retrouver la complétude. La figure d'un organe en souffrance est ici l'équivalent de l'investissement d'un organe malade comme si le toxique acquerrait par voie de conséquence le statut d'un organe. Un continuum est alors révélé par la douleur consécutive à l'arrêt de la prise de drogue, manifestation qui s'impose à l'individu comme preuve d'une possibilité de suppression « toxique » de la douleur. Ceci est d'ailleurs en résonance parfaite avec le statut de la « douleur » dans la théorie freudienne comme effraction plus que déplaisir vis à vis de quoi le toxique est un moyen de défense.

La douleur plus que réaction mécanique face à l'effraction ne serait-elle donc pas une nouvelle organisation de l'appareil psychique (concentration sur le point douloureux) ?

Dans cette optique, l'opération du toxique, en même temps que suppression de la douleur, est restauration d'un organe absent, antalgique et prothèse mêlés pour régler l'homéostasie.

Les discours habituels sur la toxicomanie présentent celle-ci comme une « autodestruction ». Mais n'est-elle pas une opération essentiellement conservatrice d'une certaine forme de narcissisme ?

Certains consommateurs de drogues seraient alors à eux-mêmes leur propre médecin. Que quelque chose se soit constitué comme un « intolérable » qui ne peut se trouver pris en charge dans une réalité symbolique serait une condition fondamentale pour que se soutienne une toxicomanie, peut-être.

TOXICOMANIE : DOUBLE MONSTRUEUX DE LA PHARMACOLOGIE

Il serait donc plus juste de parler d'un déplacement sur une tradition non scientifique, celle des opiacés, de la peur de souiller l'usage des médicaments. Les couples bon/mauvais, psychologique/physique, propre/sale, sont, dans ce champ, les couples de contraires en fonctionnement, porteurs d'un manichéisme à toute épreuve et fidèles en cela à l'ambiguïté du pharmakon, l'énigme du toxique, qui sait prendre tour à tour les qualités d'un remède et d'un poison, soit une double face. (J. Derrida a proposé une analyse des caractéristiques de ce pharmakon en s'inspirant du Phèdre du Platon.) Ne serait-ce pas en quelque sorte cette « structure d'ambiguïté et de réversibilité » qui hante tous les discours autour de la toxicomanie chez les sujets douloureux ?

Qu'un *agent thérapeutique* puisse se retourner en *agent de rêve et de folie*, voilà le risque et le scandale, tout à la fois (médicament : ce qui révèle en lui-même son propre contraire et ce qui fait communiquer les opposés, abolit les oppositions distinctives).

Avec l'apparition de la psychopharmacologie moderne, c'est comme si la double face du pharmakon se voyait formalisée dans la notion de deux opposés complices :

– psychotrope : remède qui guérit la psychose ;

– psychotrope : poison qui engendre la toxicomanie.

Parce que le toxique n'a pas d'identité (fixe) il est l'objet d'une possible subversion du manichéisme médical. Au reste, c'est finalement l'acte même de la prescription qui assigne au produit son identité et qui trace la ligne de séparation entre le remède et le poison :

– le caractère de la prescription d'opiacés est alors « paradoxal » : bon-mauvais, licite-illicite, physique-psychique, prescrit-interdit, liberté-dépendance ;

– une relation complexe et complémentaire se met en place lorsque celui qui est censé utiliser des drogues-médicaments pour combattre la douleur se voit interpellé par un malade qui lui demande des drogues-poisons ;

– toxicomane et médecin sont souvent dans un rapport spéculaire. Pour le premier, la drogue est la cause du bien-être, pour le médecin et pour la société en général cette même drogue est la cause du mal-être. Pour l'un comme pour l'autre, la drogue est la cause ultime du bien comme du mal. Position hautement défensive et projective quand on sait la zone de recouvrement du toxique et de l'antalgique.

BIBLIOGRAPHIE

ADES J. — Peut-on se droguer sans produit ? *Dépendances*, 1993, 5 : 42-47.

AULAGNIER P. — *Les destins du plaisir.* PUF, Paris, 1979, P.U. F.

BERGERET J. — *Le psychanalyste à l'écoute du toxicomane.* Dunod, Bordas, Paris, 1991.

FREUD S. — « Uber coca ». 1985. « De la coca » In : *De la cocaïne*. S Freud. Éd. Complexe, Bruxelles, 1976, p. 75-98.

GEBEROVICH F. — *Une douleur irrésistible. Sur la toxicomanie et la pulsion de mort.* Inter-Éditions (L'analyse au singulier), Paris, 1984.

ROUX J. M. *et al.* — Place du sevrage dans le traitement des toxicomanes. *Rev. Prat.*, 1980, 30(58) : 4091-4093.

VERA OCAMPO E. — *L'envers de la toxicomanie*. Denoël, Paris, 1989.

7

Écoute et dimension relationnelle dans l'acte de soin

T. Dhomont

La consultation d'algologie demande un climat d'écoute car la douleur avec ses deux versants indissociables, physique et psychologique, appelle une prise en charge globale.

De cette assertion, personne n'y trouverait à redire. Pourtant, il ne suffit pas de vouloir écouter ces patients douloureux pour que cela soit possible. Jusqu'où avons-nous envie d'entendre la plainte douloureuse quand nous n'arrivons pas à soulager ? Jusqu'où le douloureux accepte-t-il de parler, jusqu'à quel point accepte-t-il le soulagement ?

Cette écoute, reconnue nécessaire à la prise en charge de la douleur, cherche souvent un cadre. Qui doit écouter ? Le médecin qui fait le diagnostic, qui va prescrire les antalgiques ? Le psychologue faisant partie de l'équipe de soins ? Le psychiatre, extérieur au service de soins. Le psychanalyste, que le douloureux verra en dehors des périodes de soins. Pour chaque profession citée, chacun a, je pense, ses représentations d'un certain type d'écoute. Être entendu, ça dépend donc beaucoup de l'autre. Et pourtant il nous faut bien adapter notre écoute en fonction de celui qui parle. Le douloureux a t-il besoin d'être écouté ?

Certainement. La question se pose plus sur le cadre de l'écoute.

Quel cadre d'écoute permet au douloureux de s'exprimer ? Quel type d'écoute lui permet-il d'accepter d'être entendu au-delà de sa plainte corporelle.

DEMANDE D'ÉCOUTE DU DOULOUREUX : AMBIVALENCE ET RÉSISTANCE

Il arrive que quelqu'un vienne à quelqu'un d'autre avec le désir d'être entendu. Ce désir peut être confus, emmêlé, obscur à lui-même, travaillé, à contre-désir. Mais même à travers ces malheurs, il est puissant, vital. Il arrive qu'il soit écouté [1].

Cette phrase de Maurice Bellet témoigne bien de toute l'ambivalence, de toute la résistance qui accompagne le désir d'être entendu, le désir de parler à quelqu'un. C'est bien dans cet enchevêtrement de désir et de refus que nous arrive la parole de l'autre.

Plus que tout autre, le douloureux s'adresse à un autre dans toute son ambivalence. Il nous adresse tout autant son désir d'être entendu que son désir de laisser sa douleur là où elle est, de laisser la douleur remplir une fonction nécessaire. Il s'adresse parfois à nous sans ambivalence par un refus de nous parler, de nous rencontrer. L'ambivalence se situe là plus entre ce qu'il donne à entendre au médecin qui l'adresse et ce qu'il refuse d'entendre dans son propre discours : c'est-à-dire la présence d'une souffrance psychique. *Un patient douloureux chronique est souvent un patient qui n'entend pas sa souffrance psychique* et ne veut pas l'entendre pour des raisons parfois très différentes. Consulter un spécialiste pour cette souffrance là, il ne peut logiquement le souhaiter.

Rencontrer le « psy », qu'il soit psychiatre, psychologue ou psychanalyste, c'*est rencontrer tout autant la souffrance dont il se protège. Si son soulagement passe réellement par cette voie, alors il faut l'aider à parcourir ce chemin par un moyen qui lui soit accessible.*

L'abord du douloureux doit tenir compte de cette présence de l'ambivalence et de la résistance pour pouvoir accueillir cette demande d'aide. Demander un traitement de la douleur n'est pas chose facile pour tous les patients. Le témoignage de leurs hésitations, de leurs craintes et de leurs difficultés, laisse apparaître des motivations ambiguës et un désir de soulagement entravé par de multiples résistances. C'est à travers ce tissu de résistances que la demande ou l'impossibilité de la demande sera à prendre en compte. Mais pour cela il faut du temps. Le temps d'abord d'installer une relation de confiance dans laquelle le patient puisse exprimer toutes ses réticences.

L'écoute de la souffrance psychique, lorsqu'elle est vécue comme menaçante, nécessite un cadre encore plus sécurisant, encore plus contenant.

Alors, comment aménager le cadre pour que la demande puisse s'exprimer ?

La consultation pluridisciplinaire est une des manières de rendre un cadre plus contenant, donc plus efficace. La notion d'une équipe travaillant dans une même optique évite les effets de morcellement dus à l'addition d'un grand nombre de consultations différentes. Elle évite également l'impression de rejet ressenti par les patients lorsque la rencontre avec un psy est proposée en dernière intention.

Ainsi une patiente présentant une algodystrophie accepta de commencer une psychothérapie si cela restait dans le cadre de la consultation douleur. Elle garda un rendez-vous mensuel avec l'algologue, puis plus espacé, le temps qu'il lui fut nécessaire pour accepter que sa douleur ait une composante psychologique, mais plus important encore, qu'elle puisse assumer devant sa famille cette composante, sans se sentir coupable, et sans se sentir menacée d'incompréhension.

Un autre patient accepta de venir parce qu'il ne supportait pas qu'on le suspecte de problèmes psychologiques et pour prouver à son médecin que cela ne servirait à rien ; il resta... quatre ans en psychothérapie où il appris à entendre sa souffrance psychique et les répercussions sur son corps. Il allait mieux, se disait très content de la démarche entreprise mais refusa de reconnaître auprès de son médecin la part psychique de son état physique.

Il est également nécessaire que l'importance de l'écoute soit partagée par l'ensemble de l'équipe pluridisciplinaire et que le médecin, même le plus somaticien de l'équipe ne soit pas ignorant des enjeux relationnels présents au cours d'une consultation, et ne soit pas ignorant des phénomènes de transfert et de contre-transfert qui sont à l'œuvre dans toute consultation. De ce fait la consultation en elle-même peut être utilisée comme un contenant, permettant un cadre suffisamment sécurisant.

Il est important que cette écoute soit progressive. La consultation médicale est un lieu d'écoute mais avec des barrières. Ces barrières sont constituées par le cadre de la demande et de l'offre : soulager la souffrance du corps. On n'y vient pas pour parler de soi sans retenue, le plus librement du monde. Ces barrières sont parfois nécessaires pour commencer à parler de soi. Le travail de l'écoute et son corollaire chez l'autre : le travail de parole peut se commencer dans ce lieu sécurisé par des barrières.

Une écoute progressive pour moi, cela sous-entend qu'une liberté de parole totale peut faire peur, surtout lorsque l'on est peu habitué à parler de soi.

Se trouver devant quelqu'un qui ne pose pas forcément de questions et qui ne donnera pas de réponses est une expérience de liberté. Habitués que nous sommes à contrôler, censurer nos paroles, une écoute pure ne peut que nous renvoyer à nous-mêmes et à nos difficultés.

L'écoute est évaluée par celui qui parle au fur et à mesure de ses paroles.

C'est cette évaluation « inconsciente » de l'écoute qui modifie le discours de celui qui parle.

Lorsque l'on est peu habitué ou que l'on n'est pas prêt à parler de soi, à affronter ses peurs et ses désirs, se confronter à une écoute trop libre peut faire fuir. La parole serait vécue alors comme une contrainte et non comme une expérience de liberté.

La relaxation constitue un de ces cadres, favorisant l'acceptation d'une prise en charge sur le plan psychologique. Apprendre à se détendre, à contrôler sa douleur, à retrouver une autre sensation de son propre corps est plus facilement accepté par les personnes douloureuses. C'est une façon de reconnaître que le problème est bien aussi dans le corps. Par ce premier travail, d'acceptation de soi par l'écoute de son propre corps, certaines personnes prennent le temps de se sécuriser, de transformer cette crainte de leur propre parole en désir d'expression, en désir d'être entendues. En laissant le choix de la thérapie au patient entre thérapie verbale ou relaxation thérapeutique, les douloureux optent plus facilement pour la relaxation, même s'ils vont beaucoup parler au cours des séances.

Les patients situant leur plainte au niveau psychique optent eux plus facilement pour la thérapie verbale.

Une autre interprétation possible serait la suivante : il est plus facile pour une équipe médicale de parler de la relaxation que de la psychothérapie. Cela amène à une autre part de la réflexion. Que faut-il savoir du travail effectué en psychothérapie pour pouvoir avoir envie d'en parler à son patient ? Ce qu'on pense de la psychothérapie a-t-il un effet sur la manière dont on va convaincre son patient d'engager une telle démarche ?

DOULOUREUX CHRONIQUE

Lorsqu'on s'efforce de remonter le parcours des différentes consultations du douloureux chronique, on peut constater souvent deux impasses : la dimension de la souffrance psychique n'a pas été entendue ou pas prise en compte entraînant le patient dans une confirmation d'une origine biologique ; ou bien la dimension psychologique a bien été entendue, a bien été orientée mais il ne s'est rien passé vraiment. Pas de soulagement, pas de modification de positionnement vis-à-vis de la douleur.

Adresser vers un «psy», un patient douloureux chronique s'il n'y en a pas dans l'équipe de soins nécessite :

– la connaissance des psychologues ou psychiatres travaillant dans le même secteur;

– une évaluation de la capacité du patient à effectuer une telle démarche pour adapter cette capacité aux différents niveaux de prise en charge psychothérapeutiques. Il y a là deux façons de faire :

- soit, on l'adresse et après tout on peut très bien considérer que cela fait partie du travail du psy de se débrouiller avec résistances et ambivalence du patient et cela est vrai. Mais le risque est grand que le patient ne puisse arriver à faire la démarche et aille à nouveau porter sa plainte vers une autre consultation médicale orthodoxe ou parallèle;
- soit, le médecin peut accompagner la patient dans sa démarche, accompagner dans le sens de le préparer et de le soutenir.

Il arrive que pour tel ou tel patient, on pense qu'une psychanalyse serait une démarche bénéfique. Mais l'envoi chez le psy s'est soldé par un ou deux entretiens que le patient vous restitue en disant : «Il ne m'a rien dit. Je n'ai rien dit non plus. Je ne vois pas à quoi ça sert... Je suis sorti même plus mal. Je n'y retournerai jamais.»

Nous ne sommes pas là devant une mauvaise technique, ni devant un mauvais patient qui ne veut pas faire d'effort, mais devant une inadéquation. Cette situation assez classique au demeurant aurait nécessité une adaptation plus soutenante. La préparation pourrait consister à une adaptation progressive du cadre de l'écoute. Habituer le patient à commencer à parler de lui et à considérer cette parole comme un travail. Certains médecins qui écoutent leur patient n'osent pas faire payer la consultation s'ils n'ont fait «qu'écouter» sans prescrire, sans examiner. Ne pas faire payer, c'est replacer l'écoute et la parole dans un contexte amical, de sympathie. Ce n'est pas du travail. Faire payer la consultation, c'est reconnaître à la parole et à l'écoute une valeur thérapeutique.

Préparer, cela peut être aussi informer du déroulement d'une psychothérapie, intervenir sur les *a priori*, sur les attentes qui ne peuvent correspondre à la démarche d'une psychothérapie.

Préparer, cela peut être aussi proposer d'abord un bilan psychologique et en parler ensuite avec le patient une fois le bilan fait. On reste là dans un modèle plus médical, mais qui peut sécuriser certains patients.

La relaxation est une bonne indication pour les personnes qui verbalisent peu et ne voient pas ce qu'elles pourraient dire d'elles au bout d'une ou deux consultations. La psychanalyse est à proposer à ceux qui ont plus de possibilité d'expression verbale et un accès plus facile à leur vie imaginaire. Cela peut être d'ailleurs deux indications pour la même personne mais à quelques années d'intervalle... La psychanalyse peut venir également dans un deuxième temps après une première psychothérapie en face à face ou une psychothérapie de soutien.

Pour illustrer cette difficulté, j'aimerais vous parler de Mme R. qui a un parcours qui mérite de l'attention.

Exemple : Mme R.

Mme R. est adressée à la consultation de la douleur par son médecin traitant pour des douleurs dorsales et surtout cervicales résistantes à tout traitement. Elle rencontre la psychiatre de la consultation. Elle signale une agoraphobie ancienne dont elle peut parler lors de cette consultation.

L'algologue lui prescrit un léger traitement de *Laroxyl* à doses antalgiques et de la relaxation.

La relaxation et le traitement ont amené un soulagement total des douleurs dorsales et une mise à jour du lien entre la douleur et la tension musculaire liée à l'agoraphobie. Le contrat avec la douleur étant achevé se pose la question d'une psychothérapie à propos de sa phobie.

Mme R. n'est pas prête et elle n'y croit pas beaucoup. Elle nous livre son parcours. L'agoraphobie a débuté il y a vingt-cinq ans par une crise de panique dans la rue. Elle consulte un psychiatre, mais le traitement médicamenteux ne la soulage pas ou l'endort trop. La famille commence à s'organiser avec ce symptôme : elle ne sort pratiquement pas de chez elle.

Quelques années plus tard, elle commence une psychanalyse. Elle décrit : « J'étais allongée, même si je ne parlais pas je devais payer la séance. J'y suis allée pendant presque un an parce que je voulais vraiment m'en sortir mais je me suis découragée ; je n'ai rien trouvé à dire, je ne comprenais pas de quoi je devais parler. »

Quelques années plus tard encore elle commence une thérapie comportementale. Il y a une amélioration certaine, elle arrive à sortir de chez elle accompagnée. Tout un pan de la vie sociale est retrouvé mais toujours en compagnie de son mari. La thérapie est arrêtée. Mme R. entend qu'on ne peut plus rien pour elle. Quelques années plus tard, elle a mal au dos, c'est alors que nous la rencontrons. Elle est âgée de 45 ans.

À ce moment-là, elle est dans l'incapacité de formuler à nouveau une demande d'aide. Elle a un frère probablement schizophrène qui s'est suicidé. Sa demande envers la psychiatrie a été très limitée tant pour elle la peur d'avoir la même maladie que son frère l'a paralysée dans ces démarches. En parler, pour elle, est encore quasi impossible au début de la thérapie, tant cela la renvoie à des terreurs de l'enfance devant son frère en crise.

Nous lui proposons une thérapie de relaxation, plus introspective différente du travail entrepris au cours des 20 premières séances proposées pour ses douleurs.

Mme R. suit sa psychothérapie depuis environ quatre ans.

Exemple : Mme S.

Mme S. elle aussi a une symptomatologie musculaire, des douleurs quasi constantes, avec quelquefois des crises plus aiguës qui l'amènent aux urgences somatiques. Mme S., comme beaucoup d'autres dans son cas, vient chercher à la consultation douleur le médicament qui pourra enfin la soulager. La réponse médicale, si elle peut apparaître *a priori* comme négative : aucun médicament et une proposition de thérapie de relaxation, n'a pas été reçue comme un rejet. En effet, l'écoute de la souffrance, la reconnaissance de la réalité de la souffrance, et la possibilité de commencer à poser la question du sens, du rôle de la douleur ont permis à Mme S. d'accepter une psychothérapie où la question de la douleur pourra être abordée plus directement que par le biais d'une n^{ème} demande d'examen très spécifique des muscles. Oser nommer une crise de tétanie pour ce qu'elle est : une indication de psychothérapie peut parfois éviter une surmédicalisation qui n'est pas toujours sans risque. La résistance n'est pas toujours chez le patient, il faut bien le reconnaître.

L'expérience de la consultation de la douleur nous a permis de réaliser l'écart étonnamment long entre le début des douleurs et le début d'une prise en charge psychologique adéquate, ceci malgré la fréquence et la connaissance d'histoires de vie, riches en traumatismes et perturbations diverses.

Ce temps semble proportionnel à la force du déni du lien entre douleur physique et souffrance psychique. *Ce déni peut être porté tour à tour par la personne souffrante, par son entourage, par le discours social ou médical.* Lorsque ce déni cède, d'autres résistances peuvent être à l'œuvre : La banalisation de la souffrance en est une. Pour certains, l'origine psychologique des troubles associé à une méfiance à l'égard des psychothérapies provoque immanquablement une attitude défaitiste. La douleur devient alors une fatalité à laquelle il convient de s'habituer.

La résistance peut venir également de la difficulté à se défaire d'une position de toute puissance. Quand la douleur est complexe, qu'elle n'a pu être soulagée par ceux qui nous ont précédés, il faut savoir rester humble et se dégager du fantasme de toute puissance qui habite chaque soignant s'occupant du corps ou du psychisme et accepter de ne pouvoir aider seul la personne douloureuse à cheminer.

Douleur en cours d'hospitalisation

L'ambivalence devant le soulagement de la douleur n'est pas tout à fait de même nature pour le douloureux chronique que pour le douloureux qui souffre au cours d'une hospitalisation. La souffrance physique entraîne une nécessité d'adaptation psychologique. Mais elle entraîne aussi toute une série de souffrances psychologiques qui viennent modifier la tonalité de la douleur, le plus souvent dans un effet de potentialisation. En effet, la confrontation à la maladie, la peur de l'avenir, la peur de la mort, la peur de la répétition de l'agression du corps par des soins douloureux, l'infantilisation malheureusement souvent indissociable de l'hospitalisation viennent se greffer sur la sensation douloureuse et la modifier. Cela rend plus complexes la demande de soulagement et le soulagement lui-même.

Il faut souvent du temps pour rejoindre le patient dans le labyrinthe de ses pensées et l'aider à formuler une demande d'aide qui aura plus de chance d'être soulagée.

Mme Y. a été opérée d'un cancer du sein trois ans avant notre rencontre. Elle est hospitalisée pour une métastase localisée sur la douzième vertèbre. À sa plainte douloureuse auprès des médecins, répond une prescription de six gélules de *Dafalgan* comme traitement antalgique de départ.

Elle se plaint beaucoup moins auprès des médecins mais tout autant auprès des aides-soignantes qui l'aident à faire sa toilette. Elle pleure souvent, ce qui m'amène à son chevet sur la demande des aides-soignantes qui se plaignent qu'on ne les croit pas quand elles signalent que Mme Y. est mal soulagée.

Le problème de la douleur est longuement abordé. Mais ce n'est qu'au deuxième entretien qu'elle me signale qu'elle ne prend que deux comprimés sur six prescrits. Elle se débarrasse discrètement des quatre autres comprimés. Pourquoi ? Elle a peur de s'habituer, dit-elle. À quoi ? Elle répond qu'elle a peur de s'habituer à ne plus sentir sa douleur alors que sa vertèbre continuerait à être douloureuse « comme si c'était un mensonge », rajoute-t-elle. La patiente est au courant du cancer du sein mais pas de la métastase. Elle dit : « En prendre beaucoup, c'est comme si j'acceptais que c'est grave et que ça va durer longtemps. Mais ça n'a rien à voir avec le sein, alors ça doit passer tout seul. »

Puis au troisième entretien, elle semble aller mieux. Elle me dit prendre quatre cachets maintenant. La douleur est toujours là mais elle la supporte mieux, elle peut dormir un peu.

En sortant de sa chambre, je suis accueillie très agressivement par le mari furieux qui n'admet pas que sa femme voit une psychologue alors qu'elle n'a rien demandé et qu'il n'a pas donné son autorisation. Il finit par exprimer plus clairement son opposition : « Vous, les psychologues, vous êtes pour la vérité et je ne suis pas d'accord qu'on dise à ma femme ce qu'elle a. »

Comme pour Mme Y., la douleur peut représenter une sorte de boussole qui les renseigne sur leur état de santé. À défaut de pouvoir faire confiance à ce qui est dit, la douleur permet aussi de parler indirectement de la maladie et du pronostic. La maladie grave est souvent vécue comme une trahison du corps. Quelque chose s'est passé dans le corps à l'insu du sujet. La douleur, elle, au contraire, renseigne sur ce qui se passe dans le corps.

La douleur peut représenter aussi quelque chose que l'on peut encore maîtriser, à quoi l'on peut se mesurer. Souffrir en silence, sans rien laisser paraître est une attitude qui force toujours le respect. Le malade, diminué dans sa force physique, peut se retrouver en contrepartie grandi par son courage.

CADRE DE L'ENTRETIEN

Choisir son cadre de travail, l'adapter, le clarifier, prendre conscience du message que véhicule chaque cadre de travail, est une démarche utile qui préventivement évite bien des écueils face à des situations difficiles. Ce travail de clarification du cadre peut aller plus loin, à l'intérieur même de l'entretien. Sans être exhaustif, nous pouvons parcourir différents éléments qui composent l'entretien et qui constituent eux-mêmes des messages concourant à l'ouverture ou à la fermeture des différents axes relationnels.

Il est important de bien définir pour celui qui écoute, le cadre de l'entretien car le type d'écoute qu'il propose va être influencé par le choix du cadre.

ÉVALUATION DIAGNOSTIQUE

L'entretien visant à l'évaluation diagnostique concerne le psychiatre, l'entretien est structuré de manière à obtenir les informations nécessaires à l'élaboration d'un diagnostic.

Approche descriptive

Elle est calquée sur l'entretien médical somatique ; la lecture des symptômes, des comportements observables renvoie à une maladie. La classification porte l'écoute. L'interaction entre les deux protagonistes n'est pas prise en compte.

Approche structurale

Elle consiste en une évaluation plus souple des problèmes dominants. L'écoute est centrée sur la manière dont celui qui parle comprend ses conflits. L'interaction entre l'écoutant et celui qui parle est investie comme un axe principal de l'information du patient.

C'est une approche dynamique, fondée sur la théorie de la relation d'objet.

RECHERCHE

L'entretien est une méthode d'investigation utilisée pour des travaux de recherches. L'écoutant est demandeur. L'objectif de l'entretien existe donc en dehors de la demande de celui qui parle. Toute personne participant à une recherche doit en être informée.

Le cadre spécifique de ce type d'entretien entraîne bien sûr une modification de sa liberté de parole.

THÉRAPIE

Le cadre de la thérapie est défini par la demande d'une personne de parler d'elle, de réfléchir, d'explorer son psychisme, de guérir de certains symptômes. La demande peut varier d'objectifs très ciblés : guérir, à des objectifs plus larges : se découvrir.

Les thérapies exploratoires visent à affaiblir les défenses, afin de réorganiser le moi et de provoquer un changement intrapsychique structural.

SOUTIEN

La notion de *soutien* peut se retrouver dans toute thérapie et renvoie au concept de fonction contenante précisé ultérieurement

La *psychothérapie de soutien*, elle, se différencie de la psychothérapie exploratoire. On la définit souvent comme visant plutôt à renforcer les défenses d'un moi faible ou affaibli par un traumatisme. Pour Kernberg [4], la technique de base consisterait à explorer les défenses primitives dans l'ici et maintenant, afin de mieux les contrôler sans recourir à des méthodes analytiques. La thérapie de soutien travaille sur le matériel conscient et préconscient bien que le thérapeute reste vigilant sur les manifestations de l'inconscient mais ne les interprète pas.

ÉCOUTE

On peut penser l'écoute comme le fondement de ce qui a été décrit dans les paragraphes précédents. En même temps, c'est ce qui s'en éloignerait le plus. En suivant la pensée de Maurice Bellet [1], nous pouvons définir l'écoute comme attention à la parole dite, comme espace, accueil intérieur, permettant la parole de l'autre et n'ayant pas d'autre projet qu'elle-même. Savoir écouter ne reposerait pas sur une connaissance, un savoir sur ce qu'est l'autre ou soi-même ; c'est une connaissance de l'écoute elle-même, connaissance accumulée à force d'avoir dit, écouté, entendu et avoir entendu en soi. Elle obéit cependant à quelques règles qui pourraient s'énoncer ainsi :

– oublier tout savoir ;
– renoncer à tout pouvoir ;

– s'abstenir de tout jugement;

– ne rien vouloir pour l'autre.

L'écoute obéit à quelques règles intérieures, très intériorisées. Elle n'obéit pas à des comportements systématiques. Par exemple, l'attention flottante, la neutralité bienveillante, le silence, peuvent devenir à certains moments des barrages à la parole même s'ils sont en règle générale générateurs et synonymes d'écoute. *L'écoute nécessite une présence intérieure qui ne supporte pas la superficialité d'un comportement type.*

L'écoute devrait permettre à l'autre de cheminer le plus librement possible dans les dédales de son psychisme. L'écoute en ce sens est soutien car cette exploration nécessite un cadre sécurisant. Ce sentiment de sécurité généré par l'écoute permet l'exploration des parties les plus secrètes, les plus inquiétantes. *L'écoute permet à l'autre de cheminer dans cette partie de lui-même qu'il ne peut affronter seul.*

FORME DE L'ENTRETIEN

Position physique

La position du patient, de l'analysant, a une incidence sur le type de relation instaurée. La position face à face permet de mieux contrôler les réactions affectives. La communication non verbale reste très présente tout au long de l'entretien. Elle peut représenter un cadre plus contenant car l'autre est là, sous les yeux. La position de l'analyste, échappant au regard de l'analysant, favorise l'émergence de l'imaginaire. L'analyste, de son côté, centre son attention sur le langage verbal. Cette position peut s'avérer trop angoissante pour certains, plus confortable pour d'autres.

La présence d'un bureau entre les deux protagonistes interfère également sur la mise à distance. Lorsqu'il n'y a pas de bureau, on trouve le plus souvent des fauteuils soit quasiment parallèles, soit formant un angle droit.

La différence de fauteuils a aussi son importance, elle peut souligner l'inégalité de la relation.

Durée

La durée d'un entretien varie entre une demi-heure et trois quarts d'heure. Il est important d'interrompre un entretien au bon moment. Un entretien trop long est épuisant pour l'écoutant et pour celui qui parle. Cela peut rendre difficile la venue au rendez-vous suivant; la manière dont le patient réagit à la fin d'une séance peut renseigner sur sa manière d'investir la relation, sur sa capacité à se séparer.

Rythme

En psychanalyse, le rythme est de deux à trois séances par semaine. Les psychothérapies à orientation analytique ont un rythme d'une à deux séances par semaine.

Les thérapies familiales peuvent se dérouler sur une base d'une à deux séances par mois.

LES DIFFÉRENTES ÉCOLES

ENTRETIEN NON DIRECTIF À PARTIR DE ROGERS

L'idée de Rogers [6] est que l'homme est capable de se réaliser lui-même mais qu'il ne le sait pas. Il fait l'hypothèse d'une force positive qu'il faut stimuler par l'écoute et l'empathie. Le sujet est défini par une plénitude qu'il faut aider à trouver.

La thérapie, processus de changement, ne fait que faciliter un processus de changement propre à la personne. Pour Rogers, l'origine de l'inadaptation psychologique réside dans des troubles de son système d'évaluation de l'expérience résultant d'influences extérieures.

Le thérapeute doit éprouver une attention positive, inconditionnelle envers le patient, une compréhension empathique du cadre de référence interne du patient.

PSYCHANALYSE

C'est une méthode d'investigation consistant dans la mise en évidence de la signification inconsciente des paroles, des actions, des productions imaginaires. Cette méthode se fonde sur une écoute neutre et bienveillante de la part du psychanalyste. L'analysant est invité à laisser ses paroles suivre la règle de la libre association. Cette méthode sert de base à une méthode psychothérapeutique par l'interprétation du transfert et du désir. Cette méthode d'investigation et de thérapie a donné une théorie de l'appareil psychique et de son développement. Sigmund Freud est bien sûr à l'origine de cette orientation.

ÉCOLE DE PALO ALTO

C'est un mouvement d'idées qui s'est développé en Californie, à partir d'une recherche sur la communication chez les schizophrènes. La recherche était centrée sur les modèles communicationnels. Elle déboucha sur le postulat d'un double lien constitué de messages paradoxaux. C'est autour de ces travaux que se sont développées l'analyse systémique, les thérapies familiales (Bateson, Watzlawick, Jason).

AXE DIRECTIVITÉ / NON-DIRECTIVITÉ

L'*attitude non directive* est une attitude de refus d'imprimer au patient une direction quelconque. C'est se refuser à penser que le patient devrait penser, agir, sentir d'une manière déterminée.

Cette attitude exclura le conseil qui lui, à l'inverse, s'inscrit dans un *axe directif.* Le soutien moral, par exemple, tente de diriger les sentiments : « Ça va aller mieux, ne vous inquiétez pas. »

L'axe du degré de la directivité dans un entretien peut s'évaluer à différents niveaux :

– *dans l'objectif* : une thérapie peut n'avoir aucun but défini à l'avance. À l'opposé, une thérapie peut avoir pour but la normalisation du patient ;

– *dans la forme* : le déroulement d'une thérapie peut suivre des règles plus ou moins strictes;

– *dans la forme d'intervention du thérapeute* : dans un type de thérapie donnée, l'attitude intérieure du thérapeute peut être différente de l'objectif et de la forme prônée.

MÉCANISMES EN JEU

EMPATHIE

C'est ce qui nous permet de concevoir une subjectivité étrangère à la nôtre. Ce serait un moyen terme entre la sympathie et l'antipathie. L'écoutant, sans pour cela partager les affects de l'autre, est capable de les repérer et de les restituer. Pour B. Jacobi, « L'empathie qualifie un mode de discernement de l'affect chez son interlocuteur et une capacité à en éprouver la tonalité, au point d'être apte à les restituer » [3].

IDENTIFICATION

C'est un processus psychologique par lequel un sujet assimile un aspect, un attribut de l'autre et se transforme, totalement ou partiellement sur le modèle de celui-ci. Le sujet humain se constitue et se différencie par une successions d'identifications.

Au cours de l'entretien, des mouvements d'identification surviennent. Il est important que ces mouvements soient repérés et analysés.

NOTION DE TRANSFERT ET DE CONTRE-TRANSFERT

Transfert

C'est « le processus par lequel les désirs inconscients s'actualisent sur certains objets dans le cadre d'un certain type de relation » [5].

Ce déplacement d'affects positifs ou négatifs sur la personne du psychanalyste témoigne de modèles relationnels anciens. La psychanalyse a théorisé le transfert comme un axe central de la cure. Son maniement, son interprétation ont fait l'objet de nombreux travaux. Mais le transfert existe aussi en dehors de la cure psychanalytique. Il représente même une constante dans toute relation humaine. Pouvoir le reconnaître aide dans une certaine mesure à garder de la distance vis-à-vis du modèle relationnel proposé inconsciemment par l'autre.

Contre-transfert

« C'est l'ensemble des réactions inconscientes de l'analyste à la personne de l'analysé et plus particulièrement au transfert de celui-ci » [5].

Là aussi, on peut prendre conscience de manifestations contre-transférentielles dans d'autres cadres que la psychanalyse. Ces manifestations expriment par des paroles ou des comportements des réactions inconscientes face à la problématique à laquelle l'autre nous confronte. Le repérage, l'analyse de ces manifestations sont une des formes possibles de la formation à l'entretien.

Fonction contenante

Elle fait référence aux travaux de Bion [2] : la fonction alpha. Cette activité maternelle proche de la rêverie supplée à l'absence d'appareil à penser du bébé. Les impressions sensorielles et émotionnelles (éléments bêta) seraient projetées dans le bon sein pour les recevoir en retour désintoxiquées, supportables. Cette désintoxication consisterait à attribuer de la signification aux contenus projetés.

On peut rapprocher cette notion de la fonction de *holding* de Winnicot [7]. Cette fonction alpha est nécessaire à la transformation progressive des perceptions sensorielles, des émotions, en pensée.

La thérapie peut, par certains aspects, représenter une fonction contenante. Une partie de la thérapie est utilisée comme contenant des éprouvés parfois insoutenables par le patient, puis comme possibilité de passer de l'éprouvé au représenté.

MODALITÉS DE LA PRISE DE PAROLE

Reformulation

Le thérapeute exprime avec ses propres termes ce qu'il a perçu de l'expression de l'autre. Cela représenterait un processus de déchiffrement proposé au patient. Il n'y a pas d'interprétation de ce qui est dit mais proposition d'une autre formulation attestant de l'activité psychique du thérapeute dans le sens de la compréhension.

La reformulation ne doit rien ajouter à ce qui est dit.

Relance

L'appel à complément est la question invitant à continuer à exprimer ce qui vient d'être dit, facilitant la reprise de parole à un moment difficile.

La question écho est le renvoi d'une question posée à celui qui la pose ou reprise des derniers mots prononcés.

La question rappel : le thérapeute revient sur un thème qui a été évoqué puis laissé de côté.

Déplacement

Il permet de poser indirectement une question qui, posée trop directement, induirait une réponse ou bien la bloquerait. On déplace le sujet. Au lieu de demander à un adolescent s'il s'entend bien avec ses professeurs, on lui demande : « Si tu étais professeur, quelles relations aimerais-tu avoir avec tes élèves ? »

Suggestion

Janet la définit comme la provocation d'une impulsion à la place d'une réalisation réfléchie. Elle est une intervention extérieure visant une modification. Pour celui qui la reçoit, son origine extérieure peut être méconnue. On la retrouve dans l'utilisation des placebos, dans l'hypnose. Elle pourrait se placer entre le conseil et la manipulation. Elle n'entre pas, bien sûr, dans les techniques non directives.

INTERPRÉTATION

L'interprétation est au centre de la technique de la psychanalyse. Le psychanalyste met en évidence, en paroles, le sens latent du matériel de l'analysant. Il s'agit dans l'interprétation de mettre en mots, à partir des différentes productions de l'inconscient, le désir inconscient et le fantasme qui l'exprime.

BIBLIOGRAPHIE

[1] BELLET M. — *L'écoute.* Desclée de Brouwer, 1991.
[2] BION W.R. — *Aux sources de l'expérience.* PUF, Paris, 1979.
[3] JACOBI B. — Cent mots pour l'entretien clinique. - clinamen érès, 1995.
[4] KERNBERG O. — *Les troubles graves de la personnalité.* PUF.
[5] LAPLANCHE J. L., PONTALIS J.B. — *Vocabulaire de la psychanalyse.* PUF, Paris, 1967.
[6] ROGERS C. — *Le développement de la personne.* Dunod, Paris.
[7] WINNICOT D.W. — *Jeu et réalité.* Gallimard, Paris, 1971.

8

Mise en place du fonctionnement psychique Structures de personnalité

H. Brocq

Pendant longtemps, le nouveau-né et encore plus le fœtus ont été considérés comme de simples « tubes digestifs » incapables d'éprouver la moindre émotion.

Depuis la Seconde Guerre mondiale, et plus particulièrement depuis les travaux de Spitz sur la dépression du nourrisson, le bébé est devenu « une personne », certes en devenir, mais avec des compétences.

Les progrès de la recherche, dans le domaine des interactions précoces, sont en constante évolution.

Ils ont permis de mieux comprendre l'influence de l'environnement sur la mise en place du psychisme et sur la construction de la personnalité.

Pour devenir une personne à part entière, le bébé doit se rendre compte qu'il est un être différent de sa mère.

Pour cela, il lui faut traverser différentes étapes qui sont autant de moments fondateurs de son psychisme.

PREMIER SEMESTRE DE LA VIE

Période fusionnelle (de la naissance à 1,5-2 mois)

Pendant cette période, le bébé (bien qu'entièrement programmé pour communiquer) est replié sur lui même à cause de son immaturité physiologique et psychologique.

Sa coordination visuelle est réduite (18-20 cm). Le bébé voit relativement bien des choses très contrastées et peu éloignées de son visage. Il préfère les figures complexes aux figures simples, et se montre très sensible aux visages humains en mouvement.

Du point de vue de l'audition, le fœtus entend dès le 5e mois de vie intra-utérine. Il réagit plutôt et préférentiellement aux sons graves.

À 1 mois, le nouveau-né distingue absolument tous les phonèmes de toutes les langues du monde mais, en fonction du bain linguistique dans lequel il évolue, une sélection s'opère.

Progressivement les capacités phonatoires qui n'appartiennent pas à sa langue maternelle disparaissent.

Le bébé de 2 jours reconnaît l'odeur de sa mère. Dans ce domaine, la réciproque est vraie car les pères et les mères qui s'occupent de leur bébé dès sa naissance, sont eux aussi capables de reconnaître son odeur sans se tromper !

Le tout petit préfère le sucré au salé.

En ce qui concerne le tact le contact peau à peau est essentiel. Il stimule les fonctions vitales, c'est en tout cas ce que tendent à montrer les nombreux travaux ayant trait à l'éthologie humaine et animale.

Du point de vue affectif et cognitif, la capacité du nouveau-né à gérer les différents événements de vie internes (la douleur par exemple) et/ou externes (un bruit non familier) est très limitée.

Le bébé est donc particulièrement dépendant de la personne (ou des personnes) qui s'occupe(nt) de lui. Pour signifier sa détresse, il émet des signaux (cris, pleurs, mimiques...) que son entourage doit interpréter de la manière la plus adaptée possible.

Pour cela, la mère doit être capable de « s'identifier » à son enfant afin de trouver des réponses qui soient congruentes avec l'ensemble de ses besoins physiologiques et psychoaffectifs.

Pour grandir de façon harmonieuse, le bébé a besoin d'être immergé dans un environnement « suffisamment bon », c'est-à-dire dans un environnement qui s'adapte activement et au plus près de ses besoins physiques mais aussi psychiques, tout en respectant le devenir de ses rythmes propres...

Donald Winnicott, célèbre psychanalyste anglais (1896-1971), parle de « préoccupation maternelle primaire » pour décrire cette capacité à s'identifier toute particulière que développe la mère au cours de sa grossesse et pendant les premières semaines qui suivent la naissance du bébé.

Cette « empathie » (« L'empathie..., c'est un mouvement perpétuel, une oscillation entre la différence et la similitude » [18]) équivaut à une sorte de sensibilité accrue aux besoins de l'enfant et Winnicott parle, pour décrire cet état particulier, de « maladie normale ».

Le bébé communique donc avec ses partenaires. Il s'agit d'un échange et la mère doit laisser à son enfant la possibilité de mettre en place, d'expérimenter et de développer ses propres modalités interactives et communicationnelles. Elle doit être capable de se retirer de l'interaction lorsque cela s'avère nécessaire ; le bébé disposant lui aussi de moyens, tels que le détournement du regard, pour modeler et organiser les échanges.

La mère ne doit pas « envahir » l'enfant de ses propres projections lorsque celles-ci n'ont rien à voir avec la réalité de ce qu'il est en train de vivre.

Ainsi par exemple si un bébé pleure et que sa mère lui dit : « Tu pleures parce que tu as faim, soif ou sommeil... », il y a de fortes chances pour qu'elle ait raison. Par contre, si elle interprète ces mêmes signaux en se disant que son bébé pleure parce qu'il lui en veut ou qu'il veut lui faire du mal, les réponses données risquent bien évidemment de ne plus être congruentes avec la réalité physiologique et/ou psychoaffective de l'enfant.

Il existe donc une communication précoce intersubjective entre le bébé et ses partenaires, et l'on sait désormais que les fantasmes et le fonctionnement psychique des parents conditionnent pour partie, le devenir psychoaffectif des enfants.

À cet âge de la vie, le bébé est tout particulièrement « agrippé » aux sensations et la manière dont l'adulte va le porter, « l'envelopper », est très importante.

Le tout petit n'a pas encore construit son « enveloppe-peau », et lorsqu'il est nu (c'est-à-dire non contenu par des vêtements et/ou par des bras bienveillants), il se sent un peu comme s'il n'avait pas de limites, comme s'il partait dans tous les sens...

Le contact avec la peau et la chaleur de la mère suffisent souvent à calmer le bébé, à le rassurer et à provoquer l'arrêt des pleurs. Cette contention externe attentive et bienveillante permet en fait à l'enfant de « prendre appui » sur le corps de sa mère (lorsque cela s'avère nécessaire) pour se « rassembler » et se sentir à nouveau unifié.

À la naissance, la peau n'est pas encore investie comme une frontière délimitant le dedans et le dehors du corps. Mère et enfant forment une unité. Il y a une sorte de fusion nécessaire entre eux.

Plus tard, et avec la mise en place des structures psychologiques dont le Moi, les barrières entre le dedans et le dehors s'établiront d'un point de vue intrapsychique. Dès lors la peau sera investie dans sa fonction de limitation et de contenance des organes, des tissus et de l'ossature du corps tandis que le Moi contiendra au niveau psychologique les sensations, les émotions, les actions et les fantasmatisations.

Au niveau intellectuel, les catégories de penser contiendront nos pensées, et nous pourrons ainsi nous les représenter par des signes, les organiser en catégories, en théories...

C'est Didier Anzieu qui a mis en évidence par ses travaux sur le « Moi-peau » [1] cette continuité entre les fonctions de la peau, les fonctions du moi et les catégories de penser. Pour cet auteur, la mise en place de « l'enveloppe-peau » passe par le contact, par les gestes de maternage. En le prenant, en le lavant, en l'habillant ou en le déshabillant, en le berçant... la mère permet à l'enfant de sentir son corps, de l'éprouver et d'éprouver ses limites.

Finalement, « se sentir bien dans sa peau », c'est savoir que tout ce qui est dedans l'est bien et définitivement et avoir le sentiment d'une cohésion interne. Cette cohésion s'avère nécessaire au regard de notre sentiment de sécurité.

La mise en place des enveloppes psychiques et donc des frontières délimitant le dedans et le dehors nous permet de savoir que nos affects, nos fantasmes, nos idées ou nos pensées sont effectivement les nôtres (et pas celles d'un autre), et de reconnaître ainsi le soi du non-soi.

Mais en attendant d'être autonome, le bébé a besoin d'un tiers pour organiser son émotion et ne pas être envahi par l'angoisse.

Winnicott a établi la liste de ce qu'il appelle « les agonies primitives » du nourrisson (se morceler, ne pas cesser de tomber, ne pas avoir de relation avec son corps, ne pas avoir d'orientation, être isolé complètement parce qu'il n'y a pas de moyen de communication). Ces expériences existentielles traumatiques sont liées à l'immaturité du fonctionnement psychique de l'enfant.

À cause de l'absence d'intégrité corporelle et de la « mauvaise » délimitation dedans-dehors, le bébé est très sensible à la douceur ou à la brusquerie des gestes de celui qui s'occupe de lui.

Le *holding* (qui correspond au maintien physique de l'enfant par sa mère) protège le bébé d'expériences qui sans cela seraient particulièrement angoissantes, tandis que le *handling* désigne les soins physiques et utilitaires donnés à l'enfant mais aussi les contacts affectifs gratuits tels que les caresses, les échanges cutanés…

Les notions de *holding* et de *handling* sont fondamentales et si les gestes de maternage, le contact peau à peau sont indispensables au bon développement de l'enfant, ces gestes doivent aussi être colorés affectivement et habités de chaleur et de tendresse.

Ainsi, le bébé a besoin d'être porté par sa mère physiquement mais aussi psychologiquement.

André Green a décrit sous le terme de « complexe de la mère morte », une psychopathologie d'adulte, réactionnelle à l'absence de portage psychique du bébé par son entourage, et plus particulièrement par sa mère. Dans le passé de ces patients, on trouve une mère qui, pour une raison ou pour une autre, tombe dans un état dépressif. Cette dépression va s'inscrire au cœur même de la relation qu'elle a établi à son bébé et se traduire par un désinvestissement fantasmatique des soins qu'elle lui donne. La mère est présente physiquement auprès de l'enfant mais absente moralement.

Lorsque la relation maternelle est vide et désertique dès la naissance, le bébé présente ce que Léon Kreisler nomme « le comportement vide du jeune enfant ». Ces enfants ont un comportement vide d'affects et de représentations fantasmatiques.

« La pensée opératoire », décrite en 1963 par Pierre Marty, met en évidence chez l'adulte la carence des activités oniriques et fantasmatiques (les quelques représentations qui paraissent exister sont pauvres, répétitives, marquées du sceau de l'actuel et du factuel).

« L'alexithymie », décrite par P.E. Sifnéos en 1972, regroupe quatre principales manifestations cliniques : la limitation de la vie imaginaire, la tendance à recourir à l'action pour éviter ou pour résoudre les conflits, la description détaillée des faits, des événements et des symptômes physiques (accrochage à des situations concrètes), l'incapacité à exprimer verbalement les émotions et les sentiments.

« "Les malades psychosomatiques" sont ainsi généralement décrits comme présentant une limitation de l'activité imaginaire induisant une relation qui semble ignorer l'interlocuteur ("relation blanche"), une pensée tournée vers le concret, le factuel, une absence de mentalisation des conflits, une limitation des possibilités identificatoires… La plupart des malades considérés comme psychosomatiques présentent des traits alexithymiques. » [17]

Période symbiotique (2-6 mois) : le stade du précurseur de l'objet (Spitz)

Comme nous venons de le voir, l'enfant au début de sa vie se trouve dans un état de non-différenciation entre lui et le monde.

Spitz parle du stade anobjectal pour décrire cet état où il n'existe pas encore un Moi et un non-Moi et donc pas de sujet et d'objet distincts.

En fait pour qu'il acquiert son autonomie psychique, le bébé doit progressivement intérioriser et reprendre à son propre compte toute une série de fonctions qui, au tout début de la vie, sont assurées par un tiers externe.

À partir du 2e mois, l'univers de l'enfant commence à se différencier. À cet âge de la vie, il y a le début d'une prise de conscience d'un autre (c'est-à-dire d'un tiers différent de soi), mais cet autre n'est pas encore une personne globale (c'est-à-dire un objet libidinal tel que le décrit la psychanalyse).

Cet autre est avant tout une odeur, une voix, une manière d'être porté, un visage..., et c'est parce qu'il va y avoir une association de, toujours la même odeur, toujours la même voix, toujours la même manière d'être porté, toujours le même visage..., que, progressivement, le bébé va parvenir à rassembler toutes ses sensations éparses autour d'une même personne et être capable, aux alentours du 6e mois, d'identifier celle et ceux qui s'occupent de lui de manière élective.

Bien sûr le bébé connaît sa mère bien avant cette date, mais la mère représente pour lui un ensemble d'informations visuelles, auditives, olfactives, tactiles (et pourquoi pas gustatives) et c'est en fait à cet ensemble qu'il est attaché.

S'il ne perçoit pas encore sa mère comme un tout différencié de lui, la vue d'un visage humain déclenche chez le bébé, et d'une manière quasi automatique (98 %), une réponse caractéristique : le sourire. Tout le monde connaît cette expérience de Spitz devenue célèbre : le bébé sourit lorsqu'il voit le visage de sa mère mais fait de même lorsqu'on lui présente le dessin d'un visage.

Le sourire est en fait une réponse *gestalt* à l'ensemble front-nez-yeux-bouche (le tout vu en mouvement).

Comme le sourire de l'enfant peut être déclenché par un masque, Spitz dit que l'enfant se situe « au stade du précurseur de l'objet », car si l'enfant sourit à n'importe quel visage (et même à un masque), c'est qu'il ne perçoit pas encore une personne à part entière (un objet libidinal), mais seulement un signe (un indicateur *gestalt*) qu'il nomme « pré-objet ».

L'apparition du sourire en réponse à la présentation d'un visage humain constitue, pour cet auteur, le premier organisateur de la vie psychique.

Dès lors il y a mise en place d'une première esquisse de l'appareil psychique en systèmes conscient, préconscient et inconscient et un début de différenciation entre le moi et quelque chose d'extérieur.

Pour grandir le bébé a besoin d'une stabilité de son environnement psychoaffectif. Il est important que l'enfant parvienne à s'attacher à une personne à part entière (sa mère ou son substitut). Une relation stable et chaleureuse serait nécessaire à son bon développement et pour J. Bowlby, le besoin d'attachement serait même un besoin primaire, au même titre que les autres besoins.

La mère, en aménageant un environnement sécurisant autour de l'enfant, va lui permettre de prendre appui sur des repères extérieurs tels que la régularité des heures de lever, de coucher, des heures de repas... pour se structurer d'un point de vue interne mais aussi externe et construire ainsi sa relation au monde.

C'est parce que le bébé a toujours été nourri par sa mère au moment où il avait faim qu'il finira par anticiper la réponse de cette dernière et apprendra la patience.

Mais la frustration est elle aussi nécessaire au développement de l'enfant car c'est dans le décalage entre l'expression du besoin et la réponse qui lui est donnée que le bébé pourra créer ses propres capacités de gestion internes, capacités qui lui permettront de s'affranchir progressivement de sa dépendance à l'environnement.

D'autre part, lorsque la mère nomme pour l'enfant ses états affectifs en mettant des mots sur ses sensations, ses mimiques et sur sa gestuelle, elle l'aide à différencier ses émotions et à les rendre significatives.

Si le bébé pleure parce qu'il a faim et que la mère lui dit : « Tu pleures parce que tu as faim », progressivement le bébé saura que cette sensation désagréable se nomme « faim » et que le seul moyen d'y mettre un terme, c'est de prendre son biberon. Il éprouvera alors une autre sensation, celle du lait chaud qui s'écoule dans son corps, puis une autre encore, celle de la réplétion.

Petit à petit, grâce au décodage systématique de ses émotions par un tiers externe, le bébé parviendra à distinguer tout seul la sensation de faim, du plaisir de boire, du plaisir d'avoir bu… et ainsi de suite pour chacun de ses éprouvés subjectifs.

Grâce au « travail de triage » de l'adulte autour de l'émotion de l'enfant, à la fin du premier semestre, les états émotionnels du bébé se différencient et on assiste au passage progressif, d'une communication non intentionnelle à une communication intentionnelle.

SECOND SEMESTRE DE LA VIE : LE STADE OBJECTAL (6-12 MOIS)

Progressivement l'enfant sort de la symbiose avec l'adulte. C'est le moment de la séparation-individuation. À ce stade, il y a constitution d'un objet libidinal, c'est-à-dire d'un objet d'investissement des pulsions distinct de l'enfant.

Le bébé connaît sa mère, il éprouve du plaisir lorsqu'il la voit et réagit négativement à un visage qu'il ne connaît pas. Son sourire s'adresse désormais à une personne à part entière, c'est-à-dire bien différenciée de lui ; le bébé distingue la mère de l'étranger.

Mais, alors qu'il peut supporter des doses de frustration plus grandes que le nouveau-né, le bébé à cet âge de la vie peut devenir plus tyrannique.

Progressivement l'enfant prend conscience que son bien-être dépend d'un adulte bien particulier, que cette personne est séparée de lui et donc qu'elle peut disparaître. Il y a alors apparition de « l'angoisse du 8e mois » qui serait pour Spitz la première manifestation de l'angoisse proprement dite et qui traduirait, d'une part la prise de conscience de la dépendance à l'objet (en l'occurrence la mère) et d'autre part la peur de perdre cet objet.

« La peur de l'étranger » ne représente pas une réaction spécifique à une personne qui aurait été désagréable, mais il s'agit plutôt d'une prise de conscience de l'absence de la mère aux côtés de l'enfant. En effet si la mère est présente au moment où l'enfant voit l'étranger, le bébé ne pleure pas.

L'angoisse du 8e mois constitue, pour Spitz, le second organisateur de la vie psychique.

Sa résolution permet de dire qu'une nouvelle étape a été franchie dans la structuration de l'appareil psychique.

« La mère est devenue pour l'enfant "un objet total" : elle est perçue comme extérieure à l'enfant (différenciation Moi, non-Moi), comme objet unique (elle ne peut être confondue avec une autre personne), et comme "objet libidinal" (c'est-à-dire comme objet d'investissement des pulsions libidinales et agressives). » [22]

Ce progrès psychique peut s'évaluer de la manière suivante. Si l'on présente un objet attrayant à un bébé puis qu'on le cache sous ses yeux derrière une serviette, aux alentours de 6 mois le bébé ne soulèvera pas la serviette pour récupérer l'objet. Par contre, aux alentours du 9e mois, il en sera capable, ce qui veut dire qu'il a acquis « la permanence de l'objet ».

Concrètement, « la permanence de l'objet » permet à l'enfant de savoir qu'un objet continue d'exister même lorsqu'il ne le voit pas.

Cette étape de la construction psychique s'avère fondamentale au regard des angoisses qui sont liées aux expériences de séparation, car une fois « la permanence de l'objet » acquise, il y a passage de la perte à la séparation. Dès lors, le bébé pourra se séparer de sa mère sans trop d'angoisse car il sait désormais que cette dernière continue d'exister, dans un ailleurs différent de lui, et donc qu'il va la retrouver.

Bien évidemment, à cet âge, l'enfant se montre particulièrement sensible aux changements de ses habitudes de vie, aux changements de lieux de vie...

Plus l'adulte répond de manière rassurante à l'enfant et plus ce dernier aura de chances de dépasser ce moment de grande inquiétude et d'angoisse. Les jeux de « cache-cache » et de « coucou » permettent à l'enfant d'avoir une prise et de maîtriser par le jeu, les expériences souvent difficiles liées à la séparation.

Le recours aux phénomènes transitionnels permet lui aussi de mieux supporter l'absence de l'objet libidinal, jusqu'à la consolidation de sa qualité de permanent.

Le passage de la perte à la séparation dépend de la qualité des soins reçus : l'adulte par un maternage « suffisamment bon » va « remplir » l'enfant, qui pourra alors s'appuyer sur les bons soins qu'il a reçus, pour progressivement intérioriser l'image de la personne qui s'occupe de lui.

Ainsi et comme le montrent les travaux de W.R. Bion, de la qualité de la relation contenant-contenu dépend la capacité future à élaborer les sensations et les émotions, à tolérer l'angoisse et à penser.

Lorsque cette relation est défaillante ou de mauvaise qualité, on assiste à une « introjection » insuffisante de bons objets auxquels le moi pourrait s'identifier. L'insuffisance de l'identification à un bon objet introjecté engendre un moi faible, ce qui rend nécessaire l'utilisation d'un objet externe comme support du moi, notamment grâce à « l'identification projective ».

L'intolérance à l'angoisse, la dépendance excessive envers l'objet externe, le maintien pathologique de la « projection », la faiblesse du refoulement sont autant de manifestations symptomatiques de la pathologie limite de la personnalité.

Ces troubles issus d'une perturbation de la relation contenant-contenu obligent ces patients à se rassurer constamment en vérifiant, perceptivement, la présence de l'autre à leurs côtés.

Les sujets « limites » présentent une véritable intolérance à l'absence. Ne disposant pas d'une véritable autonomie psychique, ils souffrent d'une « incapacité à être seuls ». Ce manque d'autonomie les conduit à établir des relations d'objet de type anaclitique, c'est-à-dire fondés sur l'étayage.

Il y a, chez ce type de personnalités, une dépendance structurelle à l'objet externe.

La nécessité « vitale » et structurelle de dépendre d'un objet externe rend sa perte intolérable, de même que toute menace de séparation déclenche l'angoisse et ravive le désir de posséder et de maîtriser cet objet.

Pour certains patients, l'utilisation de substituts toujours libres et disponibles tels que la drogue ou la nourriture, permet de s'affranchir d'une dépendance à l'autre (alter ego) beaucoup plus dangereuse car beaucoup plus difficile à maîtriser...

Si l'on parle de troubles limites de la personnalité, c'est que la continuité psychique, la conscience du soi et de l'environnement sont mal établies et qu'il y a maintien d'une certaine confusion entre le moi et l'objet externe (mauvaise différenciation moi/autre).

Les sujets dits «narcissiques» cherchent pour leur part à convaincre le monde qu'ils se suffisent à eux mêmes, qu'ils sont totalement indépendants et donc qu'ils peuvent vivre en parfaite autarcie.

Il y a, dans ces affirmations toute puissantes, un autre moyen de lutter contre l'angoisse de perte de l'objet.

La notion d'identification projective à un objet idéalisé, introduite par Rosenfeld à propos du narcissisme, montrerait à la fois comment l'objet externe peut être idéalisé comme prolongement du moi et comment sa perte est ainsi évitée. Selon cet auteur, l'identification à l'objet idéalisé, en idéalisant le moi, engendre l'omnipotence qui permet la possession toute puissante de l'objet.

DEUXIÈME ANNÉE : LE STADE DES RELATIONS SOCIALES DIFFÉRENCIÉES

Avec l'acquisition de la marche aux alentours du 12ᵉ mois, les progrès psychologiques vont désormais être étroitement liés aux progrès moteurs.

À cet âge de la vie, l'enfant est de plus en plus conscient de ses besoins, il a donc de plus en plus envie de s'affirmer et il est amené à s'opposer aux adultes pour s'individualiser.

Prisonnier d'un mouvement de balancier, il oscille entre le désir d'autonomie et le besoin de dépendre. Ainsi, l'enfant part «explorer le monde» mais revient régulièrement se faire materner.

En fait, ses nouvelles possibilités vont lui créer de nouvelles contraintes (obéir, manger proprement, faire dans le pot...). Il rencontre alors les limites et les interdits.

La frustration de s'entendre dire «non» peut déclencher en lui un véritable ressentiment, une colère à l'égard de celle et ceux qui le frustrent. Cette frustration peut engendrer des sentiments d'opposition dont l'enfant se culpabilise souvent parce qu'il aime la personne avec laquelle il est en conflit et qu'il a peur de perdre son amour.

Pour résoudre la tension engendrée par l'interdit, l'enfant se met à imiter (par un mécanisme d'identification à l'agresseur), celui qui pose l'interdit. Il utilise d'abord le geste de dénégation de la tête, puis le «non» sémantique.

Pour Spitz, l'apparition du «non» constitue le troisième organisateur de la vie psychique.

Son apparition indique que l'enfant a fait un nouveau pas vers l'acquisition de son autonomie à l'égard de l'adulte : il s'affirme en s'opposant.

Au départ l'opposition au monde est globale car la différence se marque ainsi : l'enfant dit «non» à tout ce qu'on lui propose. Il marque donc grossièrement les limites et la différence entre lui et l'autre. Puis avec les progrès et la maturité psychique, ses «non» deviennent plus nuancés

À cette période, on remarque tout d'abord un sentiment d'appropriation, une jalousie exacerbée et un sens aigu de la propriété («c'est le mien»). Après la possibilité «d'avoir» vient la possibilité «d'être» et le «je» apparaît dans la foulée.

Dans le même temps, l'enfant entre dans une période de jeux et d'alternance de rôles qui indiquent, d'une part son besoin de s'identifier (pour structurer une préforme à son identité) et d'autre part son besoin d'affiner sa différence et donc de renforcer son sentiment d'exister.

L'apogée du jeu symbolique se situe aux alentours de 5 ou 6 ans et continue bien au-delà... Toutes les activités des adultes y passent. C'est le plaisir de faire comme les grands, d'accomplir en jouant ce qu'on ne peut pas faire dans la réalité.

La seconde fonction essentielle du jeu est de permettre à l'enfant de revivre des événements heureux ou malheureux, autant de fois qu'il le veut, en les transposant et en les remaniant à sa guise, ce qui lui permet d'en explorer tous les aspects en se plaçant expérimentalement à des points de vue différents. Il sera le papa, la maman, l'enfant, le maître ou l'élève alternativement...

Jouer ainsi permet de comprendre le point de vue de l'autre de l'intérieur et par conséquent de le dominer et de l'assimiler, aussi bien sur le plan intellectuel qu'affectif.

En se mettant à la place de l'autre, un conflit ou un événement trop lourds à porter d'un point de vue émotionnel peuvent être revécus autrement. Le conflit perd ainsi son côté dramatique. Il ne fait plus peur et peut même être complètement retourné.

C'est ainsi que l'enfant qui vient de se faire gronder par sa mère va gronder à son tour sa poupée et se décharger ainsi de toute l'agressivité qu'il n'a pas pu exprimer avec sa mère...

PÉRIODE ŒDIPIENNE

Avec le temps qui passe, l'enfant noue des relations différenciées entre son père et sa mère. Il va «charmer» le parent du sexe opposé et, avec la pensée magique, il croit que son désir va se réaliser.

Petit à petit, l'enfant prend conscience que son désir de prendre la place de l'autre (c'est-à-dire du parent du même sexe) est illusoire et progressivement il va y renoncer.

La période œdipienne est une période difficile où l'enfant n'est jamais satisfait et a peur d'être puni en retour («angoisse de castration»).

En fait, pour renoncer à son désir, l'enfant va s'identifier au parent du même sexe et construire ainsi son identité sexuelle (identité de genre). C'est un peu comme si l'enfant se disait : «Puisque je ne peux pas être à la place de maman, je vais être comme elle, m'approprier ses habitudes, ses attitudes, sa manière d'être...»

À la suite du complexe d'Œdipe, et avec sa résolution, on assiste à la mise en place d'une relation différenciée de type hétérosexuel à un objet devenu total.

L'enfant entre alors dans la période dite «de latence».

IDENTITÉ À L'ADOLESCENCE

L'adolescence constitue un retour à l'individualité et, de ce fait, elle mobilise ce qui a trait à l'identité.

Être adolescent c'est avant tout être soi, un, unique.

Pour cela, il faut que d'un point de vue intrapsychique s'individualise «un soi», dont l'unité, la cohérence et la stabilité soient suffisantes, pour lui permettre de s'adapter sans se dénaturer ou se déstructurer, et dont les caractéristiques lui soient propres, afin qu'il puisse assumer le fait d'être séparé et différent de tout autre.

Pour parvenir à constituer ce « soi », l'adolescent doit posséder un sentiment de sécurité interne, avoir foi en ses propres potentialités, ne pas douter de sa valeur fondamentale, valeur qui doit être suffisante pour susciter des investissements positifs de la part d'autrui et pour ne pas être remise en question lors de déconvenues narcissiques.

En fin de compte, le sentiment de sécurité interne qui s'est construit pendant l'enfance permet l'acquisition d'une confiance minimale dans le présent et l'avenir, et fournira à l'adolescent une raison suffisante de vivre, ainsi que la certitude que la vie a un sens…

Si l'intégration identitaire est réussie, l'adolescent (puis l'adulte) se sentiront « propriétaires » d'eux-mêmes (ils habiteront leur corps et leur psychisme), mais ils se sentiront aussi responsables et capables de s'engager dans des relations interpersonnelles sans prendre de risque (c'est-à-dire sans risque de confusion).

L'intégration identitaire permet de ne pas subir les influences externes mais, au contraire, d'être à même de choisir et de décider. Cela suppose, d'une part de se connaître soi et donc de connaître ses propres besoins, ses propres désirs et ses limites et, d'autre part de ne plus être tributaire de l'objet externe.

Pour l'adolescent, il s'agit donc d'accéder à l'interdépendance, niveau relationnel optimal, par opposition à la fusion, au collage, à l'étayage ou à la fuite de l'objet externe.

L'adolescent sera alors apte à réguler l'importance et la diversité de ses investissements (ce qui rejoint la notion de mobilité psychique), à supporter et à maîtriser l'absence et à jouir du plaisir d'être enfin autonome…

STRUCTURES DE PERSONNALITÉ

Fonctionnement limite

La sémiologie limite se caractérise par son étendue puisque le patient peut présenter n'importe quel symptôme ou n'importe quelle conduite appartenant au registre névrotique comme au registre psychotique.

Ce polymorphisme traduit en fait l'échec des symptômes à lier efficacement l'angoisse à une conduite pathologique particulière (ce qui permettrait au patient d'investir correctement les autres secteurs de sa vie).

Étant donné cette multiplicité, nous ne relèverons ici que les symptômes qui se manifestent d'une manière spécifique chez l'état limite.

Angoisse

L'angoisse est présente chez tous les états limites. D'intensité variable, elle peut se présenter sous forme paroxystique, avec la survenue de crises d'angoisse, accompagnées de leurs manifestations somatiques.

Mais le plus souvent, elle se manifeste sous forme diffuse et flottante, et donne lieu à un malaise existentiel très spécifique.

Les enveloppes psychiques n'étant pas bien fermées, on note une hypersensibilité à l'environnement, ce qui rend tout aussi spécifique la facilité avec laquelle l'angoisse envahit le sujet pour des facteurs déclenchants parfois insignifiants.

Ce manque de tolérance à l'angoisse liée à la faiblesse du moi est régulièrement signalée par les auteurs.

La nature de l'angoisse est, elle aussi, très particulière. Comme l'explique Bergeret, elle n'a pas trait au morcellement, à l'éclatement ou aux transformations physiques comme chez le patient psychotique, ni à la punition, l'échec ou la culpabilité comme chez le patient névrotique. Mais comme le résume D. Marcelli : « Il s'agit ici de la crainte de la perte du sens de la vie, de sa cohérence interne » [15].

Avec la confusion dedans-dehors, le moindre aléa de la vie du patient est ressenti par lui comme une menace, non contre son intégrité physique, mais contre sa cohérence interne et sa signification existentielle.

DÉPRESSION

La dépression est si régulièrement présente dans la symptomatologie limite que J. Bergeret isole une « dépression limite » qu'il considère comme l'élément central de cette organisation pathologique.

D'intensité variable, la dépression de l'état limite s'accompagne rarement d'un véritable ralentissement psychomoteur, même dans les formes les plus graves. Par contre, elle peut donner lieu à une réelle désadaptation du sujet, tant à la réalité externe qu'à la réalité interne.

En général, le patient ne ressent ni culpabilité ni sollicitude à l'égard de l'objet. Il éprouve plutôt un sentiment de colère, voire de rage froide ou bien un sentiment de désespoir et d'impuissance.

Les éprouvés de solitude et de vide se manifestent eux aussi de manière tout à fait spécifique. Comme le précise Marcelli : « Le vide est un état permanent : le sujet a le sentiment d'être différent des autres, de ne rien pouvoir éprouver et au maximum de ne pas être vraiment vivant. Il a l'impression d'agir mécaniquement sans être réellement concerné, ni par ses propres conduites ni par celles de son entourage » [15].

N'étant pas convaincus que leurs ressources internes sont suffisantes et pour « combler » le vide, ces patients s'étayent sur l'extérieur et établissent des relations d'objet de type anaclitique.

Pour d'autres, le vide constitue, au contraire, un retrait défensif contre la menace issue de relations interpersonnelles trop étroites. Bien que mal vécus, le vide et l'ennui sont préférés au sentiment de dépendance à l'objet externe ou de perte de cet objet. Cette attitude traduit les fantasmes d'autosuffisance et d'omnipotence dont nous avons déjà parlé.

PASSAGE À L'ACTE

Le risque suicidaire chez l'état limite est toujours important, d'autant plus important que ce type de personnalité connaît une forte tendance au passage à l'acte.

Ce système de décharge dans l'agir, c'est-à-dire dans le comportement témoigne, d'une part de la difficulté d'élaboration et de symbolisation du patient et d'autre part de la porosité des limites.

Le passage à l'acte peut se manifester aussi bien dans la vie sociale (rupture soudaine d'un contrat de travail alors que l'employeur et le patient lui-même semblaient satisfaits), que dans la vie affective, notamment par une succession de relations sexuelles initialement idéalisées.

Certains passages à l'acte sont plus nettement pathologiques. Il s'agit des fugues intempestives, des décharges de violence, des conduites délinquantes ou des conduites sexuelles impulsives ou chaotiques. À l'extrême, ces conduites peuvent évoquer la psychopathie.

Les passages à l'acte autoagressifs sont eux aussi très caractéristiques. La phlébotomie en est l'exemple type.

Bien que moins directement suicidaires, les prises de toxiques, les épisodes d'alcoolisme aigus ou les accidents graves de la circulation entrent dans le cadre des passages à l'acte autoagressifs.

Le patient ne connaît pas toujours la motivation de tels actes et *a posteriori*, il lui arrive de les regretter. Au moment du passage à l'acte, le sujet est en accord avec sa conduite. Non seulement il ne la critique pas, mais il peut même en éprouver une satisfaction pulsionnelle directe.

En dehors de ces crises, il se montre au contraire lucide et critique.

Cependant, ce jugement, parfois même sévère, n'a aucun impact sur le passage à l'acte suivant.

Relation de dépendance

Alors que l'état limite présente une très nette instabilité, il peut à l'inverse se montrer extrêmement soumis, que ce soit envers une personne (volontiers la mère), ou envers une substance telle que la drogue ou l'alcool.

Mais si l'objet initialement idéalisé ne répond plus aux exigences du sujet, il devient alors, brutalement et sans transition, source d'agressivité, haï ou rejeté.

PSYCHOSE

Le diagnostic différentiel entre psychoses et états limites s'avère parfois délicat dans la mesure où de nombreux mécanismes de défense sont communs aux deux structures.

Toutefois, les fonctions remplies par ces mécanismes ne sont pas identiques dans les deux cas. Par exemple chez le psychotique, le clivage a pour but de prévenir la discordance et le délire.

Dans la psychose, les supports internes et externes n'étant pas suffisants, le sujet doit se protéger de la rupture des liens avec lui-même et de « la destructivité » qui touche à la fois le sujet et l'objet.

Dans la psychose, le clivage protège le patient d'une perte totale des frontières du moi et des redoutables expériences de fusion.

Chez l'état limite, le clivage n'a pas ce rôle. Ici, il permet d'éviter l'ambivalence (qui conduirait à la destruction des introjections et des identifications positives), et de se soustraire à la souffrance dépressive.

D'autre part, chez l'état limite, le clivage n'évacue pas l'angoisse aussi efficacement que chez le psychotique car il fait souffrir le patient en rendant ses affects superficiels, chaotiques ou lointains, l'empêchant ainsi d'établir des relations interpersonnelles satisfaisantes.

Les mécanismes de défense n'assurant pas les mêmes fonctions, leur interprétation au cours des entretiens ne produit pas les mêmes effets.

Ainsi chez le psychotique, la mise à jour des défenses augmente la confusion entre le moi et le non-moi, accentue l'angoisse et finalement aggrave les troubles, notamment la discordance et le délire.

Chez l'état limite, au contraire, le repérage des défenses permet une meilleure perception de la réalité.

NÉVROSE

Le complexe d'Œdipe demeure, pour la majorité des auteurs, le dispositif qui assure la normalisation psychique, en particulier en ce qui concerne sa position sexuelle.

Dans le cadre de la névrose, ce qui peut manquer se situe au niveau de la différence des sexes et l'on parle donc d'angoisse de castration.

On distingue deux grandes névroses, la névrose hystérique et la névrose obsessionnelle.

Dans *l'hystérie*, «Le conflit se situe essentiellement entre l'amour et la sexualité. Les histoires d'hystériques sont des histoires d'amour, amour contrarié où la sexualité est difficilement intégrée. Il y a un contraste profond entre le désir d'être aimé et l'importance de la sexualité dans une érotisation permanente des relations. La séduction réelle ou fantasmatique est toujours au premier plan. L'hystérique se vit le plus souvent comme la victime innocente de tentatives de séduction dont elle méconnaît la part active qu'elle y prend. Pour l'hystérique, le sexuel vient de l'autre, de l'adulte "pervers" qui cherche à abuser d'elle sexuellement… La séduction hystérique cache des angoisses profondes quant à la sexualité accomplie. Frigidité et impuissance sont fréquentes. L'angoisse de castration et l'angoisse de pénétration chez la femme en sont responsables.» [19]

Ainsi, chez l'hystérique, le langage pour obtenir la satisfaction régressive est érotisé. Il y a de fait une ambiguïté car l'hystérique «érotise» la relation à l'autre mais, dans le même temps, elle repousse celui qui, se laissant prendre au jeu, formule en réponse à cette demande de satisfaction régressive une réponse à caractère sexuel.

L'hystérie n'est pas une pathologie exclusivement féminine. Elle peut concerner l'homme.

Dans la névrose obsessionnelle, «Le conflit est un conflit d'ambivalence entre l'amour et la haine. Le plus souvent la haine est refoulée mais fait retour dans les symptômes.» [19]

L'agressivité est présente mais le traitement du conflit s'effectue par le biais de la «formation réactionnelle» ou de «l'annulation».

Tous les mécanismes de défense ont pour principale fonction le maintien à distance des affects, ce qui se traduit par une froideur du contact et une certaine rigidité psychique.

Dans le cadre thérapeutique, le patient résiste au transfert. Son manque d'implication affective s'explique par un surinvestissement de la pensée et donc des mécanismes d'intellectualisation. Le patient cherche à tout contrôler et à maintenir la relation à l'autre exclusivement sur le plan intellectuel.

«La maxime obsessionnelle pourrait être : chaque chose à sa place et une place pour chaque chose.» [19]

BIBLIOGRAPHIE

[1] Anzieu D. — *Le Moi-peau*. 2e éd., Dunod, Paris, 1995.

[2] Bergeret J. — *La personnalité normale et pathologique*. Dunod, Paris, 1974.

[3] Bergeret J. — *La dépression et les états-limites*. Payot, Paris, 1975.

[4] Bergeret J. — *La violence fondamentale*. Dunod, Paris, 1984.

[5] Bideaud J., Houde O., Pedinielli J.L. — *L'homme en développement*. PUF, Paris, 1993.

[6] Bion W.R. — *Aux sources de l'expérience*. PUF, Paris, 1979.

[7] Bowlby J. — *Attachement et perte*. Vol 3 : La perte. Tristesse et dépression, PUF, Paris, 1980.

[8] Brazelton T.B. — Le bébé partenaire dans l'interaction. In : La dynamique du nourrisson. T.B. Brazelton *et al.* ESF, Paris, 1982.

[9] Green A. — *Narcissisme de vie, narcissisme de mort*. - Édition de Minuit, Paris, 1984.

[10] Kernberg O. — *La personnalité narcissique*. Privat, Toulouse, 1980.

[11] Kernberg O. — *Les troubles limites de la personnalité*. Privat, Toulouse, 1979.

[12] Kohut H. — *Le soi. La psychanalyse des transferts narcissiques*. PUF, Paris, 1974.

[13] kreisler L. — *Le nouvel enfant du désordre psychosomatique*. Privat, Toulouse, 1981.

[14] Laplanche J., Pontalis J.B. — *Vocabulaire de la psychanalyse*. PUF, Paris, 1967.

[15] Marcelli D. — *Les états limites en psychiatrie*. PUF, Série Nodules, Paris, 1981.

[16] Marty P., M'uzan M. — La pensée opératoire. *Revue française de psychanalyse,* Gallimard, 1963, n° 27.

[17] Pedinielli J.L. — *Psychosomatique et alexithymie*. PUF, Série Nodule, Paris, 1992.

[18] Poussin G. — *La pratique de l'entretien clinique*. Dunod, Paris, 1994.

[19] Séchaud E. — La névrose. Perspectives psychanalytiques. *Psychologie Clinique et Projective*, Actualité de la névrose, vol. 4, 1998.

[20] Spitz R. — *De la naissance à la parole. La première année de la vie*. PUF, Paris, 1958.

[21] Spitz R. — *Le Non et le Oui, la genèse de la communication humaine*. PUF, Paris, 1957.

[22] Tourette C., Guidetti M. — *Introduction à la psychologie du développement*. Armand Colin, Paris, 1995.

[23] Winnicott D.W. — *De la pédiatrie à la psychanalyse*. Payot, Paris, 1962.

[24] Winnicott D.W. — *Jeu et réalité. L'espace potentiel*. Gallimard, Paris, 1971.

[25] Winnicott D.W. — *L'enfant et sa famille*. Payot, Paris, 1957.

[26] Winnicott D.W. *Processus de maturation chez l'enfant*. Payot, Paris, 1962.

9

La douleur et ses paradoxes

P. Decourt

C'est un fait considérable que la douleur éprouvée ne soit jamais proportionnelle à l'importance du désordre qui la cause, qu'un rien parfois fasse souffrir plus qu'une lésion grave.

Paul Valéry

La douleur fait partie intrinsèque de l'existence humaine, au même titre que le plaisir auquel, nous le verrons plus loin, elle est constamment reliée. Depuis la naissance, épreuve pour la mère certes, mais tout autant pour le nourrisson, jusqu'à la mort qui, la plupart du temps, s'accompagne de souffrances plus ou moins fortes, la vie du sujet se poursuit constamment sur un mode où les affects, et surtout les plus difficiles, portent l'empreinte de la souffrance.

Jacques Caïn

La déformation du visage du personnage peint par Rembrandt dans la fameuse scène de l'extraction d'une pierre du crâne d'un pauvre bougre illustre avec une infinie justesse l'éprouvé effroyable du patient, dont on ne sait à l'observation de la toile s'il est l'objet d'une horrible torture ou d'un traitement salvateur. Sa mimique est comme figée, paralysée par l'intensité d'une force qui le submerge, l'envahit, le rend fou ; fou de douleur ! Son regard fait d'une incompréhension pathétique et d'une soumission absolue, rajoute encore à sa laideur.

La douleur a un pouvoir de transfiguration de l'être, de transformation de ses traits, au point de rendre celui qui souffre méconnaissable. Cette transformation de l'apparence propre au douloureux s'exprime avec un génie particulier chez un autre peintre, Francis Bacon. Ses personnages qui sont la plupart du temps des autoportraits sont soumis au pouvoir désidentifiant de la douleur. Leurs contours soumis à des effets de glissements, de dédoublements infinis par le jeu de perspectives sans fin en font des sujets irréels, méconnaissables, sans âme, tout à leur malheur ; ils sont hors du temps et de l'espace, suspendus à un destin qui les dépasse. Leur regard est illuminé par le poids de l'énigme qui les traverse.

Nous n'envisagerons pas les conséquences de la douleur physique, celles figurées par le personnage de Van Eyck, mais celles plus psychiques qui jaillissent des tableaux de Bacon pour faire quelques hypothèses concernant leur retentissement sur l'activité de pensée.

Nous verrons que si les conséquences psychiques de la douleur sont infinies, elles se repartissent selon deux axes : selon qu'elles se manifestent par un effet de déliaison, responsables d'une désorganisation plus ou moins accusée de l'activité psychique, ou selon qu'elles permettent une intégration de la douleur qui va engendrer des effets de liaison, renforçant cohésion et relance de l'activité psychique. À ce titre, nous examinerons le rôle du masochisme et son pouvoir de transformation de la douleur en plaisir.

INCIDENCES MENTALES DE LA DOULEUR

DOULEUR ET DÉLIAISON

C'est le potentiel effractif de la douleur, définie par Freud comme pseudopulsion en référence à la poussée constante de cette dernière, qui crée par le trop d'excitation éprouvé, une sorte de court-circuit de l'activité représentative, et sidère le fonctionnement psychique dans son rôle d'intégration et de soulagement du déplaisir. La saturation du potentiel de figurabilité sous la poussée nociceptive désorganise plus ou moins durablement cette partie de nous-même qui nous permet habituellement de mettre en images, puis en mots, les expériences subjectives faites de déplaisir ou de douleur. Le fusible que constitue l'activité de mise en représentation de l'événement grille. La souffrance va alors être drainée vers d'autres voies d'expression que nous examinerons. Les réponses à la douleur vont être de natures variées : régression, clivage, somatisations, désorganisation du sentiment d'appartenance et son corollaire, la perte du sentiment de continuité psychique. La surtension aura des conséquences d'autant plus sérieuses que le moi n'aurait été en rien préparé à une telle occurrence.

C'est dans cette conjoncture de non-préparation, de non-anticipation de l'événement que le potentiel traumatique de la douleur aura les conséquences les plus noires. Moins le moi aura pu anticiper l'effraction, plus l'impact traumatique sera conséquent. La «jachérisation» des processus de pensées, l'effacement des traces mnésiques seront les conséquences de ce «blast» de la pensée, d'autant qu'aucune sommation n'aura suscité quelque vigilance du système perception-conscience. Paralysé dans son rôle d'intégration de l'événement dans une chaîne représentative, le moi souffre. Véritable inclusion désorganisatrice à l'articulation du soma et du psychique, la douleur opère un écartèlement entre l'excitation traumatique et les processus de secondarisation empêchant à l'inscription de l'expérience de «s'historiciser» et de pouvoir s'inscrire dans un récit et se transmettre. L'impact de la douleur cible l'articulation entre le potentiel de figurabilité et le langage.

Selon une formule plus saussurienne, on pourrait dire que le rapport du signifiant sur le signifié se dissout, se fragmente sous la pression nociceptive, empêchant l'inscription de la douleur dans une lignée représentative à laquelle des souvenirs viendraient s'articuler pour en comprendre la causalité et en mesurer les conséquences, afin, en les transformant, de les rendre supportables.

Paradoxalement, plus le rapport signifiant/signifié est affecté par le poids traumatique de la douleur, plus celle-ci devient muette, et du coup, plus le sujet s'enfonce dans la détresse. Le trop de douleur rend silencieux, opère dans ses formes extrêmes une sidération psychique. L'expérience douloureuse peut rendre amnésique !

Dans le même ordre, il est communément admis que la douleur rend fou. Lorsqu'un certain seuil est franchi, le potentiel désorganisateur altère parfois de manière irrémédiable l'intégrité mentale ; devenir fou de douleur, ou d'amour, nous renvoie à ces situations de drames qui dépassent en intensité toute possibilité de mentalisation. Le déplacement brutal de la libido vers le point d'appel douloureux à quelque chose de profondément désorganisateur. Les événements du quotidien en attestent, à la lecture de certains épisodes de la Shoah ou plus proche encore, à l'écoute du récit des derniers événements qui ont enflammé l'actualité (guerres, attentats…). Parmi ces drames, le récit des tortures infligées aux prisonniers révèle comment un seuil de douleur reste infranchissable. Au-delà de celui-ci, le risque est grand d'engendrer des troubles de l'activité du Moi, avec des conséquences incalculables. La perte de connaissance, forme ultime d'évasion face à la torture, marque la limite de nos possibilités à supporter l'impensable. Rester en vie, en se soustrayant aux exigences de notre propre corps, et à celles des tortionnaires, voilà la finalité de la perte de connaissance. S'autodissoudre en quelque sorte sous le joug de l'insupportable reste paradoxalement l'ultime espoir de rester en vie. La douleur est desubjectivante ou on pourrait dire que, dans ces formes extrêmes, elle est dépersonnalisante.

Absence et perte

Si le trop, l'excès a un effet désorganisateur par la douleur qu'il fait surgir, l'absence ou la perte de l'objet supposé apporter une réponse salvatrice fait défaut, les conséquences n'en seront pas moindres. La douleur, par défaut ou insuffisance de l'objet, est susceptible d'avoir des conséquences plus dramatiques encore que celles causées par l'événement traumatique lui-même. Examinons quelles peuvent être ces insuffisances. Il suffit d'observer la réponse qu'une mère apportera à son enfant soumis à un déplaisir intense quelle qu'en soit la nature, pour constater que l'adéquation de cette réponse aura des effets significatifs, indiquant entre autre que la synergie existe bien entres les deux êtres qui ont recours à des modes de communication assez primitifs. La détresse de l'enfant trouvera à s'apaiser si la réponse de la mère est adéquate, en particulier si celle-ci a pu anticiper les besoins de son enfant. À défaut, l'absence de réponse engage un processus assez désorganisateur qui conduit l'enfant à l'utilisation de modes de réactions plus ou moins spécifiques, plus ou moins préjudiciables à son développement. La douleur éprouvée n'est alors pas indemne d'angoisse [1], pour conduire finalement à un désespoir se transformant progressivement en un processus dépressif sévère.

Ce modèle de la perte d'objet est précisément celui que Freud développe dans son texte *Deuil et Mélancolie*. C'est le paradigme de la perte qui va fournir l'occasion d'un développement du thème de la douleur morale telle qu'elle s'observe chez le mélancolique. Fruit de la perte d'un objet narcissiquement investi, la douleur morale condense en elle seule toute psychopathologie de l'expérience de la perte. Elle engendre un mouvement de repli de la libido sur le moi. « L'ombre de l'objet perdu s'abat sur le moi», écrira Freud, pour assombrir la vitalité de celui-ci, qui dans cet objet perdu trouve le modèle de son propre malheur. S'accomplit un mouvement de liaison désespérée avec l'objet perdu, liaison dont la douleur est le fil conducteur. La douleur constitue précisément ce qui le relie pour l'éternité parfois, à l'objet disparu et tant aimé, dont il épouse le destin, jusque dans le suicide. On observe que la douleur morale, celle du mélancolique et parfois dans d'autres conjonctures cliniques, a paradoxalement une vertu «connective». Elle tisse et développe un lien à l'objet perdu et dans une intériorisation appropriative, tente de ranimer l'objet et de maintenir vivantes les traces de celui-ci dans le meilleur des cas. À défaut, le mélancolique sombrera dans la commémoration cruelle et infinie de son absence. Si le processus mélancolique nous intéresse, c'est qu'il objective une fonctionnalité différente à la douleur. De délabrante et désorganisatrice dans sa forme première, par le trop plein excitation auquel est soumis le moi, nous la découvrons avec le modèle mélancolique comme une alliée participant à la survie de l'objet perdu. En s'efforçant de réanimer la présence de l'objet perdu, elle a, paradoxalement, une fonction antideuil.

Toute douleur ébranle les assises narcissiques, fait vaciller à des degrés divers le sentiment d'intégrité psychique et physique. Elle désarçonne en nous l'idée toujours enfouie d'une immortalité qui puiserait ses racines dans la toute puissance infantile. À ce titre, elle entretient des rapports particuliers avec les fondements de notre identité. Rapports contrastés, antinomiques; nous avons vu que l'excès nociceptif désorganise, altère la représentation que le sujet a de lui-même; nous verrons plus précisément qu'elle joue un rôle dans le maintien du sentiment d'existence dont le masochisme est la forme la plus aboutie.

Bacon, mieux que personne au cœur d'un isolement terrifiant, peint des personnages à la limite de la désagrégation, déformés. Il suggère que la transformation de leurs contours est le fruit d'une modification de la perception qu'ils ont d'eux-mêmes, sous l'emprise de la douleur, et dont l'alcool n'a pu venir à bout. La douleur rendrait-elle méconnaissable? L'œuvre de Bacon n'est elle pas une tentative de cerner les déformations que la douleur fait subir à ces corps et ses visages devenus subitement étrangers, en cherchant à les rendre plus familiers?

Examinons maintenant quelles sont les procédures à la disposition du moi pour soit se soustraire à l'événement douloureux et à ses conséquences, soit le rendre supportable, soit le transformer.

Dramatisation et jeu

La dramatisation de l'expérience douloureuse est une sorte de mise en scène d'un conflit entre l'aspiration à une sorte de quiétude interne nécessaire au sommeil par exemple, animée par la volonté toujours présente de réduire à zéro les tensions intrapsychiques, et la confrontation avec les exigences du réel, qui impose une vigilance de chaque instant. La dramatisation de l'expérience douloureuse est une tentative de décharge, d'abréaction, d'expulsion salutaire d'une tension par la projection de celle-ci. Manière souvent habile de prendre l'autre à témoin de l'expérience vécue, et de l'entraîner parfois malgré lui dans le drame en cours. Cette dramatisation ne peut se concevoir en dehors de la présence d'un tiers. L'autre, d'abord spectateur, devient acteur de la scène. Le jeu auquel il est convié constitue une sorte de traitement de la douleur dont la vertu symbolisante soulage l'éprouvé et offre la possibilité de donner sens au trouble en fonction de ce qui sera restitué au sujet souffrant.

La projection participe grandement au soulagement du moi en expulsant au dehors la douleur ressentie, et son potentiel de destructivité qui en fait une messagère de la pulsion de mort. Mais cette évacuation salvatrice n'est pas sans conséquence pour l'intégrité narcissique. Elle constitue une amputation. Elle oblige le moi à se défaire d'une partie de lui-même, qu'il propulse au dehors et dont il se dessaisit. En la répudiant, le moi se défait, se délite, en des proportions parfois considérables, au point dans ce mouvement, nous y faisions allusion, qu'il peut s'y perdre, c'est-à-dire y engloutir sa spécificité. La « délégation » de la douleur promue par la projection peut avoir un destin particulier. Le récipiendaire sera non seulement le porteur à son insu d'une douleur morale, d'un deuil par exemple, dont il méconnaîtra le sens et l'origine, mais encore il en méconnaîtra parfois les effets sur son propre appareil psychique. Les travaux portant sur la transmission trans- et intragénérationnelle des conflits inconscients montrent comment des pathologies généralement de niveau psychotique procèdent de ce phénomène. La transmission s'effectue par la mise en œuvre des modèles de communication assez spécifiques à la faveur d'identifications primaires, aliénantes, excluant le jeu ambivalentiel des investissements de l'objet aimé.

Plus habituel le rôle des mères habituellement attentives à la douleur de leur bébé au point parfois d'introjecter pour leur propre compte la douleur éprouvée par leur enfant et d'en ressentir par procuration les effets. Il n'est que d'observer le visage d'une mère dont le bébé souffre pour constater à sa mimique ce dont elle est capable en « s'appropriant » la douleur exprimée par les vociférations et les rugissements de son enfant. Le partage de l'expérience douloureuse a des vertus cathartiques, mais pas seulement. Il soulage l'enfant et définit les contours d'une identification croisée nourrie par la communauté de la souffrance, et d'un échange précieux entre la mère et son enfant. La douleur a des vertus singulières en ce qu'elle contribue dans ces conjonctures à établir un échange, une communication primitive. Le cri est le paradigme de cette communication. Il alerte sans défaut du danger qui menace l'enfant, dès que la douleur dépasse pour le bébé le seuil du supportable. Communication primitive certes, mais qui dit toujours la vérité ; affect pur, le cri engendré par la douleur est un appel, il exige une réponse.

Le défaut de réponse constitue un traumatisme souvent plus désorganisateur que l'événement causal. La détresse éprouvée par l'enfant témoigne d'une impossible décharge vers le dehors de l'excès de tension psychique, soit parce qu'il ne peut trouver les ressorts suffisants à cette action, soit que personne ne mesure le degré de son attente ou de sa souffrance. L'impact de la douleur menace les limites qu'il tente de construire entre son intériorité et le dehors. Il y va de la survie de son identité en voie de construction si aucun espoir d'apaisement ne lui est proposé. La dramatisation de l'expérience appelle à un partage de la douleur, sollicite une réponse, et suppose que la douleur ait pu être reconnue. Dans le cas contraire, l'hallucination de l'objet absent lui apportera un soulagement éphémère. Ultime recours. La « présentification » hallucinée de la satisfaction recherchée pourra un temps calmer sa douleur ; un temps seulement ! D'autres mécanismes se substitueront pour canaliser la douleur et ses excès.

Somatisations

À défaut de réponse la décharge empruntera alors d'autres voies ; les voies de la somatisation souvent aussi impénétrables que celles du Seigneur. La faillite de l'agir, à projeter au dehors dans un acte parfois violent l'impensable de l'expérience douloureuse, ou le défaut de réponse adaptée, vont conduire dans certaines circonstances le moi à introjecter les effets de la tension douloureuse. On assistera à une infiltration des organes dans une sorte de retournement pulsionnel destructeur par une tension préjudiciable au fonctionnement de l'organe visé. Si la tension intrapsychique est insurmontable et ne peut trouver à s'apaiser que dans la mise en jeu d'une motricité salvatrice, elle va envahir certains organes d'une tension extrême susceptible d'engendrer des lésions irrémédiables, dont les psychosomaticiens ont étudié les mécanismes inconscients. Freud avait dressé la voie d'une telle recherche en évoquant le rôle de « la complaisance somatique », qui fournirait un support privilégié à l'expression symbolique du conflit psychique, soucieux qu'il était de comprendre pourquoi tel ou tel organe devenait alors l'objet d'un choix spécifique. Le concept d'autoérotisme dessine une perspective dynamique qui indique comment le plaisir procuré par le fonctionnement de tel ou tel organe draine à lui en raison de la culpabilité inconsciente liée à l'exercice de ce plaisir, les éléments destructeurs contenus dans la pulsion de mort.

L'organe et la douleur qui l'affecte deviennent les messagers d'un dysfonctionnement profond. Témoin ultime d'une désorganisation du processus de symbolisation, l'organe malade condense en son centre la causalité et son expression morbide. Il est décrit comme : « le morcellement du corps emporté par une lame de fond à laquelle on ne peut résister et soudain le désinvestissement de son corps vide clivé absent, étranger à soi, ou plus rien n'existe que la douleur » [3].

Le repli sur des positions narcissiques constitue un des modes de résistance (au sens guerrier du terme) à la désintégration, à l'effraction du moi par le trop d'excitation. L'activité de pensée est hors circuit, les effets de deliaison de la douleur entraîne une sorte de démentalisation. La réflexion doit porter sur les fondements de l'activité psychique dans leur articulation avec le soma.

Absence de douleur

Face à des situations au fort potentiel douloureux, l'absence de manifestation douloureuse objectivable constitue une des modalités de défense du moi. Pour supporter la douleur, il se trouve dans la nécessité de se déformer. Il peut être ainsi capable d'abandonner une partie de lui-même pour survivre psychiquement. C'est le rôle du clivage du moi que de procéder à cette amputation plus ou moins grande de son territoire. Pour autant les liens avec la partie tenue à l'écart ne seront pas toujours rompus de manière irréductible. En particulier, le travail analytique peut parfois révéler que cette partie exilée ne demande qu'à être réhabilitée, si tant est qu'elle ait pu trouver à être réinscrite dans l'histoire du sujet. C'est en particulier dans l'après coup de la cure que l'événement causal peut prendre toute sa signification et accéder alors à sa dimension symbolique. La réintégration de la partie clivée ou simplement refoulée enrichit le moi d'une expérience nouvelle qui lui appartient.

Malheureusement les choses ne se passent pas toujours ainsi ! En effet dès que les liens d'appartenance sont rompus, rien n'encourage le sujet à reconnaître que la partie douloureuse dont il s'est artificiellement séparé, lui appartient en propre. C'est un véritable déni que le moi met en place, déni de la réalité de sa souffrance et de ses angoisses qui constituent de fait des menaces pour son intégrité narcissique. La fonction du déni est marquée par son absolutisme. Elle procède d'un partenariat bien orchestré avec le clivage auquel il apporte son concours. Plus spécifiquement à l'œuvre dans les structures perverses ou psychotiques, Freud à leur sujet fera tardivement état de son pessimisme en affirmant que leurs effets ne feront que s'accroître avec le temps, que la déchirure ne fera que s'étendre.

L'efficacité de ces procédés défensifs a quelque chose d'enviable, si ce n'est qu'ils appauvrissent la fonctionnalité du moi et engendrent une perception assez distordue de la réalité.

Paul Valéry comme cela était cité en exergue avait noté avec d'autres que la réaction psychique et parfois physique à la douleur n'avait en intensité rien à voir avec ce qui la déclenchait. On observera que ce phénomène est assez fréquent. Cependant il nous est permis d'être perplexe face à la douleur de quelqu'un qui, à l'occasion de la disparition d'un proche, ne manifestera apparemment aucune peine particulière, mais qui *a contrario* face à un de ces faits divers qui remplissent les magazines, développera un véritable état dépressif. La réaction est pour le moins paradoxale. Freud, en mettant en exergue le concept d'après coup, montrera comment les affects primitivement contenus, refoulés ou déplacés, peuvent de manière inattendue surgir, à la surprise générale. On ne peut comprendre ce phénomène pourtant bien commun qu'en procédant comme Freud, qui puisait dans l'examen des cas pathologiques la source de son inspiration théorique.

Aussi, après Racamier et de nombreux auteurs, nous introduirons le concept de paradoxe pour dire combien le moi est susceptible de se déformer, de développer des stratégies de communication complexes pour essayer « d'organiser l'insoluble ». Il s'agit d'éviter la conflictualité qui mettrait le moi en danger. Se développeront dans ce but un mode de pensée, un mode défensif, et un mode relationnel particulier. Ce qui est alors visé, c'est la mise à l'écart de l'ambivalence qui impose un travail coûteux au moi face à l'intégration de modèles identificatoires opposés donc conflictuels, dont la bisexualité psychique est un des aspects. Redoutée par dessus tout, l'expérience de la perte, du deuil de l'objet narcissiquement investi dont la disparition signerait l'effondrement de toute assise identitaire. Traiter paradoxalement la douleur sera le fait de grands schizophrènes, s'automutilant pour avoir la certitude d'éprouver quelque chose et d'avoir la certitude d'exister en se détruisant. Nous ne sommes pas éloignés du fonctionnement des toxicomanes dont l'existence menacée se trouve ragaillardie dans la défonce.

DOULEUR ET PLAISIR

On ne peut parler de la douleur du point de vue psychanalytique sans évoquer une composante essentielle pour sa compréhension que constituent le masochisme ou plutôt les masochismes.

De la délectation morose au masochisme de démonstration tel que Masoch l'a décrit dans *La Vénus à la Fourrure*, cette forme de plaisir se retrouve dans la psychopathologie de la vie quotidienne la plus banale, sous l'une des trois formes que Freud a décrites dans son article de 1924 (« Le problème économique du masochisme »), à savoir le masochisme féminin, le masochisme moral, et le masochisme érogène.

Le masochisme défini primitivement comme satisfaction liée à la souffrance subie ou recherchée par le sujet prend, avec Freud, une extension nouvelle et devient un opérateur déterminant pour la compréhension de certaines phases du développement psychoaffectif et certaines modalités du plaisir.

Parce que issu du champ des perversions, le masochisme est porteur à ce titre d'un certain nombre de malentendus toujours présents. Puisé dans la psychopathologie des perversions sexuelles, il recouvre en réalité une multiplicité d'entités cliniques, concourant à maintenir un certain degré de complexité. Le masochisme n'est pas seulement assigné au registre des perversions sexuelles ; sa complexité et son polymorphisme font qu'il constitue à la fois une énigme et un paradoxe pour la pensée, ce que Freud souligna dans le « Problème économique du masochisme » ; « On est en droit, dit-il, de trouver énigmatique du point de vue économique, l'existence de la tendance masochiste dans la vie pulsionnelle des êtres humains. »

Comme tous les concepts, Freud fait travailler celui de masochisme et en le faisant évoluer il participe à perpétuer le malentendu initial, à maintenir sa charge énigmatique. Il en fera une instance déterminante montrant la relation dialectique qui s'institue entre le principe de plaisir, guidé par la recherche de satisfactions immédiates et le masochisme mu par la quête de la douleur. Plaisir et douleur entretiennent des rapports de complémentarité relatifs, d'intrication plus ou moins dosés, indispensables au maintien d'une forme d'équilibre dont le masochisme est l'artisan et le régulateur. L'amour dans ses formes pas uniquement passionnelles en atteste.

Nous ne pourrons ici développer tous les aspects du masochisme [2] sauf à essayer de souligner l'importance du masochisme dans la structuration du moi. C'est la fonction du masochisme érogène que d'érotiser la destructivité (la coexcitation libidinale) en permettant à la pulsion de mort de s'intriquer dans un ensemble organisé, en perpétuelle mutation qu'est le moi. C'est cette fonction essentielle et originale attribuée au masochisme dont on saisira la dimension structurante qui a fait dire à B. Rosenberg que le masochisme est « le gardien de la vie psychique ». Ce noyau masochique, s'il assure la pérennité et la stabilité interne, concourt au maintien de l'identité.

Ainsi on peut dire que la douleur participe à la structuration de l'intériorité. Elle construit une délimitation fragile perpétuellement menacée d'effraction entre deux univers, celui de l'appareil psychique, et celui du monde extérieur. Participant à la différenciation du dedans et du dehors, la douleur source de sensations et d'éprouvés infinis, offre quelque chose de vital dans la prise en considération de notre perception interne. Elle organise une stabilité délimitative entre l'univers psychique et le dehors. Cette délimitation jamais totalement acquise est garantie et relayée par la fonction du masochisme ; en domestiquant la pulsion de mort et ses noirs effets dissipateurs, le masochisme permet la progressive organisation de l'intériorité, grâce au jeu de l'intrication entre Éros et pulsion de mort.

DOULEUR ET TRANSFERT

S'il n'existe pas une clinique compartimentée du transfert, il existe en revanche des conjonctures transférentielles au sein desquelles la dimension de la douleur est première. Ce qui pourrait caractériser de notre point de vue ces cures analytiques c'est la qualité particulière du climat transféro-contre-transférentiel. Il ne peut s'appréhender paradoxalement qu'en prenant en considération ce qui fait défaut, ce qui par son absence même fait trace, fait signe. Ainsi nous avons à faire à des patients généralement très silencieux dont l'essentiel de l'activité psychique consiste à développer une vigilance extrême à l'égard de tout affect qui pourrait venir troubler l'enfermement silencieux qui est le leur. L'emprise exercée ainsi sur leurs propres émotions nourrit souvent des fantasmes assez « cryptiques », comme s'il s'agissait de veiller un mort dans un silence commémoratif absolu et terrifiant. Les résonances contre-transférentielles donnent un vécu assez spécifique face à ce type de situation, marqué par un profond mouvement régressif de la pensée dont le fonctionnement à quelque peine à rester animé. On pourrait dire pour caractériser d'un trait la situation analytique : « silence, on souffre ». Mais l'espoir peut naître à un moment ou à un autre de pouvoir emprunter le long chemin de l'un des visiteurs de cette crypte au sein de laquelle une partie de l'histoire d'un sujet ou de son ascendance est inscrite. L'assemblage méticuleux et patient des pièces éparpillées pourra redonner vie à un fragment d'histoire resté secret.

Bien différents métapsychologiquement parlant sont ces cas réputés difficiles pour lesquels face au silence aucun fantasme ne semble vouloir émerger. L'analyste est confronté à une sorte de glaciation de la vie psychique. La communication paraît emprunter des voies non métaphorisées, préverbales ; les mots ne paraissant investis d'aucun pouvoir de transmission, ils sont alors considérés comme des objets chargés d'un fort potentiel de destruction « comme des tiges de fer tordues », dira une patiente. Ils menacent non seulement le dispositif analytique mais les acteurs eux-mêmes.

Une toux prolongée et insistante, un mouvement incontrôlé de la main, une respiration soudain saccadée donnent de rares indices d'une présence qui se veut transparente, qui s'enlise dans le divan. Pourtant cette non-vie de la pensée embolise douloureusement l'espace de la séance, insiste d'une séance à l'autre, leste la relation d'une lourdeur parfois intenable, d'une présence indiscible. Paralysé dans son potentiel associatif personnel, l'analyste souffre. Comme celle du patient sa douleur est muette, comme les grandes douleurs le sont !

Aucune trace d'érotisation de celle-ci n'est présente. L'univers psychique de chacun paraît dépeuplé, dévitalisé… pourtant le patient vient avec une ponctualité de métronome. Le cadre analytique fait l'objet de toutes les attentions, il est scrupuleusement respecté ! Devrait-il être totalement aseptisé comme une salle de réanimation ? Probable que toute « contamination » induite par l'introjection d'un matériel qui serait suggérée sous le couvert d'une interprétation nourrie par le côté pesant de la situation aurait des effets catastrophiques. Une inclusion hétérogène entraînerait un rejet aux effets dépersonnalisants. La réanimation psychique impose d'infinies précautions. Ces situations analytiques finalement assez rares imposent le déploiement d'une réflexion théorique plus active encore, une exigence élaborative qui viendrait pallier les carences du préconscient du patient, réflexion dont le point de départ serait organisé autour de cette douleur partagée. Une contention psychique nourrie par une théorisation prothétique viendrait étayer un univers en ruine.

Ces temps généralement occasionnels dans le déroulement d'une cure marquent la profondeur de la régression topique, traduisant l'effondrement du fonctionnement représentatif soumis à la suprématie du perceptif. Le tarissement de la fonction des représentations, dans son activité de liaison du fantasme inconscient au signifiant impose dans certains cas des aménagements techniques. La situation de face à face quand les conséquences de ce changement techniques ont été bien évaluées, favorise dans un premier temps une relance du réinvestissement du fonctionnement perceptif. L'analyste doit alors accepter d'être livré en pâture, à la boulimie d 'un regard qui scrutera le moindre des signes indiquant son contre-transfert, afin que le patient s'en nourrisse, s'en gave ; c'est le prix à payer pour que soient réanimées les traces perceptives enfouies et qu'elles fournissent les ancrages aux mots désolidarisés un temps de leurs racines.

CONCLUSION

La douleur nous confronte encore et toujours aux mystères du développement psychique et de la souffrance humaine. En réveillant parfois les douleurs du passé, la psychanalyse offre l'espoir en les revivant dans des conditions particulières, de les élaborer tout en affranchissant de la fatalité de leur histoire. Parfois trop intenses, elles paralysent le travail psychique et la nécessaire prise de conscience. C'est ce qui se produira lorsque le masochisme moral ou la réaction thérapeutique négative enlisent le processus dans une non-fin. Des aménagements techniques s'imposent alors pour faire advenir, ce qui n'avait plus vie, sous le poids de la douleur.

BIBLIOGRAPHIE

[1] BARBIER A. — Réflexions sur la place de la douleur. *Revue française de psychanalyse.* In : *Douleur et souffrance psychique,* PUF, Paris,1991, n° 4.

[2] CAÏN J., DECOURT P. — Place, rôle et sens de la douleur d'un point de vue psychanalytique. In : FERRAGUT E. *et al., La dimension de la souffrance chez le malade douloureux chronique.* Masson, Paris, 1995.

[3] RABENOU C. — L'enfant et son corps liés par la souffrance. In : Kreisler L. *Douleurs,* Revue française de psychosomatique. PUF, Paris, 1999.

10

Deuxième septaine de la vie : corps et psyché

R. Sirven

Grande enfance, seconde enfance, troisième enfance, la période de la vie qui commence à 6-7 ans et s'achève à la survenue de la puberté fait l'objet de désignations différentes. Cette diversité est plus formelle que conceptuelle. Une même conception semble partagée : celle d'une période intermédiaire, transitoire, entre deux stades fondamentaux, dans le développement aussi bien somatique que psychoaffectif.

Entre 6 et 12 ans, la santé somatique et psychique de l'enfant n'est pas envisagée comme pouvant être exposée à des difficultés spécifiques. En l'absence de pathologie organique — que l'on sait rare —, les troubles observés sont rapportés à une malfaçon de l'équipement cognitif (troubles dits instrumentaux, par exemple), ou à une perturbation des modalités relationnelles. Quand ils sont appréhendés dans leur dimension symptomatique, ils sont interprétés comme expression de difficultés antérieures, référés à la période précédente dont ils ne seraient qu'un effet.

Or, la pratique du soin psychosomatique donne à voir des tableaux cliniques particuliers qui conduisent à s'interroger sur cette conception, sur ses effets sur les réponses thérapeutiques habituelles. Elle fait apparaître la réalité d'une problématique psychique et psychosomatique propre à cette période de la vie, celle aussi d'une souffrance, parfois dite par la plainte, souvent tue.

Dans ce chapitre, nous proposons de rappeler les données développementales habituellement considérées, de mettre en évidence la problématique psychosomatique spécifique moins aperçue, d'analyser quelques-unes des difficultés observées, dans leur psychogenèse et leurs manifestations symptomatiques.

DONNÉES DU DÉVELOPPEMENT

Au cours de la deuxième septaine de la vie, le développement est considéré comme caractérisé par :

– la pause de la croissance physique et de l'évolution pulsionnelle ;

– l'apparition de nouvelles formes d'organisation somatopsychique et mentale.

CROISSANCE PHYSIQUE

Certes, cette période voit l'intervention de données biologiques nouvelles : l'apparition de la deuxième dentition, l'amorce des changements hormonaux pubertaires à partir de 8-9 ans chez la fille, 9-10 ans chez le garçon, par exemple.

Cependant, par opposition à la précédente et à la suivante, on note essentiellement le ralentissement des modifications somatiques.

Cette lenteur de la croissance, jointe à la maturation des mécanismes d'immunité, fait, ou devrait faire, de cette période une étape de calme somatique, de résistance aux agressions infectieuses. Le taux de maladie y est inférieur à celui de la première septaine. La maladie apparaît souvent sous la forme d'épisodes aigus récidivants. Le taux de mortalité y est particulièrement bas. Les blessures constituent la première cause de mortalité puérile : 49 % chez les enfants de 5 à 9 ans [1].

ARTICULATION SOMATOPSYCHIQUE : LE DÉVELOPPEMENT PSYCHOMOTEUR

La maturation neurologique se poursuit, mettant en fonction des territoires peu différenciés, permettant le perfectionnement des capacités motrices : mouvements fins, coordination, vitesse d'exécution.

Une nouvelle motricité apparaît, fondée sur le développement de la capacité d'inhibition et de contrôle de la motricité spontanée. Elle exprime le passage d'une motricité de grâce, d'harmonie et de plaisir à une motricité inscrite dans la réalité.

Elle s'appuie, surtout, sur les acquisitions concernant la structure référentielle somatique, le schéma corporel : *latéralisation*, *coordination dynamique*, *sémiotisation*.

Latéralisation

Avoir un corps signifie avoir un espace orienté par rapport à l'orientation du corps :

– à 5-6 ans, la différenciation droite/gauche est liée à la prise de conscience de l'axe corporel. Elle est égocentrée ;

– à 7-8 ans, cette différenciation est « décentrée », par projection sur autrui. Cette étape projective est très importante : l'enfant projette ses repères corporels sur autrui, mais aussi dans l'espace, à partir d'une « structure », c'est-à-dire d'une construction intérieure, abstraite, qui lui permet de vivre l'espace dans sa tête ;

– à 10 ans, la différenciation est complète. L'enfant manipule les notions « droite » et « gauche » indépendamment de soi.

Coordination dynamique

Ce qui est acquis à 5 ans : l'appréhension globale du corps dans son unité et sa position dans l'espace. Au programme de la période se situe l'acquisition des données spatiales rapportées aux états et aux positions du corps en déplacement.

Les états et positions du corps sont maîtrisés à partir de la prise de conscience et de l'intégration dynamique des éléments. On le voit dans le dessin du personnage humain en mouvement, avec l'apparition des articulations : cou, épaules, hanche, coude, genou, cheville. La représentation graphique du profil exprime la capacité d'intégrer une image statique et une image dynamique du même corps.

Les régulations tonico-cinétiques s'inscrivent dans cette nouvelle maîtrise du corps, avec, cependant, la persistance de syncinésies de diffusion tonique jusqu'à la fin de la période.

Sémiotisation

L'enfant acquiert une connaissance plus fine, plus précise de son corps en intégrant les éléments distaux (doigts), les éléments de coordination (articulations) et en le sémiotisant.

Le codage verbal renforce l'image mentale. Le corps est parlé, sémiotisé, c'est-à-dire constitué comme un système de signes.

L'enfant est capable d'organiser deux ensembles structurés et de les faire correspondre, bien entendu, dans l'écart, le jeu entre corps réel, corps symbolique et corps imaginaire, cet écart étant le lieu même du sujet, cette tridimensionnalité permettant à l'enfant de sortir de l'organisation psychique précédente : contenant/contenu, enveloppant/enveloppé.

On comprend que référence somatique et élaboration psychique du corps soient à la fois intimement liées et susceptibles de déliaison, de rupture.

Toutes les acquisitions psychomotrices donnent l'impression d'un renforcement des compétences corporelles, vécu dans des situations de type scolaire, mais également dans le jeu et dans les activités sportives. Elles ne sont pas évocatrices, pour le plus grand nombre, de difficultés.

DÉVELOPPEMENT PSYCHOLOGIQUE

Ce calme et ce renforcement somatiques s'accompagnent d'une activité psychique et d'un investissement considérables, mettant en œuvre des processus mentaux coûteux mobilisés par l'enfant pour organiser le monde et agir sur lui.

Ces processus concernent la fonction sémiotique du langage, l'organisation cognitive des éléments ainsi que les opérations mentales qui leur sont appliquées, l'élaboration personnelle du temps et la mise en place de la « permanence » qui en résulte.

Les processus fondamentaux sont constitués par : la *différenciation*, l'*intégration*, à la base de la *structuration*. Certes, les processus de structuration par création et intégration des différences sont présents tout au long du développement, mais on les trouve, ici, touchant massivement et simultanément tous ses aspects : le développement cognitif, l'évolution affective et relationnelle.

La notion de structure et les processus de structuration sont considérés comme essentiels dans le modèle du constructivisme piagétien qui fait intervenir dans le développement psychologique à la fois les interactions de l'individu et du milieu (adaptation) et la maturation endogène des processus cognitifs.

Cependant, d'autres modèles insistent sur le rôle de l'expérience, créatrice de la compétence cognitive (M. Chi *et al.*), sur celui des stratégies mises en œuvre par l'enfant dans le traitement des informations (Siegler).

Parler de structuration affective consiste, ici, à évoquer le travail du moi, travail de maintien, de synthèse, autant que de changement, de différenciation : travail de défense et de structuration.

Pour Freud, tout l'investissement énergétique est orienté vers la lutte contre les pulsions. Il s'agit d'un contre-investissement.

C'est au cours de cette période que « se constituent les forces psychiques qui, plus tard, feront obstacle aux pulsions sexuelles et, telles des digues, limiteront ou resserreront leur cours (le dégoût, la pudeur, les aspirations morales et esthétiques). Devant l'enfant né dans une société civilisée, on a l'impression que ces digues sont l'œuvre de l'éducation, et certes l'éducation y contribue. En réalité, cette évolution, conditionnée par l'organisme et fixée par l'hérédité, peut, parfois, se produire sans aucune intervention de l'éducation » [11].

Ce sont les pulsions d'autoconservation qui fournissent le substrat énergétique du moi qui « n'a rien d'autre à faire que tendre vers l'utile et s'assurer contre les dommages » (Freud, 1911).

Les mécanismes de défense y sont à la fois structurants et défensifs. Parmi les processus défensifs, la sublimation est le plus important pour le développement des activités cognitives et sociales. *Cf.* Anna Freud : « Les dangers pulsionnels rendent les hommes intelligents. »

Ce travail du moi peut prendre d'autres formes : le roman familial, fantaisie typique de cette période. Il est issu du conflit œdipien — qu'il aménage — et protège l'enfant. Il constitue un compromis qui équilibre les forces, déconflictualise l'objet primitif (par exemple : négation du père, remplacé par un autre, négation de la scène primitive). On peut évoquer la rêverie diurne, le rêve nocturne, les fabulations.

Travail de maintien, d'équilibre, de compromis, d'intégration, avec comme objectif : le « modèle achevé de développement », grâce auquel l'enfant peut éviter de rester éclaté entre des modèles du moi idéal possibles.

Il s'agit aussi d'un travail d'insertion dans la communauté humaine sous les formes les plus explicites de l'acculturation.

« PÉRIODE DE LATENCE » ET « ÂGE DE RAISON »

Cette période est donc considérée à la fois comme décisive au plan psychosocial et non problématique en soi du point de vue psychoaffectif, pour peu que les relations avec le milieu soient au moins neutres à défaut d'être favorables et que la problématique fondatrice de la première septaine ait pu être intégrée.

Tout au plus, avec A. Gesell, a-t-on parlé de phases contrastées :

– 6-7 ans : souplesse, acceptation ;

– 8-9 ans : phase critique, agitation, turbulence. On parle de cap à franchir, parfois de crise mystique discrète. On peut entendre interrogations sur la vie et la mort, projets d'avenir ;

– 10-12 ans : équilibre psychomoteur (« âge Robinson »), cognitif (maîtrise des premières opérations mentales logiques, préparation des opérations mentales de type supérieur, dites « formelles »).

La rupture avec les modes infantiles est affirmée. L'importance de l'activité mnémonique explicite est relevée, opposée à celle, implicite et non consciente, de la période précédente (« enfant éponge »).

On note, sans s'y arrêter, la lenteur du développement de la pensée individuelle, les décalages et les dysharmonies qui se manifestent au cours d'une période de la vie dont la durée est un caractère essentiel.

Le calme et le renforcement semblent caractériser la période non seulement aux plans somatique et somatopsychique mais aussi à celui du développement psychique où l'on parle de « période de latence » et « d'âge de raison ».

La période de latence est à considérer quasiment d'un point de vue biologique, une pause entre deux poussées de la libido, de la croissance. *Cf.* Freud : « Le complexe d'Œdipe doit disparaître parce qu'il est venu pour lui le temps de se dissoudre comme tombent les dents de lait quand poussent les dents définitives ». [16]

L'expression indique bien que rien n'est réglé ni achevé, mais que, grâce au refoulement et à l'amnésie dite infantile, la sexualité n'est plus aussi exclusive ou dominante que précédemment (Cloutier et Renaud), que le cognitif prévaut sur l'affectif, que le développement se poursuit dans le champ d'un savoir instrumental. On parle d'éveil intellectuel secondaire au complexe d'Œdipe. *Cf.* Freud « Cet éveil s'oriente vers ce qui ne devrait pas être connu, à savoir ce qui se passait au niveau du conflit œdipien. »

L'enfant règle, provisoirement, le problème de ses désirs infantiles et de la culpabilité qu'ils génèrent, en remettant leur réalisation à plus tard, (à l'âge adulte), et en leur donnant un contenu acceptable. Il peut, ainsi, s'identifier aux demandes et aux idéaux des adultes.

Par la sublimation des pulsions partielles, il peut désirer apprendre. F. Dolto écrit : « La phase de latence, normalement muette, ou presque, du point de vue des manifestations et des curiosités sexuelles, est employée à l'acquisition des connaissances nécessaires à la lutte pour la vie, sur tous les plans. » ([7], p. 50)

L'« âge de raison » indique à la fois :

– la possibilité de comprendre et de produire un raisonnement[1], c'est-à-dire un enchaînement logique reposant sur la réversibilité mentale, grâce au développement cognitif évoqué supra ;

– la capacité de décentration et la sortie de l'égocentrisme infantile ;

– la possibilité de faire prédominer la raison sur l'émotion ou le sentiment (dans notre idéologie ortho-éducative fondée sur un mixte culturel : judéo-chrétien et stoïcien).

Tous ces facteurs contribuent au refoulement des intérêts sexuels, mais pas toujours et pas forcément complètement, notamment lorsque la scolarisation ne joue pas son rôle protecteur : échec scolaire, vacances. C'est pourquoi l'école occupe une place privilégiée dans le projet éducatif, individuel et collectif ; elle est considérée comme un milieu de vie nécessaire :

– par l'aide au détachement parental en donnant un cadre structuré et sécurisant, propre à réduire l'angoisse liée à l'ambivalence ;

– par la découverte de l'échange cognitif là où il n'y avait que de l'émotionnel en jeu dans le réglage de la captativité et de l'oblativité ;

1. Raisonnement de type inductif, le raisonnement déductif est plus tardif.

– par l'effet de l'apprentissage de type scolaire sur le développement des structures cognitives (Stevenson *et al.*) ;

– par les possibilités de maîtrise instrumentale qu'elle offre en tant que lieu et temps transitionnels entre matrice familiale et société ;

– et, donc, par son rôle socialisant par acculturation et intégration au groupe, grâce au savoir et au système de valeurs dans lequel il s'inscrit.

La normativité de ce milieu est considérée comme souhaitable, fondée sur une triple nécessité :

– de structuration de l'individu ;

– d'acquisition des informations et des « habiletés » requises ;

– d'adaptation aux formes organisées de la vie sociale.

Évolutions cognitive et pulsionnelle donnent donc, également, l'impression d'une période marquée par la positivité du développement, par l'apparition d'un nouveau type de plaisir : celui d'un fonctionnement mental plus assuré, d'un réglage des relations plus assumé.

On comprend que cette période de la vie, soit habituellement entendue comme devant être non problématique du point de vue développemental. Autant la thèse freudienne d'une sexualité infantile pouvait déranger, autant celle d'une latence sexuelle et d'un renforcement cognitif en vue de la « lutte pour la vie » rassure et « arrange » tout le monde, que ce soit en tant que parent ou qu'acteur social.

PROBLÉMATIQUE. APPROCHE PSYCHOSOMATIQUE

La conception du développement de l'enfant au cours de cette période sur un modèle combinant pause somatique et pulsionnelle et renforcement psychomoteur et cognitif a des effets aux plans théorique et pratique.

La *sous-estimation* donne à entendre que cette période n'est ni fondamentale ni problématique dans le développement psychoaffectif du sujet qui n'aurait rien d'autre à faire que s'adapter et se conformer aux données nouvelles de sa vie. Ses difficultés, constamment référées aux malfaçons de la période précédente, ne remettent pas en cause cet entendu partagé, théorisé et inscrit dans la pratique sociale.

La *dissociation* conduit à dissocier soma et psyché, affectivité et cognition. Cette dissociation n'est pas seulement de l'ordre du constat d'une évolution « naturelle », elle s'inscrit dans le projet éducatif.

Elle est présente également dans le champ du soin lorsque les difficultés sont traitées prioritairement en tant que dysfonctionnements instrumentaux, quand les symptômes sont décodés exclusivement comme symptômes somatiques ou névrotiques ou comportementaux, lorsque le corps n'est présent dans la thérapie qu'à titre fantasmatique ou symbolique.

Elle induit la *banalisation* et le *déni des troubles somatiques*, émotionnels et affectifs lorsqu'ils n'ont pas d'incidence sur l'adaptation comportementale et cognitive aux données nouvelles introduites par les formes sociales convenues d'éducation et d'acquisition du savoir.

Les troubles d'expression somatique, fonctionnels, labiles, inconstants, sont ainsi disqualifiés : banalité du mal de ventre, de tête, dits avant d'aller à l'école. On parle même de comédie, de « cinéma », évoquant une stratégie fondée à la fois sur le mensonge, la duplicité et le jeu.

Ils ne sont donc pas pris au sérieux. Ils sont même refusés «pour ne pas entrer dans ce jeu là», comme le disait le père de S., 9 ans, dont les troubles coïncidaient exactement avec les périodes scolaires, et qui n'avait «jamais mal au ventre pour jouer».

Parfois, on parle d'état hystérique en pointant le caractère mimétique et joué de tel ou tel symptôme «donné à voir». Ainsi, A., 8 ans, qui présentait des troubles paresthésiques nécessitant l'interruption de son séjour en colonie de vacances.

La répétition symptomatique ajoute le risque d'une organicisation qui fait de l'enfant le porteur d'un organe malade, objet d'investigations et de traitements qui le fragmentent et compromettent son unité.

Elle gêne tout le monde, comme l'écrit Ph. Guran [12] à propos des douleurs fonctionnelles : «Ce sont elles qui gênent les enfants, inquiètent les parents et encombrent les consultations des pédiatres et des généralistes.»

La persistance des troubles ne suffit pas toujours à faire envisager leur caractère psychogénétique, leur lien avec une problématique psychosomatique actuelle ou archaïque. Elle conduit parfois à les référer à des difficultés relationnelles vécues en milieu scolaire, liées aux caractéristiques du groupe ou de l'enseignant. Elle peut donner lieu à la multiplication des consultations, des types de traitement (allo- ou homéopathiques), à propos de tous les troubles observés, y compris les plus mineurs. En plus d'être inefficace et coûteuse, cette attitude ne peut qu'ajouter de l'angoisse à l'angoisse, du trouble au trouble, et créer un véritable risque conversionnel ou psychosomatique en présence d'une structure mentale exposée.

Le renvoi à la psychothérapie signe parfois l'exclusion du corps de son propre symptôme, comme le renvoi à la seule médication peut signer l'exclusion du sujet.

Le recours systématique à la réduction symptomatique conduit à fragmenter la symptomatologie, comme on peut le voir avec le développement des interventions de type rééducatif et comportementaliste.

On risque, ainsi, d'alimenter, de renforcer le déni de la souffrance psychologique, et donc de l'aggraver.

Ces effets sont d'autant plus importants que nous savons le rôle déterminant des parents et de l'environnement dans la réussite ou l'échec des processus psychiques qui participent à l'intégration de la maladie somatique de l'enfant dans son histoire [3].

Parler de problématique, ici, signifie que le «travail» évoqué supra n'est pas facile, ne va pas de soi. C'est tenter de comprendre cette difficulté et ses conséquences à partir du repérage des enjeux, des appuis et des obstacles spécifiques de cette période si particulière de la vie.

C'est considérer que la vie mentale s'organise sur la base de conflits psychiques entre désirs (jamais satisfaits) et défense contre eux. Ces conflits ne disparaissent donc pas. Dire que leur atténuation est obtenue par le contrôle et la défense du moi en fait apparaître le caractère relatif, évolutif et problématique dans une période de la vie où adaptation aux contraintes extérieures et émergence de soi sont, à la fois, nécessaires et en tension.

C'est affirmer que la dynamique, la plasticité, les compétences somatiques et psychiques ne sont pas des données assurées du développement de l'enfant, même dit «grand», qu'elles sont vulnérables et menacées par tout ce qui constitue un enjeu ou un risque dans le quotidien de sa vie, peut générer insécurité et souffrance.

Or, dans la deuxième septaine, la clinique nous donne à rencontrer des tableaux complexes, le plus souvent simplifiés dans une approche instrumentale propice à la réparation, au prix du déni de la souffrance. L'approche psychosomatique nous invite à les comprendre autrement, dans le dénouage et l'impossible unité somatopsychique.

PSYCHOGENÈSE[2] ET PATHOLOGIES

Si l'enfant manifeste, au cours de cette période, une assez grande solidité face aux agressions microbiennes, il est beaucoup plus accessible à celles reçues de l'Autre, par le langage, par les situations imposées, dans l'impossibilité de la parole et l'inhibition de l'action : pensons aux situations de divorce (Hetherington; Amado et Keith).

De même, l'efficacité cognitive des nouvelles formes d'activité mentale ne réduit en rien le prix à payer par l'enfant pour satisfaire les exigences de son propre développement et les attentes de son entourage.

Les tableaux cliniques observés sont plus complexes que ce que donne à entendre la conception dominante évoquée supra.

La problématique de la deuxième septaine n'est pas seulement posée sur le mode instrumental et adaptatif. Elle concerne l'enfant dans sa totalité, sa globalité somatopsychique.

Certes, il n'est pas question, ici, de relier tous les troubles, y compris toutes les pathologies organiques, à la problématique psychosomatique spécifique de cette période; il convient, cependant, de souligner la fréquence de ce lien, et donc son importance dans la compréhension des perturbations observées sous des formes différentes, à dominante somatique ou psychique[3].

Cette fréquence des troubles d'expression somatique ou relationnelle privilégiée doit nous interpeller.

On les distingue, habituellement, en :

– *troubles réactionnels*, à considérer comme une défense immédiate. Par exemple, une réaction défensive contre une personnalité maternelle obsessionnelle et surprotectrice, ou bien rejetante, s'opposant aux mouvements spontanés de l'enfant. De même, le refus scolaire se lit, parfois, dans la trame de l'opposition au père, le maître devenant objet d'identification paternelle entrant dans le surmoi;

– *troubles organisés*, lorsque l'inhibition, la défense et l'angoisse s'inscrivent dans une organisation psychique antérieure, lorsque les interdits émanent de peurs anciennes et créent des zones d'insécurité, d'arrêt, de renoncement et de blocage.

L'enfant, se trouve pris, de nouveau, dans la confrontation entre ses difficultés au contact des objets et son propre développement. Il s'attache alors à des modes de défense vers lesquels il régresse à la moindre menace, dans une émotivité très forte qui renvoie à des traces primitives, liées à l'oralité.

On peut les relier au développement psychique, aux caractéristiques mêmes de la problématique qui s'y trouve posée, en considérant les trois voies d'expression possibles des conflits développementaux et existentiels qui jalonnent une vie :

– l'élaboration psychique organisée;

– l'expression comportementale;

– la somatisation.

---

2. À entendre au sens de « Événements et facteurs psychiques qui contribuent à des formations psychopathologiques ». Sens 2 in : R. DORON, F. PAROT. *Dictionnaire de psychologie*. PUF, Paris, 1991.

3. Par exemple, la carence de somathormone et sa réversibilité lors du retour à des conditions de développement favorable conduisent à parler de « nanisme psychosocial » dans certains cas de retard de croissance, attestant de l'influence des facteurs psychoaffectifs et environnementaux sur le système endocrinien. Rappelons l'importance de la croissance staturopondérale comme élément d'appréciation de l'état de santé de l'enfant et la rareté des pathologies endocriniennes dans la période considérée ici.

L'élaboration psychique organisée est génératrice de la vie mentale par l'intermédiaire des processus (fonctions représentatives, activité symbolique) qui permettent la régulation pulsionnelle susceptible d'apaiser la culpabilité et d'investir dans les objets proposés dans le champ relationnel et cognitif, qui assurent la gestion de l'excitation de façon à en éviter le débordement. Nous en avons dit la réussite non assurée, moins par insuffisance des capacités régulatrices que par excès des excitations exogènes vécues dans des situations paradoxales. Les ratés épisodiques du contrôle peuvent donner naissance à des manifestations d'angoisse fortes au point de laisser trop peu de liberté et de maîtrise au fonctionnement mental (troubles cognitifs), susciter des réactions somatiques sous l'influence d'états émotionnels intenses et répétés (troubles fonctionnels). On peut voir la vie pulsionnelle s'y épuiser dans des troubles névrotiques, dans des conduites inconscientes investies d'une valeur symbolique (conversion hystérique).

L'expression directe, agie, de la voie comportementale signe la défaillance des instances de contrôle, de ce que Freud appelle les «digues». Le passage à l'acte exprime l'absence d'élaboration psychique organisée, de symptômes mentaux, dans la carence des affects. On évoque l'insuffisance du refoulement protecteur du retour pulsionnel. On a parlé de névrose de comportement (Kreisler), par opposition aux névroses organisées, pour ces troubles qualifiés, parfois, tout à fait improprement, de «caractériels». Le tableau clinique en est très caractéristique dans la période considérée. Ainsi A., 7 ans, est décrit comme un enfant violent, inémotif et imprévisible.

La *somatisation* est à entendre comme un processus pouvant aboutir à la maladie psychosomatique excédant les niveaux de réaction émotionnelle et fonctionnelle pour atteindre le niveau lésionnel. Il s'agit donc d'une organisation pathologique à substratum physiopathologique, voire anatomopathologique que S. Bonfils [4] distingue du trouble psychofonctionnel, accompagné d'un intense sentiment de mal-être exprimé, mais exempt d'altération organique et inscrit dans un contexte psychologique événementiel et structural différent.

S'agissant de l'enfant, évoquons les caractéristiques de son organisation et de son fonctionnement en soulignant :

– leur caractère évolutif et dynamique dans les périodes de la vie où le rythme de la croissance est rapide, les changements sont nombreux et subits;

– la fragilité des structures psychiques qui sont peu assurées, en instance ou en cours d'installation. En plus de leur inachèvement, l'élaboration psychique, la mentalisation, les processus assumés par les instances de contrôle sont fragilisés par l'importance de la dimension émotionnelle et du contexte relationnel.

Notons la limitation de ses capacités de verbalisation qui fait de l'expression corporelle (comportementale ou fonctionnelle) le mode de communication essentiel. Parfois sont rencontrées les expressions «langage du corps», voire «langage de la fonction» ou «de l'organe» [4] pour dire cette primauté somatique expressive.

Concernant plus précisément la deuxième septaine, on peut mettre en évidence quelques traits caractéristiques au versant de l'*organisation* et du *fonctionnement* psychique ainsi qu'à celui de l'*étiopathogénie*.

Organisation et fonctionnement

La période de latence est entendue comme l'apaisement, provisoire, mais actuel, des conflits et des émois sexuels du stade dit œdipien, grâce au processus de refoulement.

On conçoit donc deux types de pathologies possibles sur ce point, à partir de l'excès ou du défaut, de la réussite ou de l'échec, au moins partiel, de ce processus. C'est ainsi que L. Kreisler considère que dans cette période les conflits latents sont exprimés par la voie du comportement ou de la maladie somatique plutôt que par celle de la névrose organisée.

On peut penser à la vulnérabilité particulière des structures psychiques au moment où des processus difficiles et coûteux se mettent en place : organisation, structuration. L'appareil psychique des parents ne peut plus jouer le rôle de relais de celui de l'enfant, comme il l'a fait jusque-là.

Une pathologie de l'organisation est possible, touchant le versant somatique (*cf.* le titre du livre de L. Kreisler : L'enfant du désordre psychosomatique), comportemental ou mental. Cette pathologie produira les symptômes « bêtes », dépourvus de sens, révélateurs de la désorganisation des processus somatiques, sans lien symbolique avec tel ou tel événement. survenu à telle ou telle personne.

Cette étape apparaît comme celle du contrôle, de l'équilibration entre les instances psychiques (travail du Moi), entre l'émergence de soi et les exigences extérieures.

Ne soyons pas étonnés de rencontrer tension et crispation, pathologies de blocage et d'incontrôle (cette dernière étant une inhibition du pouvoir d'inhibition), d'expression somatique, comportementale, psychique ou, souvent, mixte. Pour le pédiatre madrilène M. Espinosa, la pathologie psychosomatique de cet âge est à concevoir comme la reprise tensionnelle des épisodes vécus dans les relations avec l'entourage.

Enfin, il convient d'évoquer la fréquence des situations de stress, débordant de manière répétitive les capacités de gestion émotionnelle de l'enfant. On peut y voir la source de pathologies de type « surplus d'excitation » ou « contrainte », distinctes de celles de la frustration ou du manque observées dans la première enfance et liées à la carence d'affects ou aux ruptures itératives.

Une étude nord-américaine fait apparaître que les enfants vivant seuls avec leur mère sont plus fréquemment atteints d'asthme, de céphalée, présentent une plus grande vulnérabilité à toutes sortes de maladies (Dawson).

Plus largement, on doit considérer l'importance du vécu de l'enfant, générateur de l'expression pathologique. Ce n'est pas la situation qui, en soi, est pathogène, mais son vécu.

Le vécu de l'enfant est façonné dans et par les relations parentales. Quelque chose passe du parent à l'enfant, de son propre vécu à l'âge où se trouve l'enfant. Ce « quelque chose » peut être organisé en expression pathologique. Par exemple, il n'est pas rare de trouver des antécédents colopathiques chez des parents d'enfants souffrant de troubles intestinaux [4].

Étiologie et pathogénie

Elles sont caractérisées par :

– le pluridéterminisme : les facteurs psychologiques (pertes et changements, perturbations du système de sécurité) renforcent les facteurs biologiques (prédisposition génétique, facteurs toxiques, infectieux) ;

– la diversité des mécanismes pathogènes : de type psychonévrotique, psychocomportemental ou psychosomatique, pour lequel il conviendrait de distinguer attitudes psychiques à expression somatique plus ou moins symbolique, troubles fonctionnels et maladies organiques à participation psychologique (régulations neurohormonales et défenses immunitaires).

Dans cette période, tout particulièrement, la santé somatique et psychique est à concevoir comme un système dans lequel les facteurs psychologiques peuvent avoir des poids différents dans l'étiopathogénie des troubles observés.

Par conséquent, il y a la nécessité d'une perspective à la fois dynamique et structurale :

– *structurale*, pour repérer les effets de structure, générateurs de répétition, sinon du même symptôme ou touchant la même fonction, voire le même organe, du moins du même type de pathogénisation;

– *dynamique*, pour en comprendre le caractère évolutif, mobile, sous l'influence particulièrement prégnante de l'environnement et de ses propres malfaçons.

La somatisation ouvre, donc, un large champ à notre réflexion dans cette période, tant en ce qui concerne sa genèse que ses modalités.

Elle donne lieu à de multiples interprétations. Qu'en est-il pour l'enfant dans la deuxième septaine?

Peut-on, pour cet âge, recourir aux classiques notions d'étayage, de complaisance somatique ou de l'actuel comme noyau du névrotique? Est-il possible de parler de zones sensibles à des désordres somatiques, dans lesquelles le corps se mettrait à «dire», à défaut d'une modification de l'appareil mental? Peut-on parler de somatisation réactionnelle susceptible de devenir essentielle et de s'installer de manière habituelle? Peut-on considérer la survenue de la maladie dans la continuité du (dys)fonctionnement antérieur?

Les éléments de la problématique de la deuxième septaine constitueraient des stress qui ne prendraient valeur somatogène qu'en fonction de l'histoire et de l'organisation psychique précocement mise en place.

Mais ces éléments sont-ils réductibles à de simples stress, peut-être évitables? Ne sont-ils pas constitutifs d'une problématique essentielle, renouvelée dans sa forme mais constante au fond, celle de l'émergence de soi en tant que sujet?

Mazeran propose la notion de «sujet-limite» pour référer le processus de somatisation à l'impossibilité pour le patient, dès le commencement de la vie, de mettre en place la fonction limite qui détermine sa place singulière en même temps que celle de l'autre.

La deuxième septaine est riche de situations dans lesquelles le repérage topique (place du même, place de l'autre), plus ou moins réussi, est remis en question, au niveau de la réalité. La communication avec les parents n'y est pas sans rappeler celle de la première année où le bébé devait se montrer performant, dans la projection de la toute puissance parentale.

De même, les expériences contrastées de lâchage et de reprise en main qui accompagnent les essais d'autonomisation ne sont pas sans évoquer celles de cramponnement et de décramponnement vécues au début de la vie.

Sami Ali considère que la somatisation non hystérique est due à une situation d'impasse, de contradiction sans issue, de type «ni... ni», proche de l'impensable psychotique. Il invoque la carence de l'imaginaire. Rappelons la nécessité impérative, pour l'enfant étudié ici, d'être acceptable, le risque de renoncer à être dans l'imaginaire pour y parvenir. Soyons attentif au risque de somatisation substitutive en réponse à la coercition adaptative d'une attitude éducative ou rééducative qui mettrait l'imaginaire hors circuit.

Pour P. Marty, « l'atonie dépressive de l'enfant », observable de la première enfance à l'adolescence, constitue un mécanisme de désorganisation responsable de l'effondrement des défenses somatiques. Le symptôme d'asthénie, fréquent dans la deuxième septaine, peut en être l'expression clinique.

Son modèle nous conduirait à penser que les défaillances de la structuration mentale, processus central du développement psychique à la période de latence, ne permettraient pas de symboliser les conflits et pourraient déboucher sur une décharge directe de l'énergie pulsionnelle dans le corps.

Cette carence de la mentalisation serait due à ce type de fonctionnement mental qu'il appelle : structure psychosomatique.

Le modèle de M. Schur peut être signalé dans une perspective génétique : la maladie psychosomatique constituerait une resomatisaton, opposée à la dé-somatisation qui accompagne le développement psychique. Elle constituerait une régression à un mode archaïque de différenciation faible entre le biologique et le psychique.

On retrouve ce caractère archaïque, notamment chez Meng qui parle de « psychose d'organe », et dans la « thérapie anaclitique » de Margolin.

Les notions de « *nouage somatopsychique* » et « *dénouage psychosomatique* » peuvent être proposées pour rendre compte des processus impliqués dès le commencement de la vie.

Le premier est constitutif de la vie psychique par association entre soma et psyché, par métamorphose de l'énergie somatique en activité mentale, en vie psychique : affective et relationnelle. Ainsi, on peut dire que le corps a vocation psychique.

Le nouage initial est dit « sensorimoteur ». Toute l'activité mentale s'y enracine. C'est ainsi que se constitue la première organisation vitale par passage de l'énergie somatique et de la force instinctuelle en activité psychique, par association des fonctions sensorimotrices et des fonctions fantasmatiques et imaginaires.

La deuxième septaine voit un nouage de type nouveau, que la qualification de « psychomoteur » risquerait de réduire à la seule fonctionnalité adaptative. Né de l'alliance du corps, du temps et de l'espace, ce nouage est porteur de l'autonomie et de l'identité. Il réunit les conditions de la présence à soi et au monde : « je-ici-maintenant ». Il assure la possibilité d'agir, et donc, peut-être, de modifier le destin.

Nouage difficile, fragile, réversible. Le dénouage est toujours possible, donné à voir dans et par le corps, donné à entendre dans et par la plainte. Entre silence et parole, la plainte est appel, appel à renouer le lien rompu.

Depuis le début de la vie, le premier nouage sensorimoteur, appuyé sur le dialogue tonique, a permis de déployer le corps sous la protection de l'autre, parent, aîné, adulte. La douleur n'était pas rare, comme attendue, étant donné l'immaturité des systèmes, la souffrance inévitable, génératrice de psychisme. Le parent prenait l'initiative des soins appropriés (apaiser par la parole, la caresse, donner un soin, appeler le médecin). Il était dans sa fonction de pare-excitation. Il renforçait les mécanismes d'attachement, partageait, sinon la douleur et la souffrance, du moins les modes de défense contre elles.

L'entrée dans la deuxième septaine marque une rupture : l'enfant n'est plus accueilli dans sa fragilité initiale, sa symbiose première, sa dépendance. La relation au corps s'inscrit dans un système et dans une économie différents. Il est attendu de lui des mécanismes protecteurs autonomes, une capacité de gestion suffisante (*cf.* l'idéologie de la gestion de la douleur à partir de 7 ans, âge de raison : machisme masculin et dolorisme féminin).

Or, les enjeux et les contraintes rendent cette capacité aléatoire, fragile, la pression est forte, les stress fréquents, générateurs d'émotion. Le corps, le temps et l'espace sont en tension, en défaut, pris dans un réseau d'exigences strictes et, souvent contradictoires, inconciliables. Alex, 10 ans, dit «instable» par son entourage, se plaint de n'être jamais «juste bien», d'être sommé autant d'agir que de rester tranquille, de faire vite que de faire attention, de penser à ce qu'il fait que de se préparer à faire autre chose...

Exigences pulsionnelles et élaboration du surmoi se heurtent dans le trouble, l'incertitude. Surplus d'excitation et contraintes contiennent un potentiel de décharge immédiate.

On comprend que troubles et difficultés puissent apparaître, liés à des réactions somatiques sous l'influence d'états émotionnels caractérisés par l'intensité et la répétition.

On peut comprendre qu'ils signent plus profondément la difficile mutation du nouage somatopsychique initial, qu'ils expriment, plus que la seule peur de grandir, une angoisse profonde.

La crispation douloureuse, le spasme, disent l'angoisse que l'étymologie donne à entendre «resserrement, étroitesse». Le ventre noué, la tête serrée figent, sidèrent, bloquent tout mouvement, toute démarche mentale. Souffrance de grandir, de devenir, d'être.

La somatisation peut être à entendre comme l'expression de cette trop difficile mutation. Nous verrons plus loin que d'autres formes expressives sont possibles, apparemment plus fréquentes, touchant le fonctionnement cognitif, les régulations affectives et comportementales. Toutes attestent d'un dysfonctionnement de la dynamique psychique à la base de l'organisation mentale spécifique de cette étape de la vie. Toutes disent l'impossible alliance du corps et de la psyché, nouée dans l'espace et dans le temps d'une histoire à la fois singulière et reliée.

C'est pourquoi nous avons à nous interroger sur la place du symptôme somatique dans la vie psychique de l'enfant, dans ce moment de son développement :

– il peut constituer le seul mode expressif possible, faute de mentalisation suffisante ou de comportementalisation barrée par un surmoi trop puissant. En quelque sorte, il apparaîtrait par défaut;

– il peut être considéré comme s'inscrivant dans le cadre de l'organisation mentale même, dont nous avons vu les deux axes : la défense et la structuration. Opérant de manière privilégiée au pôle défensif, il aggrave le déséquilibre entre ces deux axes;

– il peut consister dans la protection contre l'affrontement de deux tendances contradictoires : activité/passivité, autonomie/dépendance, agressivité/soumission... La douleur somatique masque celle, psychique, de l'ambivalence non dépassée, de l'ambiguïté qui fait impasse. Elle fait écran à la prise de conscience trop coûteuse... ou non encore possible;

– il peut permettre d'éviter la confrontation à l'autre dans un système explicitement compétitif de relations interindividuelles. Le statut de malade est préférable à celui d'incapable;

– il peut donner une réponse adaptée à deux types de difficultés spécifiques de la grande enfance : le conflit et la confrontation, en leur substituant des satisfactions régressives, toujours proches dans une période où le développement est explicitement attendu, la capacité de progression constamment évaluée;

– il permet d'échapper aux symptômes psychiques plus coûteux, par exemple phobie, obsession qui ne sont contenues qu'au prix d'une mobilisation énergétique importante.

Masque, substitution, évitement, ces termes indiquent que le symptôme somatique prend place dans l'économie psychosomatique du sujet. Il prend une place. Laquelle ? La place douloureuse du sujet, colonisé par l'Autre ? Il constituerait alors une tentative de décolonisation, un appel à être. La place d'autres pathologies somatiques ? La maladie psychosomatique remplacerait-elle d'autres maladies, dites infantiles, considérées naguère comme « maladies de croissance », participant de la croissance somatique et psychique en renforçant les défenses, mais en exposant au risque parfois vital ?

Cependant, on ne peut pas s'en tenir à la seule vision étiopathogénique de la maladie, au registre endo- ou psychogénétique. Sa survenue, son déroulement et son vécu constituent pour l'enfant un événement générateur de processus psychiques. Le remaniement narcissique qu'elle impose, la réélaboration de l'être-corps et de l'être-soi qu'elle nécessite, le remaniement de l'être-au monde qu'elle induit sont également à considérer. L'entourage, familial, mais aussi soignant, peut apporter aide ou gêne dans ce qui est présenté comme un travail : « le travail de la maladie » [3].

Wall, Holden et Galdstein (1997) ont étudié les réponses données par les parents au mal de tête de l'enfant. Sur un échantillon de 153 patients, ils ont mis en évidence trois facteurs : l'inquiétude, la négation et l'évitement.

Soulignons ici l'importance des réponses données par les parents et par les soignants à un symptôme corporel, à un « dire du corps » porté par une plainte.

Manifestations symptomatiques

Les différents types de troubles observés ont une expression symptomatique à la fois riche et labile, au registre somatique, comportemental ou cognitif.

Cette labilité et cette richesse des symptômes rendent compte du caractère particulièrement évolutif et dynamique de la croissance, à l'opposé de la pause transitoire apparente ou théorique.

Elles peuvent être rapportées à la répression du symptôme, active et systématique, faisant l'objet de traitements et de mesures éducatives et rééducatives dont l'accumulation renforce la dimension répressive. Les symptômes de l'enfant sont le plus souvent décodés comme des dysfonctionnements, dans leur seule négativité fonctionnelle et non dans leur expression porteuse de sens. C'est pourquoi la réponse ne peut être que répressive, sous les formes les plus diverses, en milieu familial ou sociotechnique. Les consultations médicales, orthophoniques, psychologiques… s'inscrivent souvent dans ce contexte.

Elles rendent difficile une présentation thématique interprétative, à partir du versant expressif (somatique, psychique ou comportemental), ou descriptive, passant en revue les différentes fonctions ou appareils.

Retenons, tout en en sentant les limites, la distinction entre :

– les manifestations au versant expressif somatopsychique, mettant en jeu le corps, à la fois symbolique, réel et imaginaire : maladies psychosomatiques, troubles fonctionnels, troubles dits « psychomoteurs » ;

– les expressions directes au registre comportemental ;

– les expressions plus spécifiquement psychiques, dans lesquelles, bien entendu, le corps est présent, mais autrement : troubles dits cognitifs, psychonévrotiques, psychotiques (non traités).

Il n'est pas question, ici, de présenter le répertoire exhaustif de toutes les pathologies pédiatriques ou pédopsychiatriques. Sont seulement évoquées celles dont la fréquence, à la période considérée, nous interpelle particulièrement. (Pour un aperçu plus complet, on pourra consulter Ph. Guran [12] ; Y. Tyrode, S. Bourcet [21].)

Troubles d'expression somatopsychique

Dans cette catégorie, on relève des troubles apparaissant sous forme de spasmes, de crispations, de constriction, de tensions, de blocage, souvent d'apparition brutale dans un épisode de type aigu, paroxystique : symptômes algiques, respiratoires, tonico-cinétiques, dystonies neurovégétatives... L'angoisse y est constante.

Manifestations algiques

Les douleurs à répétition, sans pathologie organique, sont fréquentes, en particulier dans la période 8-11 ans. Sur 1 000 enfants d'âge scolaire, on a observé 108 douleurs abdominales, 30 douleurs des membres [13].

Pour l'essentiel, elles sont constituées par les douleurs abdominales, les migraines et les céphalées.

Le syndrome de *douleur abdominale* récurrente (RAP) est un terme descriptif large, utilisé en pédiatrie pour définir un groupe hétérogène de patients qui connaissent des crises épisodiques de douleurs abdominales. Classiquement décrit par Apley, il y a 40 ans, il est défini par la survenue d'au moins trois épisodes de douleur abdominale sur une période de trois mois avec une douleur dont l'intensité affecte le comportement de l'enfant.

Le désordre fonctionnel responsable est déclenché par une perturbation motrice ou sensorielle du système gastro-intestinal provoquée par une stimulation physique ou psychique. Boyle [5] décrit trois tableaux cliniques de la douleur abdominale fonctionnelle de l'enfant et de l'adolescent : la douleur périombilicale paroxystique, la dyspepsie et le côlon irritable.

Les douleurs abdominales peuvent apparaître dans un tableau clinique moins précis, accompagnées de pâleur, parfois associées à des accès migraineux, avec nausées ou vomissements, photophobie, état vertigineux. On peut les observer à des moments différents (le matin, au cours des repas), avec une rythmicité variable.

Leur fréquence est généralement estimée à 10-15 % chez les enfants d'âge scolaire.

Elles représentent 10 % des motifs de consultation médicale et sont, le plus souvent, sans support organique (plus de 90 % pour Apley), même si les pédiatres sont de plus en plus attentifs à une anomalie possible du système digestif [22].

Les migraines touchent environ 5 % des écoliers [12]. Elles apparaissent brutalement, précédées ou non de signes sensitifs qui évoquent une vasoconstriction cérébrale, se poursuivent par la phase de céphalée. Le sommeil est le plus souvent le meilleur remède.

Douleurs abdominales et céphalées peuvent coexister ou alterner, comme chez Thierry, 9 ans, qui se plaint de douleurs périombilicales et céphaliques simultanées ou non.

La présence d'antécédents itératifs de douleurs abdominales, de vomissements, l'existence d'un terrain familial sont en faveur d'un diagnostic de migraine, en l'absence d'une autre cause identifiée (par exemple un trouble oculaire : insuffisance de convergence, exophorie, générateur de céphalée en fin de journée, après le travail scolaire).

De même que la fatigue qu'elles peuvent accompagner, les manifestations algiques entrent le plus souvent dans la catégorie des troubles somatoformes sans mécanisme physiopathologique susceptible d'expliquer la plainte, voire dans celle des troubles factices ou des troubles simulés (lorsqu'un avantage en est attendu).

On insiste sur leur banalité clinique, sur la variabilité de leur survenue, sur l'imprécision de la description qui en est faite. Le médecin procède à un examen clinique rigoureux, centré sur la recherche de troubles associés, afin de ne pas laisser une pathologie inaperçue, le complète par diverses investigations (examens biologiques, radiologiques, endoscopie…).

Un pédiatre suédois, M. Ashorn [1] estime que le recours à des méthodes d'examen plus sophistiquées fait apparaître que dans plus de 50 % des cas la cause des plaintes gastriques des enfants d'âge scolaire est une maladie susceptible de recevoir un traitement ou une anomalie fonctionnelle du système gastro-intestinal. Notons qu'il rapporte également les récentes recherches sur les processus neuroendocrinologiques et neurophysiologiques en faveur d'une hypothèse étiologique de type psychosomatique.

Un sédatif, des mesures générales touchant l'hygiène de vie sont le plus souvent proposés (alimentation, rythmes, sommeil).

Lorsque les examens sont négatifs, une étiologie psychogène peut être évoquée, en relation :

– avec les caractéristiques familiales : anxiété, dépression, somatisation. La similarité avec les manifestations algiques familiales observée dans 50 à 70 % des cas (céphalées cinq fois plus fréquentes que dans le groupe de contrôle) est en faveur de l'hypothèse de la reproduction d'un modèle familial de réponse au stress et à l'angoisse (angoisse hypocondriaque maternelle notamment). On parle de mécanisme de « coping » (Reid-GJ *et al.*) ;

– avec le contexte actuel de vie : familiale, scolaire ou sociale. Elles sont, alors, référées à des difficultés relationnelles, liées aux caractéristiques du groupe, à des situations angoissantes, à des stress sources de tension, à des troubles instrumentaux générateurs d'échec scolaire. Le symptôme exprime l'impossibilité de l'enfant de gérer les difficultés rencontrées.

Ainsi, une étude américaine fait apparaître la fréquence plus élevée des maux de tête chez les enfants vivant seuls avec leur mère (Dawson).

La prédominance du contexte scolaire dans les hypothèses étiologiques ne surprend pas. Elle est à relier aux conceptions prévalentes du développement de l'enfant au cours de la deuxième septaine, centrées sur la dissociation somatopsychique et pour lesquelles l'essentiel de la croissance réside dans l'adaptation comportementale et cognitive aux formes sociales convenues d'éducation et d'acquisition du savoir. Dans ce cas, écrit Ph. Guran [12], « Il serait inopportun et maladroit, devant un symptôme aussi banal et fréquent, de déclencher une investigation psychologique. Dans la plupart des cas, en effet, la seule démarche de la famille auprès du médecin, témoin de l'intérêt prêté à la main tendue de l'enfant, et l'écoute qui lui est accordée, suffisent à améliorer la situation. Il est légitime de recourir, ici, pendant quelques semaines, tandis que se dénoue la problématique, à l'usage de médications anxiolytiques. »

Relevons la nécessité de l'écoute et pensons à la forme à lui donner.

La diversité des éléments recueillis dans les consultations et les thérapies d'enfants se plaignant de douleurs fonctionnelles appelle l'attention du soignant au plan clinique, l'invitant à une approche prudente et individualisée (*cf.* infra Intervention thérapeutique). Elle l'invite également à s'interroger au plan théorique.

Peut-on inscrire ces douleurs dans le cadre de la névrose de comportement de Kreisler [15], caractérisée par l'absence de liberté fantasmatique, la pauvreté des représentations, en retenant son souci de parler de fonctionnement plutôt que de structure, étant donné la réversibilité observée jusqu'à l'adolescence ?

Peut-on parler d'une instrumentalisation du corps, en distinguant et opposant les deux processus essentiels :

– la conversion, prise dans la redondance du discours douloureux, dans la contagion symptomatique ;

– la somatisation, plus fréquente chez l'enfant, maintenu dans l'impossibilité d'une parole inouïe, tenu à la banalité somatique ?

Les difficultés d'identification font-elles que l'affect qui maintient la vie psychique est expérience de souffrance vécue dans le corps, barré, ne pouvant être, sinon comme corps douloureux, ni corps de jouissance, hors de l'autre, ni corps de connaissance, en soi ?

La douleur fonctionnelle du grand enfant peut-elle être considérée comme s'inscrivant dans la continuité d'une économie psychosomatique où les conflits dynamiques s'expriment davantage dans un dysfonctionnement des mécanismes adaptatifs somatiques que dans l'élaboration de symptômes psychologiques mentalisés ?

L'approche psychosomatique proposée supra nous invite à entendre la douleur et la plainte qu'elle fait dire au nouage même du corps et de la psyché. Nouage du corps et de la psyché en « souffrance », à comprendre dans sa polysémie : douleur, attente et soumission. En souffrance des lois du plaisir et du désir, en attente des lois de la parole, réduit à l'arbitraire du pouvoir en soi et venu de l'autre. Le corps en souffrance d'investissement sur soi, de propriétaire. Le sujet qui ne peut l'habiter, qui ne peut y occuper sa place.

La douleur est dite et répétée, dans sa stéréotypie lexicale, à la place de l'affect et de l'émotion que la seule pâleur exprime. La pauvreté langagière semble associée à une forte inhibition émotionnelle. La référence à une anomalie neurologique, proposée par Sifneos et Nemiah notamment, pour rendre compte de la carence de l'expression émotionnelle et de la symbolisation des affects (alexithymie) suffit-elle ? Comment expliquer l'évolution, parfois rapide, observée dans la thérapie ?

Ainsi, Annie, 9 ans : « J'ai mal au ventre, c'est tout ce que je peux dire. Demandez à ma mère, c'est elle qui s'occupe de ça ». Au cours de la thérapie, elle dira son sentiment que sa mère « s'occupe de ça » par devoir et non par amour. La douleur du corps sera dite blessure de l'être. La parole, celle du discours et du dessin, la libérera du retour sur soi des pulsions agressives refoulées.

Cette position de l'autre au pôle du devoir et du pouvoir est fréquente : « Je fais tout pour lui », dit le parent ; « Je subis tout de lui », dit l'enfant. Malentendu sur la question même du sujet.

Le fait que l'enfant localise d'abord dans l'abdomen les douleurs aiguës, les cénesthopathies générales, les sensations de malaise, dans la continuité de la petite enfance, l'observation que les maux de tête sont plus tardifs invitent le soignant à s'interroger sur ce déplacement.

Certes, on peut y voir l'intervention de facteurs culturels : par exemple, dans la société victorienne, on ne parlait jamais du ventre, la migraine était très tôt intégrée comme seule dicible dans une plainte.

On peut entendre le «j'ai mal» de l'enfant dans une sortie difficile du corps de la mère, de ce lieu du corps initial, paradigme de la symbiose, dans une problématique différente de la précédente qui était posée en termes d'acceptation ou de refus [13].

«Je voudrais bien mais je ne peux pas, j'ai trop mal», dit Rémi, 8 ans, qui ne parvient pas à avaler une bouchée, le matin, avant l'école. Par les mots et par le dessin, il exprime le sentiment de perte et la peur : perte du statut et du corps du petit enfant, peur de cette autonomie qui signifie abandon. La plainte douloureuse dit la vulnérabilité, l'impossible sécurité de l'unité du corps. Les attentions alimentaires, les précautions qui reprennent ou, plus exactement, poursuivent celles prises dans la première enfance, le confortent dans le sentiment que ce qui se joue dans ce temps de sa vie est trop pour lui. Altération narcissique, dévalorisation de l'image de soi semblent durablement installées chez un enfant décrit comme «de santé délicate» depuis toujours.

Parfois, les éléments recueillis donnent à penser que le corps de l'enfant est utilisé par la mère pour y déverser une problématique qu'elle n'arrive pas à maintenir au niveau intrapsychique (Florent, 7 ans, Julien, 9 ans).

On comprend l'importance des plaintes entendues, dites par la mère, le père ou un proche, qui «donnent corps et mots» à une souffrance indicible, qui signifient à l'enfant une place, sa place, dans un processus de reproduction/répétition. S. Bonfils [4] observe qu'il n'est pas rare qu'une femme souffrant de colopathie fonctionnelle ait une fille atteinte très tôt par des troubles intestinaux sans substratum organique.

On comprend la persistance, entre 6 et 12 ans, des caractères archaïques de la plainte : la difficulté de qualifier la composante sensorielle, le décalage entre les réactions émotionnelles et la réalité de la douleur, la présence de réponses purement défensives (position antalgique, contracture et résistance à la mobilisation passive, atonie psychomotrice). Ainsi, Julie, 7 ans, qui ne sort pas en récréation, préfère rester en classe, par «peur d'avoir mal» en courant ou en sautant. Traitée par sa mère jusqu'ici comme un bébé, elle n'a pas accepté le changement d'attitude à l'entrée à la «grande école».

Les céphalées attirent l'attention sur le travail cérébral exigé de l'enfant, sur les performances attendues dans le champ cognitif. Elles peuvent être associées à un processus d'inhibition douloureuse de l'activité mentale mise en œuvre dans les apprentissages. Ainsi, Bruno, 9 ans, qui souffre de céphalées récurrentes, accompagnées d'insomnie, et qui dit sa peur d'échouer, c'est-à-dire de décevoir et de faillir, dans un environnement familial très centré sur la réussite scolaire.

À la question de la diversité — donc de la difficulté — clinique, théorique s'ajoute celle du croisement de la cause et de l'effet de la douleur fonctionnelle dans le vécu et le comportement de l'enfant.

Ainsi, à propos de céphalées récidivantes, Larsson *et al.* suggèrent que les traits de personnalité et de comportement observés reflètent davantage les effets non spécifiques du trouble douloureux que leur cause.

Retenons plutôt l'établissement d'un système en boucle producteur de dévalorisation, de difficultés d'insertion qui aggravent l'altération narcissique et les difficultés identitaires, qui ne peut qu'ajouter de l'angoisse, enfermer dans la répétition.

Pensons aux effets, à plus long terme, de l'inscription de la douleur dans les systèmes physiologique et psychologique :

– on parle d'hyperalgésie définitive à la suite de douleurs ayant provoqué une modification structurelle des nocicepteurs, en période pré- et périnatale ;

– on sait qu'à partir de 6 ans, une sensation de douleur aiguë peut être conservée dans la représentation somesthésique corticale ;

– la finalité mnésique du système nociceptif peut conduire à la conservation d'une douleur-mémoire, reproductible, à l'identique ou non, créant une susceptibilité à l'établissement d'une douleur chronique chez l'adulte. Observons que 20 % des migraines adultes débutent avant l'âge de 15 ans.

Les douleurs fonctionnelles de l'enfant peuvent constituer un phénomène de conditionnement provoquant des douleurs chroniques à distance, sans que soit identifié le stimulus conditionnel.

Les failles du nouage somatopsychique de la deuxième septaine, l'impossible alliance du corps, de l'espace et du temps laissent des traces sensibles, caractérisées précisément par la répétition et l'ambivalence, pouvant intervenir dans la genèse des douleurs chroniques chez l'adulte.

C'est pourquoi la douleur-mémoire n'est pas seulement fondée sur le caractère aigu ou lésionnel du phénomène douloureux. Elle s'inscrit dans une organisation d'emblée somatopsychique, au carrefour de la problématique développementale et de l'environnement.

Asthme du grand enfant (6-7 à 10-12 ans)

Qualifié de prépubertaire, il cède, souvent, à la puberté (plus d'un tiers des asthmatiques infantiles deviennent asymptomatiques à 15 ans [13]).

La diversité des formes cliniques et étiopathogéniques rend difficile l'établissement d'un profil psychologique de l'enfant asthmatique et impose une conception multifactorielle de la maladie faisant intervenir des mécanismes cellulaires connus ainsi que des processus psychiques mis en œuvre dans des situations particulières.

L'allergie n'y est pas constante, au contraire de l'hyper-réactivité bronchique, associée à l'hyper-réactivité émotionnelle.

Trois traits semblent constants : l'émotivité, le manque d'autonomie affective et la difficulté à gérer les situations conflictuelles.

Rapportés à la problématique de la période, ils font apparaître l'asthme comme une maladie de la croissance affective. Les données nouvelles, situations et sentiments, font que l'équilibre précédent ne peut plus tenir, le mode de fonctionnement archaïque qui a tenu bon, contre les menaces et les peurs, n'est plus acceptable.

On peut évoquer certains traits de la personnalité dite « allergique essentielle » de Marty : l'accumulation des relations amicales peu stables, l'évitement de la bagarre, la fuite du conflit, qu'il réfère au blocage du processus précoce de séparation/individuation.

On comprend qu'il en reste quelque chose dans l'évolution du sujet, au cours de son développement, qui fasse effet de structure.

L'émotivité très forte observée la fait qualifier de « maladie émotionnelle » [4] dans son déclenchement et la substitution d'une représentation mentale au processus allergique lui-même.

Sami Ali considère l'asthme de 6-10 ans comme une des formes possibles de l'allergie, une des potentialités de l'organisation œdipienne : la régression au niveau du corps réel.

L'allergie lui paraît être le syndrome psychosomatique par excellence, qu'elle soit ponctuelle et épisodique, ou bien constante et continue : « Toute allergie est questionnement de ce qui est soi et n'est pas soi », écrit-il, rapportant précisément sa survenue à une soudaine intensification des défenses somatiques (système immunitaire) en réponse à une situation d'impasse identitaire.

Troubles du sommeil

On distingue habituellement : les troubles de l'endormissement et du coucher, les troubles paroxystiques, les hypersomnies.

Parmi les troubles paroxystiques non épileptiques, on cite la terreur nocturne, qui cède à 6-7 ans, la somniloquie, le bruxisme (non traitées ici), l'énurésie (*cf.* infra) et le somnambulisme.

Ce dernier constitue un trouble typique de la deuxième septaine touchant environ 15 % des enfants de 6 à 12 ans, en majorité des garçons, et disparaissant, le plus souvent, à la puberté, même sans traitement (à l'exception d'une forme accompagnée de terreur et d'agressivité, plus durable).

Il ne s'agit pas d'un rêve agi, car il survient pendant la phase de sommeil lent (Gastaut), précisément au moment où le dormeur va passer au sommeil paradoxal.

On peut le relier à la problématique psychogénétique de la période en faisant l'hypothèse d'un échec de l'organisation du sommeil provoqué par la difficulté de gérer les conflits. On comprend l'installation d'un cercle vicieux : l'échec de la mise en place de la PMO ne peut que renforcer ces difficultés dans la mesure où sa fonction biologique est l'autoprogrammation cérébrale ainsi que l'organisation des informations de veille, et sa fonction psychique réside précisément dans l'organisation et l'élaboration psychique.

Ces conséquences sont minorées par son caractère ponctuel en début de nuit.

La relaxation psychothérapique est intéressante dans la mesure où elle peut constituer une aide à la programmation du sommeil, en réduisant l'angoisse, apaisant les tensions et facilitant la fonction intégrative du rêve.

Le cauchemar occupe une place particulière dans le sommeil (et ses troubles) ainsi que dans le développement psychique. On le renvoie habituellement à l'insuffisance de l'élaboration psychique, réservant à l'adulte l'irruption soudaine du refoulé (Sami Ali, notamment). Dans la deuxième septaine, il peut être en relation avec la problématique du surmoi et prendre une forme « mixte ».

Énurésie (hors des cas d'incontinence diurne)

Sa forme fonctionnelle (la forme organique n'étant pas traitée ici) touche 6 à 15 % des enfants de 4 à 10 ans, majoritairement de sexe masculin, et cède, généralement à la puberté (1 à 2 % [12]). On peut se référer à l'étude de Vidailhet sur 25 000 enfants.

Qu'elle soit primaire (sans interruption depuis la première enfance) ou secondaire (récente et épisodique), elle est d'étiopathogénie difficile à cerner, même référée à la problématique œdipienne.

On observe une forte anxiété, un sentiment d'insécurité renforcés, en retour, par les répercussions du trouble lui-même, l'infériorisation et la gêne qu'il génère.

Symptôme gênant pour l'entourage, il provoque de nombreuses tentatives de toutes sortes, parfois radicales, fondées sur la peur, le conditionnement... Les mesures prises peuvent avoir des effets : examens répétés vécus comme une punition, rituel installé gratifiant (dérangement des parents et manipulation génitale).

La fréquence prédominante chez les garçons peut évoquer une crainte liée au pénis : l'enfant, à la fois, se rassure en urinant et exprime qu'il n'est pas maître (régression). La difficulté, voire le refus, de grandir s'observe chez les garçons et les filles.

L'intervention de facteurs d'environnement peut conduire à considérer l'enfant énurétique porteur d'un symptôme parental. On note parfois l'influence d'un climat d'hyperstimulation sexuelle dans l'entourage.

Asthénie

Elle apparaît sous la forme d'une fatigue, d'un abattement d'évolution périodique sans étiologie organique. Elle est à distinguer de la fatigue provoquée par le surmenage, le malmenage ou le manque de sommeil liés, souvent au mode de vie des parents.

Les examens biologiques complémentaires ne décèlent rien d'anormal. La taille et le poids sont normaux. Elle est d'aspect somatique, à distinguer de l'apathie (affective) et de la passivité (comportementale).

La perturbation du sommeil qui l'accompagne est à considérer comme liée, pas nécessairement de manière causale.

L'attention est attirée par l'anxiété, très forte, le blocage émotionnel, des éléments phobiques, liés à la scolarité et aux relations parentales, des éléments dépressifs. (L'asthénie peut être une expression clinique de la dépression chez l'enfant).

L'absence de cause identifiée renforce l'anxiété, dans la solidarité parentale, et risque d'induire une surmédicalisation génératrice d'une tendance hypocondriaque.

La psychothérapie la fait apparaître, souvent, liée à un non-dit familial dans lequel l'enfant, porteur symptomatique, s'épuise.

On conçoit le rôle de la parole échangée dans une psychothérapie de type familial ou dans des entretiens à plusieurs (enfant, thérapeute, parents).

On comprend le rôle de l'approche somatopsychique, respectueuse du symptôme mais permettant de faire l'expérience d'un être-corps autre.

Troubles dits psychomoteurs

Ils sont exprimés par l'instabilité, l'incontrôle, le déficit attentionnel, les perturbations posturomotrices et les difficultés temporospatiales. Ils peuvent s'inscrire dans un retard global de maturation ou, plus souvent, dans un tableau de dysharmonie tonique, posturale ou cinétique, voire de dyskinésies : enfant dit maladroit, lent ou agité, désordonné, ayant une latéralité hétérogène.

L'« instabilité » de l'enfant doit être abordée avec attention et prudence avant de conclure à son caractère pathologique.

Un tableau clinique particulier est constitué par l'hyperkinésie, notée dès la première enfance. Elle entre dans le syndrome dit de « dysfonctionnement cérébral minime », que les américains définissent ainsi : « troubles d'apprentissage et de comportement associés à des anomalies fonctionnelles du système nerveux central chez des enfants d'intelligence Lhrmale ».

Les Anglo-saxons définissent le syndrome de l'enfant hyperkinétique avec trouble déficitaire de l'attention par association de critères mineurs (durée supérieure à six mois, apparition avant l'âge de 7 ans) et de critères majeurs :

– *hyperactivité* : deux critères sur cinq : agitation spontanée importante, motilité irrépressible (court ou grimpe partout où il se trouve), impossibilité de rester tranquille sur demande, de jouer en silence sur demande, activités physiques dangereuses sans conscience des conséquences ;

– *troubles de l'attention* : trois critères sur cinq sont requis : absence d'attention soutenue pendant dix minutes dans le même jeu, distraction facile par un stimulus extérieur, attitude distraite, manifeste de non-écoute, perte des objets, non-achèvement de ce qui est commencé (y compris le repas) ;

– *impulsivité* : trois critères parmi cinq : impossibilité d'attendre son tour dans un groupe, réponse précipitée aux questions, passage d'une activité à une autre sans cohérence ni organisation, impossibilité de se conformer aux directives, interruption de l'activité des autres (verbale ou motrice).

Peuvent être ajoutés des signes neurologiques : « *soft signe* » : difficultés motrices fines, troubles de la coordination, dyspraxies buccofaciales, troubles du schéma corporel.

L'évaluation des signes se fait au moyen de l'échelle de Yale (YCI), large et analytique (1986), ou bien par le questionnaire de Conners, de type empirique (1969).

Ce syndrome touche 3 à 5 % des enfants d'âge scolaire et neuf fois sur dix des garçons. Il est associé dans 73 % des cas à des troubles d'apprentissage (Gillberg).

Il correspond à ce qui était nommé anciennement « instabilité psychomotrice ».

Dans une perspective étiologique, Michaux distinguait :

– l'instabilité constitutionnelle, dans le prolongement de l'instabilité de l'âge précédent, et figurant dans un tableau de retard (marche, parole, propreté), de maladresse et d'inattention ;

– l'instabilité acquise, soit à partir d'une pathologie organique (séquelle d'encéphalite ou de trauma crânien), soit psychogène, que Lebovici appelait « conditionnée » pour en montrer l'origine exogène (conditions matérielles et affectives). L'instabilité de l'enfant est alors le reflet de celle de l'entourage.

Dans une approche fonctionnelle, Bergès propose de distinguer deux types d'organisation psychomotrice :

– état tensionnel d'alerte et d'hypervigilance permanentes ;

– état de déhiscence, d'incontrôle émotionnel, sur fond de dystonies neurovégétatives.

La réduction des syncinésies tonico-cinétiques a été relevée au registre des progrès de la période. Notons la fréquence élevée des syncinésies de diffusion tonico-cinétique (mouvement parasite) au niveau de la main et de la face entre 6 et 8 ans, suivie de leur réduction entre 10 et 12 ans.

Ajoutées à celle des syncinésies de diffusion tonique (tension, raidissement) qui persistent, même au-delà de la période, elles signent l'importance de la fonction tonique et de sa relation archaïque et toujours actuelle avec ces trois formes d'être. Elles constituent une indication toute particulière de relaxation thérapeutique.

On retiendra que, quel que soit le type de difficulté ou de lecture étiopathologique, on observe un tableau clinique qui renvoie, au moins en partie, à la problématique de la période évoquée supra : l'enfant qui ne tient pas en place, faute de place.

Plus largement, on peut voir dans ces troubles la difficulté d'être, aux trois registres de l'être-corps, de l'être-soi et de l'être-au-monde : mouvements incessants des jambes, comme pour avancer quand même, crispations des épaules dans un mouvement ascendant, comme pour soutenir une charge lourde, ou s'en libérer, balancements comme pour hésiter à prendre position face à l'autre[4].

La fréquence élevée de troubles spatiotemporels associés nous renvoie fortement à l'hypothèse d'un impossible nouage somatopsychique, d'une impossible présence du « je-ici-maintenant ».

Aux États-Unis, on évoque plus souvent qu'en Europe une étiologie organique et on recourt davantage à la pharmacothérapie : métylphénidate (*Ritaline*), préférée à la dextroamphétamine. Ce psychostimulant améliore les performances aux tests d'attention pratiqués en double aveugle. Son effet est accentué en l'absence de troubles émotionnels. Cependant on manque de recul pour connaître les effets à long terme. Des manifestations sont notées telles que tics, perte de sommeil et d'appétit, céphalées.

D. J. Duché [8] préconise la prudence en la matière et met l'accent sur les mesures éducatives, l'aide psychothérapique, considérant que « au sens strict l'enfant hyperactif n'est point pathologique même s'il est hors norme ».

Les tics, mouvements segmentaires involontaires et stéréotypés, touchent plus particulièrement la face, parfois le cou et les épaules. De nature psychogène, le plus souvent transitoires, ils n'en causent pas moins une gêne importante et une grande souffrance, aggravées par l'intolérance de l'entourage. Ils seront évoqués, également infra, au registre des troubles obsessionnels.

Registre comportemental

Il est plus difficile à cerner. On étiquette souvent un peu rapidement « trouble du comportement », voire « psychopathie », des actes de violence, de mensonge ou de vol, qui sont l'expression, défensive ou offensive, dans le déni ou le refus, de la difficulté d'être et d'être accepté tel quel.

Ainsi, le refus scolaire peut-il s'inscrire dans ce cadre à partir d'un contexte de difficulté d'élaboration mentale, de verbalisation. Il constitue un passage à l'acte, seul mode possible.

Diaktine y relève les ruptures passées, les carences affectives précoces et les traumatismes qui n'ont pas permis la mise en place des mécanismes de gestion de l'absence, de l'attente et d'élaboration des bases narcissiques.

Dans cette étape de la vie, les troubles du comportement ne sont pas à considérer comme définitivement inscrits dans une organisation psychique fixée. Ils sont à traiter car les organisations caractérielles de l'âge adulte prennent leurs racines dans

4. Pensons à l'effet de cercle vicieux : enfant insupportable/enfant insupporté, qui s'installe avec la violence, la maltraitance.

l'enfance. Il convient d'être attentif à leur durée, à la tendance à la répétition plus qu'à leur intensité ou à leur nature, liées au niveau de tolérance de l'entourage.

Troubles d'expression psychique

Dans la catégorie des troubles d'expression psychique privilégiée, même si nous savons le corps présent et agissant, peuvent être relevés les troubles suivants.

Symptomatologie cognitive

Elle est constituée, d'une part, par les insuffisances : l'enfant qui ne comprend pas, qui ne retient pas; d'autre part, par les troubles instrumentaux, les dysfonctionnements : dyslexies, dysgraphies, dyscalculies, dysorthographies ou, plus finement, les dyspraxies (trouble de la représentation des actions), les dyschronies (troubles de la représentation des durées et de la succession temporelle).

Ces troubles peuvent être référés à la problématique de l'individuation, de la triangulation évoquée supra. On peut les entendre comme exprimant l'impossibilité de représenter les objets et les actions, faute de les inscrire dans la continuité spatiotemporelle et l'unité de l'être-corps, l'être-soi et l'être-au-monde.

Les dysphasies constituent un ensemble de troubles complexes de la communication orale liés à une perturbation sévère du cadre linguistique dans lequel elle devrait s'inscrire. La gravité des symptômes, leur persistance et la déviance des productions linguistiques en font une forme sévère des troubles spécifiques du développement du langage. Il s'agit d'un déficit structurel et non d'un retard développemental simple (Gérard).

À l'école, les pathologies cognitives naissent dans le rapport à l'écrit, ce lieu où l'auteur peut être «fauteur», lieu de risque.

Dans un cadre scolaire trop rigidement structuré (enseignant, institution), elles peuvent naître de la difficulté pour l'enfant d'exprimer l'agressivité déplacée à partir des fantasmes parentaux. Si ce cadre est trop faiblement structuré, il conduit à une régression, chargée de potentiel destructif car l'agressivité infantile ne peut pas s'y investir.

On souligne la relation circulaire avec l'investissement narcissique (Marcelli). La connaissance renforce le narcissisme en confortant le sentiment d'existence passée, la capacité d'attendre et le plaisir dû à l'apaisement d'une tension peu durable mais constamment renouvelée. Le désir de savoir s'en trouve renforcé et… etc.

Gessman voit dans «l'inappétence scolaire» l'effet néfaste d'une information sexuelle perturbatrice dans un dévoilement inopportun qui empêche la sublimation et la recherche intellectuelle.

Notons que ce qui est nommé «échec scolaire» constitue une nébuleuse plus souvent traitée en termes de mode d'adaptation défectueux qu'interprétée en tant que symptôme. Ajoutons qu'il est trop souvent le seul motif de consultation, le seul signal d'alarme entendu.

Manifestations névrotiques

Ce que l'on appelle ainsi peut faire partie, passagèrement, du développement, de l'évolution maturative.

Toute l'énergie de l'enfant peut être mobilisée contre l'angoisse, la culpabilité, dans une position régressive et en refoulant les désirs de l'étape vécue, par exemple, le désir de savoir, le savoir réactivant l'angoisse (peur de grandir). Par exemple, l'enfant qui fait ses devoirs, inutilement, pendant des heures avec sa mère.

Parfois, ces manifestations perdurent et deviennent prénévrotiques ou franchement névrotiques : phobiques, obsessionnelles, dépressives.

Ainsi des *manifestations obsessionnelles* isolées peuvent apparaître dans le développement, assurant une fonction protectrice et défensive du moi. Certaines sont banales : endormissement, marche sur des repères précis, confirmation de l'amour des parents… Elles peuvent aller jusqu'à inhiber les capacités créatrices, provoquer une altération de l'humeur et gêner les apprentissages.

La période de latence présente une sémiologie à la fois riche et insidieuse, car de véritables manifestations obsessionnelles peuvent se cacher derrière une symptomatologie de surface.

On retient trois expressions principales :

– les manies, préoccupations, répétitions qui apparaissent dans les vérifications multiples, l'inquiétude, le soin excessif. Les tics peuvent être considérés comme des équivalents moteurs d'obsession quand ils sont compulsifs et apportent un apaisement provisoire (d'où le risque d'évoluer vers un état obsessionnel, à l'adolescence, après cessation des tics) ;

– les troubles du comportement et de l'apprentissage : peurs obsédantes (mort de la mère ou du père), système rituel, hyperactivité ou inhibition ;

– les phobies avec rituel plus ou moins invalidant et anxiété intense. On parle de phobie scolaire lorsque deux éléments sont réunis :

  – les raisons irrationnelles données : par exemple, l'ennui à l'école n'est pas retenu ;
  – les réactions d'anxiété fortes, de panique, si l'enfant est forcé.

Ces manifestations évoluent soit vers la « normalité », l'aide ponctuelle étant devenue inutile, soit vers une organisation pathologique de type névrotique, voire psychotique (*cf.* les manifestations obsessionnelles apparaissant au cours du développement des psychoses infantiles, non traitées ici).

On note le rôle de l'organisation psychique parentale, la névrose de l'enfant étant entretenue par celle des parents.

Les *manifestations dépressives* : nous avons vu la relation établie par Marty entre dépression et somatisation. Évoquons, ici, le syndrome dépressif qui semble exprimer une dépression de type essentiel, sans cause extérieure identifiable. L'enfant a le sentiment de ne pas avoir droit, de rater quelque chose d'important, décisif pour son avenir, de perdre l'essentiel. Il est dans la peur, l'isolement, le doute de soi. Il manque de force. À défaut de pouvoir verbaliser la souffrance dépressive, l'enfant peut produire des comportements conflictuels, tel Cyril (10 ans) répétant rixes violentes et vols, sans raison apparente.

L'interprétation analytique pointe la défaillance de l'image paternelle, le défaut du surmoi, l'exagération de l'idéal du moi qui ne tient pas devant la réalité.

Si les troubles psychotiques ne sont pas abordés, on peut, toutefois, signaler les « dysharmonies évolutives » [19], qui recouvrent des pathologies-limites constituées à partir de l'hétérogénéité du développement. Les troubles sont interprétés par Gibello comme des processus défensifs face à une organisation archaïque.

À propos de l'ensemble de ces troubles et de leur expression symptomatique, il convient, semble-t-il, de considérer trois éléments communs essentiels :

– la souffrance dite ou tue, visible ou non :

– l'angoisse, toujours présente, même masquée ;

– la séparation, la rupture du nouage somatopsychique, présente même dans les symptômes cognitifs, et qui est attestée par :

  – les troubles du schématisme corporel et de la structuration spatiotemporelle qui les accompagnent le plus souvent ;

  – l'état de fatigue, voire d'épuisement somatique et psychique, proche, parfois, d'un état dépressif.

INTERVENTION THÉRAPEUTIQUE

La protestation symptomatique, la plainte douloureuse du grand enfant, appel entre silence et parole, nous invitent à une approche clinique qui ne peut se réduire à la mise en évidence de la seule dimension somatique ou d'une simple composante psychologique. Elles signifient que la souffrance s'est constituée en un ensemble somatopsychique au lieu même d'un nouage trop difficile, trop coûteux. C'est pourquoi elles nécessitent, en retour, attention et réponse prudente, étant donné l'importance des enjeux identitaires et les effets durables, observables dans la suite de la vie.

Plus encore qu'à d'autres périodes, le soignant est confronté au risque d'accroître la division du sujet, en spéculant uniquement sur le corps imaginaire ou en ne traitant que le symptôme corporel.

C'est pourquoi, l'intervention thérapeutique doit présenter, nécessairement, trois caractères :

– un caractère global, considérant l'ensemble somatopsychique sous-jacent aux manifestations et aux expressions symptomatiques qui se donnent à voir dans la désunion, la perte de l'unité, le clivage ;

– un caractère existentiel, dans sa capacité de modifier le vécu, le retentissement des situations et des relations ;

– un caractère maturant, en permettant de mieux identifier les difficultés, en rééquilibrant l'économie du fonctionnement psychique dans le sens de la réduction, voire la suppression, du coût symptomatique.

Accompagnant l'échange verbal restaurateur de la parole et conjointement aux outils thérapeutiques expressifs et projectifs (dessin, marionnettes pour les plus jeunes), la relaxation psychothérapique s'intègre parfaitement dans un dispositif de traitement car elle possède ces trois caractères d'une manière spécifiquement adéquate à la problématique et aux manifestations symptomatiques de cette période de la vie.

On peut même avancer qu'elle constitue :

– une aide directe au développement, en facilitant, voire suscitant les acquisitions de cette période, de l'ordre de la structure, et qui touchent tous les aspects : corps, pensée, action, relation ;

– un support efficace pour le traitement des troubles qui y sont observés, exprimés par le spasme et la tension, la crispation, l'agitation ou l'inhibition.

À la condition de l'inscrire dans un projet clair centré sur la sécurité et le respect de l'enfant.

Ce projet s'inscrit dans une perspective somatopsychique, proposant à l'enfant de partir de son corps comme lieu et fondement de son être, comme structure et référence, dans une attitude réceptive, génératrice de détente pour, ensuite, par l'intégration et la prise de conscience progressives, sentir, prendre sa place de sujet en s'accueillant dans son être-corps pour se poser dans son être-soi et s'ouvrir à son être-au-monde.

BIBLIOGRAPHIE

[1] ASHORN M. — Recurrent stomach complaints in children. *Nord-Med.*, 1998, 113(2) : 43-45, 59.

[2] BEE H. — *Psychologie du développement.* De Boeck Université, Bruxelles, 1997.

[3] BERTAGNE P, MONTREUIL M, PEDRINELLI JL. — L'enfant et la maladie somatique : le travail de la maladie. *Neuropsychiatrie de l'enfance et de l'adolescence,* 1996, 44(1-2) : 22-35.

[4] BONFILS S. — *Impertinente psychosomatique.* John Libbey Eurotext, Paris, 1993.

[5] BOYLE J.T. Recurrent abdominal pain : an update. *Pediatric Rev.* 1997, 18(9) : 310-320.

[6] CADY S. — *Latéralité et image du corps chez l'enfant.* Centurion, Paris, 1988.

[7] DOLTO F. — *Psychanalyse et pédiatrie.*

[8] DUCHE D.J. — *L'enfant hyperactif.* Ellipses, Paris, 1996.

[9] FARRIAUX J.P,. RAPOPORT D (coordinateurs). — *Troubles de l'apprentissage scolaire.* Doin, Paris, 1995.

[10] FREUD A. — *Le normal et le pathologique chez l'enfant.* Gallimard, Paris, 1965.

[11] FREUD S. — *Trois essais sur la théorie de la sexualité.* Gallimard, Paris, 1962.

[12] GURAN PH. — *Pédiatrie en pratique quotidienne. L'enfant d'âge scolaire.* Ellipses, Paris, 1986.

[13] HAYNAL A. PASINI W. Archinand M. — *Médecine psychosomatique, aperçus psychosociaux.* 3e éd., Masson, 1997.

[14] JEAMMET PH., REYNAUD M., Consoli S. — *Psychologie médicale.* 3e éd., Masson, Paris, 1988.

[15] KREISLER L. — *Le nouvel enfant du désordre psychosomatique.* Dunod, Paris, Mise à jour 1992.

[16] LAPLANCHE J., PONTALIS J.B. — *Vocabulaire de la psychanalyse.* PUF, Paris, 1967.

[17] MAZERAND V., OLINDO-WEBER S. — *Pour une théorie du sujet limite : l'originaire et le trauma.* L'Harmattan, Paris, 1994.

[18] MAZET PH. — Les troubles psychosomatiques dans la grande enfance. *Rev. Pédiatrie,* 1982, 18(5) : 259-262.

[19] MISES R. — *Les pathologies limites de l'enfance.* PUF, Paris, 1990.

[20] SAMI ALI. — *Penser le somatique. Imaginaire et pathologie.* Dunod, Paris, 1988.

[21] TYRODE Y., BOURCET S. — *Psychiatrie clinique de l'enfant et de l'adolescent.* Ellipses, Paris, 1999.

[22] ZANCAN L., GUARSO G., GOBBER D. — Abdominal pain syndrome recurring after 40 years : critical revision. *Pediatric-Med-Chir.* 1996, 18(1) : 65-66.

11

Odontologie, psychosomatique et douleur

M. RUEL KELLERMANN

En odontologie, peut-être plus qu'en médecine, on a encore trop tendance à ignorer le fait psychosomatique.

Les praticiens de l'art dentaire sont entraînés à diagnostiquer des pathologies, pour lesquelles ils ont des réponses et des interventions thérapeutiques bien codifiées. Dans la majorité des cas, ils interviennent avec succès sur les organes dentaires, leurs tissus de soutien, les muqueuses buccales, linguales, etc., mais, lorsqu'après diverses tentatives thérapeutiques, le patient n'est toujours pas soulagé, récidive ou n'est pas satisfait, le praticien désemparé s'interroge et, se sentant trahi par le physique, s'oriente alors vers ce qui le met toujours mal à l'aise : le psychique.

Pour le praticien comme pour le patient, l'investigation est médicale, l'intervention est reine. Une investigation faite d'écoute, de tact, et d'observation pour mieux cerner la personnalité du patient, l'interférence du symptôme sur sa vie actuelle et les circonstances de sa survenue apparaît, non seulement superflue, mais encore si peu facile à mener qu'elle est pratiquement toujours écartée.

Certains êtres anxieux, fragiles ou, tout simplement, plus attentifs à la moindre perception physique ou douloureuse, mais redoutant toute intervention, auraient tendance à suggérer à un praticien, susceptible de l'entendre, que ce dont ils se plaignent pourrait bien être « psychosomatique », terme qu'ils préfèrent, généralement avec raison, lorsqu'ils sont éclairés, à celui de « psychique ». Pour la plus grande majorité, parler de « psychosomatique » à propos de la bouche paraît toutefois incongru, tant, dans l'esprit de chacun, « une dent est une dent » : soit elle ne fait pas mal et tout va bien, soit elle fait mal et le dentiste est là pour y remédier. Point.

On respire, on boit, on mange, on mastique, on fume, on parle, on crie, on rit, on chante, on embrasse, on exprime bien des sentiments par des mimiques buccales qui échappent à leur auteur, la bouche peut même remplacer la main (dessin ; peinture des handicapés, etc.). C'est une cavité, et un instrument multifonctionnel, exceptionnel et magnifique, utilisé à chaque instant de notre vie. Elle est partie intégrante depuis toujours de nous-mêmes, si familière qu'on exige tout d'elle, sans jamais en prendre conscience, sauf lorsqu'une fonction est atteinte.

Il est encore difficile de mesurer l'importance des manifestations psychosomatiques, car, à part celles admises maintenant par certains spécialistes des douleurs dysfonctionnelles de l'appareil manducateur, elles échappent à toutes statistiques. En effet, elles ne sont pas répertoriées comme telles. Elles passent aux pertes et profits des échecs thérapeutiques et contribuent largement à la surconsommation d'actes coûteux et inutiles.

IMPORTANCE DE LA BOUCHE

En odontologie, toute douleur déclenche une angoisse et des émotions qui peuvent paraître disproportionnées par rapport à la cause. Ambroise Paré la considérait déjà comme « la plus grande et la plus cruelle des douleurs sans mort ».

Les affections psychosomatiques, lorsqu'elles touchent la sphère bucco-dentaire, cachent une souffrance particulièrement indicible. Il n'est pas inutile de rappeler l'importance du rôle vital et affectif de la bouche, dès l'aube de la vie.

Tout d'abord, rappelons que les régions péri-orificielles (lèvres, muqueuses intra-buccales et langue) ont une représentation corticale étendue (*cf.* l'homonculus de Penfield), ce qui peut justifier l'amplification et le caractère obsédant de toute douleur buccale.

Anatomiquement, la spécificité de la bouche tient au fait qu'elle est « le seul organe du corps humain où l'on trouve un organe mobile, aussi complexe, que la langue » (Kawamura, 1974). Ce muscle roi, puissant, unique, est le seul à n'être rattaché que par une seule de ses extrémités.

Durant la vie intra-utérine il faut noter l'extrême précocité du développement fonctionnel et sensoriel. « Vers le soixantième jour embryonnaire, c'est au niveau de la sphère orale que l'on peut constater les premières séquences motrices de l'embryon et objectiver ainsi, le passage subtil de l'embryon, non encore animé, à l'embryon animé » (Couly). Entre la dixième et la onzième semaines s'ébauchent le réflexe de succion et, vers la treizième semaine, le réflexe de déglutition. Le rodage fonctionnel du couple succion-déglutition se fera, soit en suçant les doigts ou les orteils, soit en déglutissant le liquide amniotique, ce liquide étant dégluti deux fois plus vite par le fœtus si l'on y a introduit du sucre, preuve de la mise en place, très précoce, de la fonction gustative et de l'attirance première pour le sucré.

À la naissance, le bébé passe brutalement d'un milieu fondamentalement aquatique à un milieu aérien. Cette venue au monde est d'abord une sensation de sécheresse, diffuse certes, sur tout le corps, à commencer par la peau, mais sans doute ressentie par toutes les muqueuses orificielles et principalement orales. On peut d'ores et déjà se demander si certaines sécheresses buccales, voire certaines sensations de brûlures (glossodynies, stomatodynies) apparaissant lors de vécus contraignants, de difficultés existentielles ou de périodes franchement dépressives, ne seraient pas l'écho de ce stress inaugural de la naissance, qui est à la fois perte et séparation.

Dès les premières heures de la vie, la bouche est un lieu d'échange relationnel, fondé sur l'urgente nécessité vitale. La rencontre avec le sein (ou son substitut) active les réflexes précoces les plus spécifiques de la succion déglutition. La tétée est un moment privilégié où tous les sens sont en éveil : goût et tiédeur du lait qui coule sur la muqueuse et procure du plaisir, voix et odeur de la mère, contact peau à peau, regard les yeux dans les yeux. Cet échange, physique et affectif se conjugue et s'amplifie au point fort de la jonction lèvre-langue-mamelon. La façon dont il est maintenu, dont il reçoit le sein ou le biberon, la façon dont sa peau fragile est nettoyée après ou avant chaque tétée, rien n'échappe au bébé, il s'imprègne de tout. Amour, tendresse, minutie attentive, parfois érotique, maladresse, agressivité, indifférence, acharnement. Tout ce qu'expriment les gestes maternels est perçu et retentira, déjà, sur le mode des succions, en dehors de la tétée.

Siège d'une excitation étayée sur l'assouvissement d'un besoin physiologique, la bouche est la zone érogène première. C'est le stade oral de la 1re année du développement, divisé en deux périodes, selon K. Abraham : la première étant celle de la succion et, au deuxième semestre, celle de la mordication.

Le modèle de la tétée est le modèle de la relation primitive à l'Autre, l'incorporation. Elle nécessite une incroyable énergie et donne la mesure de son investissement. La relation nourricière structure les premières bases relationnelles de l'individu qui peut manifester acceptation ou refus de l'Autre, en prenant ou en rejetant le mamelon ou la tétine. Ceci souligne l'importance déterminante de ce moment d'intimité où le conflit est toujours prêt à surgir, entre une mère inexpérimentée, maladroite ou trop rigide, qui ne saisit pas aisément les besoins d'un bébé, qui ne répond pas forcément, lui non plus, aux attentes maternelles. Ces malentendus, ou encore, des inadéquations aux besoins spécifiques de l'enfant lui suggèrent des perceptions dangereuses, confusément externes et internes à la fois. Ces angoisses orales précoces peuvent resurgir à chaque instant de la vie et, bien évidemment, en situation dentaire.

Tout est dit dans ces affrontements non verbaux — mais agis — par une langue déjà parlante d'autant plus lorsque de nouvelles stratégies alimentaires alternent avec le passage à la cuillère ou à la tasse, avec la tétée, proprement dite.

Ces stratégies oro-alimentaires chevauchent « les deux stades de maturation neuropsychologiques du bébé : le stade oral de succion et le stade oral de morsure, dit sadique oral, qui correspond au stade à partir duquel le nourrisson présente le début de l'occlusion lactéale incisive lui permettant de couper et de faire ainsi, son expérience impressionnante de la morsure » (Couly).

Événement attendu par l'entourage, véritable raz-de-marée au milieu d'un équilibre biologique et libidinal, l'éruption de la première dent, à l'intérieur d'une cavité, jusque là tapissée d'une muqueuse familière et riche d'expériences hédoniques est, sans aucun doute, un événement traumatique, tant par son caractère irruptif et fracassant que douloureux.

La précocité sensorielle, fonctionnelle et érogène de la bouche, la maturation cérébrale du bébé et les interprétations maternelles donnent, sans aucun doute, à cette douleur la primauté de sa localisation, et par là même son inscription, comme telle, dans le schéma corporel de l'enfant.

Cet événement sonne pour l'enfant la fin d'une dépendance souveraine à sa mère et une « coupure » du lien de la mère à son enfant.

Le sevrage, au sens large du terme, est la première étape d'un lent processus de séparation, frustrant et structurant à la fois, tournant décisif du développement mental, affectif et émotionnel.

L'angoisse devant l'étranger au huitième mois, deuxième moment organisateur de la vie psychique, selon Spitz — le premier étant le sourire vers 2-3 mois — est la toute première manifestation de l'angoisse, elle a valeur d'une première symbolisation : absence/présence de la mère.

C'est aussi le premier mécanisme de projection phobique : déplacement de la pulsion agressive sur l'étranger, car la mère, une fois reconnue et identifiée, devient la cible libidinale et affective, à la fois la « bonne » et la « mauvaise » mère. Naît alors l'ambivalence des sentiments : l'amour et la haine. Les dents de lait apparaissent juste au moment où les pulsions agressives trouvent à s'exprimer sur tout ce qui n'est pas perçu comme bon. Elles deviennent un instrument possible de morsure, très vite interdit. Ce qui fait dire à Françoise Dolto : « les dents sont les fruits symboliques de la castration orale : le sevrage ». Il n'est pas étonnant qu'aux dents se rattachent toujours des sentiments de frustration, d'agressivité, de perte, de culpabilité et que toute altération dentaire, même minime, plonge celui qui la découvre dans un réel désarroi, *a fortiori* lorsque les altérations sont multiples et répétitives. Toute douleur dentaire comporte toujours un arrière fond de châtiment. Le « mal de dent, mal d'amour » prend ici toute sa valeur originelle.

Les premières contraintes éducatives semblent sélectivement viser la fonction même des dents. Armes pour l'attaque ou pour la défense, les dents sont très vite réduites à n'être que des outils pour mastiquer ou pour sourire. La façon dont la mère accueillera les manifestations agressives de l'enfant pourra influencer, en partie, le rapport qu'il entretiendra avec ses dents. Vers le quinzième mois, le troisième moment organisateur, selon Spitz, est l'acquisition du « non », qui signifie l'identification à l'agresseur : c'est dire celui qui interdit et contraint. Le « non » peut être formulé ouvertement, mais ce refus peut aussi s'exprimer silencieusement en serrant les dents, assurant ainsi le verrouillage de l'énergie agressive, ce qui se retrouvera lors de certaines parafonctions.

En revanche les dents obtiennent très vite un statut esthétique. À partir d'une fonction érogène première, la bouche devient non seulement un organe sexuel secondaire mais constitue un des leviers de l'attrait sexuel, parmi les plus forts. Cette valorisation esthétique de la bouche et du sourire pourrait, en quelque sorte, se substituer à la fonction agressive. « Montrer les dents », chez l'animal, est un préambule à l'attaque. Sourire et séduire sont des armes, souvent très efficaces.

La chute des premières dents, dites de lait, celles responsables du « raz-de-marée », survient au déclin de la période œdipienne, autre grande période dans la vie de l'enfant, où angoisse de castration génitale et blessures narcissiques prennent le pas sur les angoisses persécutives des premiers mois de la vie. Les diverses formes de l'angoisse de castration donnent lieu à tout un cortège de fantasmes, de mutilations qui s'épanouissent à l'idée de toute atteinte dentaire. À cette puissante complexité affective et émotionnelle vient s'ajouter la réalité anatomo-physiologique, la cavité buccale est presque en totalité placée sous la dépendance sensitive du trijumeau, lui-même intimement lié, par ses noyaux radiculaires, aux structures rhinencéphaliques et limbiques, qui participent à toutes nos réactions émotionnelles. La douleur trigéminale est une douleur « cruelle » qui déborde très vite la zone causale.

Siège des émotions les plus archaïques, la bouche est la scène où se jouent l'absence, la séparation, voire l'abandon. Elle reste, à tout jamais, liée au plaisir, au déplaisir, au refus, dans une dialectique permanente de satisfaction-frustration. Elle jongle, sans cesse, avec l'amour et la haine, l'ambivalence et le conflictuel s'y enracinent. L'agressivité, la dépression, l'angoisse et la souffrance vont, à tout moment, troubler son équilibre psychosomatique et se convertir en douleur.

MANIFESTATIONS PSYCHOSOMATIQUES

On distinguera les conduites nocives, qui font le lit des troubles psychosomatiques, des pathologies psychosomatiques proprement dites.

CONDUITES ALLANT À L'ENCONTRE D'UNE BONNE SANTÉ BUCCO-DENTAIRE

Ces conduites, sourdement auto-destructrices, sont le plus souvent irrationnelles et paradoxales. Rien n'est plus redouté que la douleur dentaire et beaucoup refusent ou négligent les règles élémentaires d'hygiène, évitent ou reculent constamment le recours au praticien.

On sait l'importance d'une alimentation équilibrée pour la santé globale et, *a fortiori*, pour une bonne santé bucco-dentaire. Et, cependant, beaucoup s'adonnent à des consommations déraisonnables de sucreries, aliments éminemment cariogènes, ou abusent de l'alcool ou du tabac. La démesure est à son comble dans la conduite anorexique, boulimique, toxicomaniaque. Toutes ces conduites entraînent de graves atteintes, tant dentaires que muqueuses. Au cœur des pulsions premières, tout a commencé par la bouche, tout peut passer par elle et s'exprimer par elle, c'est ce que nous permettent d'observer les conduites parafonctionnelles.

Les conduites parafonctionnelles sont directement issues de la succion du pouce, modèle d'activité auto-érotique du bébé. De tétées en tétées, ponctuées de soins corporels, d'échanges ludiques et affectueux, le bébé construit, peu à peu, cet « objet », source de satisfaction.

En son absence ou lors d'une attente, vécue comme frustrante, le bébé va chercher à recréer la présence de « l'objet » en reproduisant le plaisir qu'il éprouve lors de la succion. Il va sucer un doigt, un pouce ou tout autre chose. Il hallucine, en quelque sorte, et réalise son désir de « l'objet ».

Cette activité auto-érotique est une première tentative d'aménagement de la solitude, tentative d'autonomie aussi, durant cette période de totale dépendance. Cette succion doit aller en décroissant, au fur et à mesure des acquisitions, tant motrices qu'intellectuelles. Lorsque cette succion se prolonge, des années durant, elle devient une habitude, vidée de sa richesse initiale. Elle est, alors, une sorte de béquille contre l'angoisse (solitude, endormissement, toute situation nouvelle ou vécue comme stressante) elle est aussi une façon de traiter l'ennui, la fatigue, de se rentrer en soi-même, d'obturer cette bouche qui ne laissera rien échapper.

Cette succion ouvre la voie à toutes les pratiques orales, auto-calmantes, compensatoires à toutes les frustrations de la vie (*cf.* les conduites alimentaires). On passe ainsi, d'une fonction tout à fait structurante à une fonction qui peut encore être apaisante, quand elle n'est pas, trop fréquemment, ni trop intensément, exercée.

Ne correspondant plus à aucun but précis de succion, de mastication, de déglutition ou d'expression, liées à des actes nécessaires à la vie, ces activités ou ces habitudes orales sont qualifiées de parafonctions. Elles se caractérisent par la déviation de praxies normales ou encore par leur exagération ou leur distorsion. De ces variantes dépendra l'évolution vers des pathologies plus ou moins douloureuses.

Au croisement de la motricité et de l'affectivité, du conflictuel et du symbolique, un symptôme parafonctionnel n'est jamais totalement innocent, même s'il est, parfois, favorisé par des anomalies dentaires ou des restaurations iatrogènes. Sa valeur métaphorique n'échappe d'ailleurs pas au langage commun : on se mord les lèvres, on tourne sept fois la langue dans sa bouche, on serre les dents, on est sur les dents, on a une dent contre quelqu'un, on ronge son frein, etc.

Bruxisme, strictions dentaires, morsures des joues, des lèvres, mordillements de pipe, crayons, mâchonnement de chewing-gum, onychophagie, succions diverses, pulsions linguales : toutes ces parafonctions sont, pour la plupart, effectuées à l'insu du sujet, du moins au moment où il s'y livre.

Objectivées cliniquement par des atteintes muqueuses, des abrasions, des mobilités, des migrations dentaires, des indentations linguales, la difficulté, tant diagnostique que pronostique, réside essentiellement dans l'évolution des moments de survenue, de la fréquence, du rythme et des algies présentes ou non.

Les lèvres et les joues peuvent être l'objet d'aspiration, de succion, de mordillement qui peuvent aller jusqu'à provoquer des desquamations épithéliales, des mini-ulcérations très intolérantes aux boissons et aux aliments acides.

Le mordillement d'une pipe, d'un crayon ou de tout autre objet, est une pratique voisine, peut être un substitut de l'onychophagie, le rongement des ongles, à ceci près qu'il s'agit, dans le premier cas, de l'attaque d'un objet extérieur à soi. L'onychophagie peut apparaître dès l'âge de trois ans, dans un contexte fréquent de répression du pouce, c'est un véritable retournement de la pulsion agressive sur les armes mêmes de l'attaque et de la défense, dans un registre auto-punitif.

Issu du chicklé, une gomme végétale mexicaine que les habitants avaient l'habitude de mâcher, pour calmer les nerfs, effacer la colère, l'angoisse ou les chagrins, le chewing-gum est consommé par des millions d'individus. Symbolisant, à la fois, le bon et le mauvais sein, il est goûté, sucé, mâché, pétri, pour être tôt ou tard, abandonné. Il est donc très différent du bonbon, qui, comme son nom l'indique, est le substitut d'un objet «bon» censé redonner le réconfort de la tendresse : sucé ou croqué, mais toujours ingéré.

Le bruxisme est la parafonction, diurne ou nocturne, des muscles masticateurs. Il se traduit soit par le grincement, soit par la crispation, soit par le claquement des dents. La plupart des bruxeurs ignorent totalement cette activité qui, diurne, est le plus souvent silencieuse, alors que l'activité nocturne peut être très bruyante et ne pas échapper à l'entourage immédiat. Le bruxeur peut exercer des pressions énormes sur ses dents et prendre une position excentrée extrême, presque insoupçonnable, par rapport à sa fermeture buccale habituelle. Ses degrés de sévérité sont extrêmement variables : pouvant aller de discrets points de brillance de l'émail de quelques dents, témoignant de frottements passagers à l'abrasion coronaire de la totalité des dents. Ce sont des fêlures, des usures, plus ou moins coupantes, des fractures partielles, la sensibilité de certaines dents qui en signent l'existence.

Des interférences occlusales, c'est-à-dire des anomalies des rapports dento-dentaires, structurelles ou iatrogènes, sont très fréquemment, à l'origine, un facteur déclenchant, mais l'exacerbation du besoin à réduire ces contacts irritatifs puise son énergie dans les pulsions agressives réprimées.

À interférences occlusales égales, certains bruxent, d'autres pas. De même, chez certains enfants les irritations occlusales, liées à l'éruption des dents peuvent provoquer du bruxisme, chez d'autres pas. «On grince des dents quand on voudrait, mais qu'on ne peut pas mordre», disait Marie Bonaparte dans son article sur les auto-érotismes par la griffe et par la dent.

Un bruxeur avéré, en dehors du sourire qui montre ses dents usées, présente des joues élargies et contractées au niveau de l'angle goniaque et des craquements articulaires, souvent audibles à un interlocuteur non averti. Il existe un véritable cercle vicieux entre les tensions psychiques qui entraînent une hyperactivité musculaire entraînant, à son tour, des tensions musculaires.

Les pulsions linguales responsables de déformations des procès alvéolaires, de migrations et mobilités dentaires peuvent remonter à la prime enfance. Beaucoup d'enfants ne sucent pas leur pouce, mais tètent, en quelque sorte, ce qui échappe totalement aux parents, leur langue, premier organe actif pour l'exploration, pour la reconnaissance et l'expression du refus. La pratique des pulsions linguales se veut calmante, mais inclut déjà le rejet et la défense contre tout ce qui est vécu comme intrusif et/ou mauvais.

Ces pulsions linguales sont de tous ordres : pulsions sur les dents antérieures, supérieures, inférieures, parfois sur une seule dent. Lorsque, lors de la déglutition, la langue s'interpose entre les arcades dentaires, au lieu de s'appuyer contre le palais, on est en présence d'une «déglutition infantile». Cette dysfonction peut devenir douloureuse lors des dysfonctionnements de l'appareil manducateur, dont elle est un des facteurs et s'apparente à une glossodynie.

Le rôle principal des parafonctions, on l'a compris, c'est l'adaptation à toutes les situations frustrantes de la vie. Auto-agressives elles sont considérées comme «normales» lorsque leur fréquence, leur intensité et leur durée n'entraînent que des dégâts mineurs. Elles sont «anormales» lorsque, compulsives, elles provoquent des pathologies dentaires, muqueuses, articulaires et/ou douloureuses, autodestructrices : elles répondent alors à la pathologie psychosomatique. Ces conduites ne sont pas irréversibles, elles peuvent disparaître et resurgir à tout moment difficile.

Cas clinique

Paul a quinze ans, il est en première. Il est grand, mince. Sa vêture est stricte, sans aucune concession à celle des adolescents de son âge. Il a déjà l'allure et la présentation d'un PDG.

L'examen clinique révèle des dents antérieures acérées et des muqueuses labiales blanchâtres et gonflées comme des éponges. Il ne présente aucune carie.

Il a rongé ses ongles, dés l'âge de trois ans, après avoir sucé son pouce. Sa mère lui reprochait ses «tics». Père et mère meurent dans un accident de voiture, lorsqu'il a cinq ans. Il est recueilli, avec son frère aîné, par un oncle et une tante, sans enfants. Vers onze, douze ans l'onychophagie cesse. Il fait craquer toutes ses articulations digitales. Il arrête, ses mains devenaient monstrueuses. En classe de troisième il traverse une période «heureuse», pleine d'espoir, il a beaucoup d'amis, part quinze jours aux États-Unis, pour les vacances de Pâques. À l'été «tout a capoté», «ça été dur», il se met à mordiller ses joues principalement, ses lèvres, à tel point que ses amis lui disent d'arrêter de faire des grimaces. De plus il ne peut manger qu'avec peine les soufflets au citron, qu'il prépare lui-même, de même que certains fruits.

Cette anamnèse permet sans doute à Paul de prendre confusément conscience de l'enchaînement de ses conduites et de leur sens.

Il ne fait aucun sport, par manque de temps. Une activité sportive de combat, pour libérer et assouvir une énergie agressive, lui est recommandée. Une relaxation éventuelle est évoquée, mais ne rencontre aucune adhésion.

Une sorte de protège-dent lui est prescrit, pour éviter les grincements de dents nocturnes et les morsures labiales. Les bords libres des dents antérieures sont soigneusement polis et repolis pour éviter un impact trop contondant. Le port, exclusivement nocturne, du protège-dent, accepté, est moyennement toléré et occasionnel.

D'autant que les craquements digitaux réapparaissent, répétés, à longueur de journée, sans substitution aucune aux commissures labiales.

Un peu plus d'un an après, les lèvres ont un aspect un peu moins spongieux, il ne porte plus du tout son protège-dent. Il tirait trop sur ses articulations des doigts, il a préféré mordiller ses lèvres : « ça ne se voit pas ».

Trois ans après, il ne mord plus ses lèvres depuis une bonne année. Il s'est mis à fumer, puis a arrêté au bout de quinze mois, à cause du sport : squash et musculation. Il ne ronge plus ses ongles, les coupe très court. Son visage, jadis sévère, sans âge, s'est éclairé. Et, pour la première fois, il raconte spontanément, comment il habite seul depuis deux ans, qu'il aime cela, qu'il va dîner trois fois par semaine chez ceux qu'il appelle les « parents », qu'il les aime mieux maintenant qu'il les a quittés. Il dit leur rigidité éducative et tout ce qu'il a souffert. Ses études supérieures terminées à Paris il a l'intention d'aller les poursuivre aux États-Unis et s'y installera grâce à l'héritage qui lui vient de ses vrais parents. Il a vingt ans : c'est la finance qui le passionne.

(Il s'est effectivement installé aux États-Unis, a épousé une américaine, a des enfants et occupe un poste important.)

Cette histoire émouvante est l'illustration parfaite de la valeur adaptative des recours parafonctionnels et de leur possible passage de l'un à l'autre. L'attitude du chirurgien-dentiste est délicate. Faire prendre conscience d'une parafonction n'est pas la lever. La traduire n'est pas plus thérapeutique. Paul a pu reconstruire facilement l'historique de ses parafonctions et plus ou moins clairement faire le lien entre celles-ci et son vécu personnel. Visiblement il ne lui était pas possible d'en dire plus. Respecter son silence lui a permis d'élaborer, seul, sa souffrance et d'y réagir positivement au moment où il en a été capable, tout comme de pouvoir en parler.

Le respect du silence du patient est loin d'être un refus d'écouter ou un abandon de celui-ci. Il y a une manière empathique de lui faire savoir que l'on est capable d'entendre ce qui ne va pas. mais que c'est à lui seul de décider d'en parler. De même que lui proposer d'aller parler avec un psy, ne doit pas signifier qu'on ne veut plus rien entendre, mais lui dire, simplement, que le psy, lui, est un spécialiste « apte » à conduire efficacement une thérapie.

Pathologies psychosomatiques

Elles peuvent toucher soit les muqueuses, soit les organes dentaires, soit le complexe stomatognathique dans sa globalité fonctionnelle. Rappelons qu'elles sont toutes associées et favorisées par des conduites nocives : refus ou négligence de l'hygiène et des soins dentaires, conduites alimentaires addictives (régime hyperglucidique, alcoolisme, boulimie, etc.) ou déviantes (anorexie, toxicomanie, etc.) et par les activités parafonctionnelles exacerbées.

Ces types de conduite se retrouvent lors des dépressions qui s'occultent derrière des affections psychosomatiques.

Pathologies muqueuses

Gingivite ulcéro-nécrotique

Elle est la plus grave et la plus douloureuse. Elle se caractérise par une nécrose des languettes interdentaires qui peut s'étendre à tout le bord gingival. Les lésions, recouvertes de fausses membranes gris jaunâtres, non-adhérentes, saignant au moindre contact. Fièvre, mauvaise haleine, hypersalivation et adénopathies régionales sont souvent associées à une dénutrition forcée, tant est douloureux le moindre contact des aliments.

Stomatite ulcéro-nécrotique

Elle est étendue à d'autres parties de la muqueuse buccale et aggrave les signes cliniques précités.

D'étiologie multifactorielle, un contexte traumatique, psychique et/ou dépressif préexiste toujours à la survenue de l'une ou de l'autre de ces affections, qui se montrent principalement chez des sujets jeunes, à l'hygiène bucco-dentaire insuffisante, en situation existentielle particulièrement difficile pour eux : recrutement militaire, incarcération, sentiment de solitude et d'abandon.

Seule une antibiothérapie évitera des séquelles irréversibles sur les tissus de soutien de la dent : le parodonte.

Cas clinique

Henri a tenu à partir au service militaire avec des dents en bon état : détartrage, quelques soins conservateurs. Un an après, il vient consulter, en urgence, pour des douleurs violentes dans toute sa bouche.

Les gencives sont déchiquetées, hémorragiques, l'haleine est fétide. Il rentre d'une équipée saharienne de trois semaines en voiture pour clôturer son année de coopération, avec un ami de régiment, la femme de celui-ci et la sienne. Il est marié depuis seize mois.

Les conditions d'hygiène et d'alimentation durant le voyage n'étaient certes pas les meilleures. Les trois autres ne se sont plaint de rien. « Ça a commencé presque au début, ça été très dur, pas physiquement mais moralement… souvent peur de se perdre… » Sa voix, son visage traduisent une souffrance, au-delà de la réelle douleur gingivale.

Conducteur de travaux publics, il part, définitivement, travailler en Afrique du Sud dans quinze jours. Dans ce court délai, antibiothérapie, soins locaux, réassurance. Six jours après, les douleurs et l'état gingival sont en amélioration. Il est peut-être un peu moins affecté. Il raconte que sa femme lui a dit, juste après leur départ, son intention de divorcer : « ça a été un choc », car il ne s'y attendait pas du tout et il ajoute « j'avais dix ans quand mes parents ont divorcé, je me sentais tellement coupable devant ma mère qui pleurait tout le temps ». Véritable déchirure réactualisée, dans sa propre vie, quinze ans après.

Cette débâcle muqueuse a littéralement étouffé le cri de détresse, inexprimable aux compagnons de route, enfermés dans l'immensité du désert.

Aphtes récidivants

Ils ont, pour les auteurs actuels, une étiologie psycho-immunologique probable.

Les aphtes forment des ulcérations de profondeurs variables, recouvertes de fibrine et entourées d'un halo érythémateux. Ils disparaissent le plus souvent au bout d'une à trois semaines. La lésion s'annonce par une sensation de brûlure et, lorsqu'elle est installée, elle peut être très vive et nécessite souvent de faire appel en urgence à l'odontologiste. Il existe une forme géante, d'évolution plus lente et plus douloureuse encore, pouvant laisser une cicatrice.

Cas clinique

Lucie a vingt-quatre ans, elle est aide-soignante. Son allure est très « unisex ». Elle est pâle, un visage d'enfant triste, un peu perdu.

Il y a trois ans, après extraction, sous anesthésie générale, des quatre dents de sagesse, elle a souffert d'un « blocage » des maxillaires auquel est venu s'ajouter un aphte géant à la face interne de la joue droite : « le trou s'agrandissait sans cesse », puis un autre est apparu. Depuis, elle ne peut pas préciser ce qui peut favoriser leur réapparition : « ça vient comme ça passe », elle ne fait rien, bien que ce soit très douloureux.

Dernière d'une fratrie de six enfants, c'est elle qui a le plus souffert du départ de son père, lorsqu'elle avait trois ans. Elle ne l'a jamais revu. Elle n'en parle jamais avec sa mère avec laquelle elle vit. Celle-ci va bientôt partir dans le Sud, pour se rapprocher des autres enfants, tous mariés. Sa sœur jumelle s'est suicidée il y a deux ans, elle ne s'entendait pas avec son mari, elle laisse trois enfants. Elle n'en parle jamais non plus : « ça a été un coup très dur. Des fois, dit-elle, j'ai envie de parler mais ça ne vient pas ».

Ce sont ses sœurs qui s'occupaient d'elle quand sa mère travaillait. Elle a sucé son pouce, puis rongé ses ongles, au point d'avoir des panaris. « J'ai toujours besoin d'avoir quelque chose dans la bouche ».

Depuis qu'elle travaille en milieu hospitalier, elle réclame souvent des examens médicaux. Elle dit aussi avoir très peur des anesthésies générales. Et pourtant elle les enchaînera en subissant à 18 ans une amygdalectomie, à 20 ans une appendicectomie, à 21 ans l'avulsion des 4 dents de sagesse et, à 22 ans, l'opération d'un panaris. À trois mois, se souvient-elle, elle a été hospitalisée pour une déshydratation...

Un vécu douloureux de pertes, de séparation, d'abandon, de traumatismes à répétition, comme ces aphtes géants. Une demande d'interventions, redoutées et désirées à la fois, comme la seule preuve qu'elle existe et qu'on s'occupe d'elle, pour un temps.

« Ça fait du bien de parler », conclut-elle.

Lichen plan

Il présente des lésions polymorphes : plaques, stries, bulles, érosions. Les bulles et les érosions peuvent provoquer, parfois, des sensations de brûlures.

Il peut être cutané ou muqueux, il est à prépondérance linguale, dans sa forme buccale, présente sous forme de réseaux de fines lignes blanches ou de plaques blanchâtres. il survient toujours chez des personnes très anxieuses et vulnérables. Elles doivent être suivies périodiquement, le lichen plan peut parfois dégénérer en carcinome spinocellulaire.

Glossite exfoliatrice marginée ou langue géographique

Les facteurs psycho-émotionnels sont toujours déclenchants, tout comme le psoriasis dont ces patients sont très souvent atteints.

Les papilles filiformes de la face dorsale de la langue desquament en de multiples zones, aux contours tortueux, mais bien délimités. La zone dénudée, entourée de sa bordure blanche, semble se déplacer sur la surface de la langue, guérissant d'un côté pour s'étendre de l'autre

Pathologie des organes dentaires

D'étiologie plurifonctionnelle il y a trois constantes : une hygiène bucco-dentaire insuffisante, un régime hyperglucidique (sous forme répétée de grignotage) et/ou déséquilibré et des modifications salivaires, qualitatives et quantitatives.

On observe souvent des polycaries, d'évolution extrêmement rapide, chez des personnes traversant des périodes difficiles.

Pathologies dysfonctionnelles de l'appareil manducateur

Elles présentent, dans leur extrême diversité, certains dénominateurs communs : douleur, spasme musculaire, tension émotionnelle et psychique.

La douleur est pénible, sourde et lancinante avec des phases paroxystiques. Elle est, le plus souvent, unilatérale, parfois diffuse. Elle siège éminemment dans la région pré-auriculaire, avec de fréquentes irradiations dans les aires temporale, mandibulaire, occipitale, cervicale, parfois scapulaire, voire même brachiale. La douleur est parfois sous-mentonnière, laryngée.

Sauf exception, la douleur n'empêche pas le sommeil.

Différents symptômes, le plus souvent associés, semblent liés à la dysfonction :

– des craquements et des crépitations de l'articulation temporo-mandibulaire;

– une dyskinésie mandibulaire, accompagnée d'une modification vers la diminution de l'amplitude de l'ouverture buccale, avec ou sans latéro-déviation;

– des tics posturaux, les patients déglutisseurs liguo-dysfonctionnels évitent l'occlusion dento-dentaire;

– parfois un état de contracture permanente;

– des bourdonnements et des sifflements dans l'oreille;

– une sensation d'oreille bouchée;

– des vertiges;

– une glossodynie;

– une sensation de douleur ou de brûlure de la gorge.

L'étiologie est multifactorielle.

Facteurs locaux

L'occlusion centrée déséquilibrée peut être consécutive à :

– des dysharmonies dento-maxillaires, dento-dentaires;

– des migrations dentaires;

– des malocclusions, le plus souvent iatrogènes;

– des habitudes parafonctionnelles intenses (bruxisme, onychophagie, mordillement d'objets, pulsions linguales, etc.).

Facteurs généraux

On peut citer :

– l'âge ou le sexe : les douleurs apparaissent surtout après trente ans et touchent une majorité de femmes;

– certaines atteintes systémiques (hypoparathyroïdie, hypocalcémie, etc.).

Facteurs psychiques et émotionnels

Ils sont les éléments déclenchants et/ou aggravants.

Il est flagrant de constater que les patients souffrant d'une dysfonction de l'appareil manducateur n'ont, en général, pas plus de troubles occlusaux que la moyenne des individus. En revanche, ils s'en distinguent par un état d'anxiété, de tension, teintée souvent d'agressivité, ou encore par un état nettement dépressif. Débordés dans leur système de défense, ils réagissent par une tension musculaire permanente avec des paroxysmes.

La prudence thérapeutique s'impose, compte tenu de la réversibilité des phénomènes douloureux, à plus ou moins long terme. Avant toute intention, il importe d'être suffisamment explicite pour que le patient comprenne ce qui se passe. La prise de conscience du lien entre les hypertensions musculaires et les phénomènes psycho-émotionnels peut améliorer le pronostic.

Il peut être fait appel à différents dispositifs prothétiques (le plus souvent une gouttière de libération occlusale) pour lever les spasmes musculaires et procéder ensuite, si nécessaire, à des rééquilibrages occlusaux, ce qui a pour but d'établir, lors de la fermeture de bouche, des contacts ponctuels, simultanés et égaux en intensité avec toutes les dents antagonistes.

Les manifestations tensionnelles, tant physiques que psychiques, peuvent alors régresser chez ces malades qui bénéficient d'un confort des rapports dento-dentaires, parfois jusqu'alors inconnu. Le praticien doit cependant rester conscient de la relativité de la rémission. La vulnérabilité de ces sujets exige un «suivi» et une coopération constante pour maintenir, au mieux, les résultats acquis.

L'occlusion est en perpétuelle évolution et rien n'est jamais obtenu définitivement. Au déclin d'une dysfonction de l'appareil manducateur, le praticien doit porter son attention sur d'éventuelles symptomatologies substitutives, averti qu'il est de la valeur, bien souvent protectrice, de la douleur.

Dans bien des cas, une relaxation est la thérapie de choix. Elle est en général plus facilement acceptée, du moins intellectuellement, qu'une psychothérapie. Elle doit être présentée comme un traitement global, corporel et psychologique, générateur d'un mieux être. à long terme.

Cas clinique

Claude a 23 ans, elle est célibataire, une allure véritablement hommasse. Elle souffre, depuis des mois, dans la région pré-auriculaire droite. Un «otorhino» consulté a émis l'hypothèse d'un problème au niveau de la dents de sagesse inférieure droite.

Ses dents sont indemnes de toute carie. L'ouverture buccale est relativement limitée. Elle ne ferme pas la bouche, elle la verrouille littéralement, ses masséters sont durs comme du bois. La douleur ne la quitte pas de l'après-midi et s'estompe à son retour chez elle.

Elle sait qu'elle serre les dents depuis longtemps. Employée dans une banque, elle a changé récemment de bureau et le nouvel environnement humain lui est apparu, très vite, insupportable, malgré un travail intéressant. Elle est en traitement pour une colite chronique, souffre très souvent de dorsalgies. Elle ajoute : «en ce moment c'est la débandade. Tout dernièrement, un dentiste voulait m'arracher ma dent de sagesse parce qu'elle choquait l'autre. J'ai refusé».

Elle dénonce spontanément « l'origine nerveuse de ses déboires » qui n'a pourtant jamais été prise en compte par ses médecins traitants.

L'abstention de toute intervention est décidée, d'un commun accord, pour quinze jours, à charge qu'elle essaie de desserrer les dents, si elle le peut. Elle revient, la douleur pré-auriculaire s'est améliorée, elle se plaint de douleurs intermittentes sur la canine et l'incisive voisine inférieures gauches. Elle reconnaît « jouer » avec ces dents là. Une légère correction occlusale est faite sur la dent de sagesse.

Le mois suivant, « du coté dentaire, ça va beaucoup mieux, mais j'ai très mal au dos, ma kiné pense comme vous que je relève d'un psychologue... ». Une consultation lui avait été conseillée dès la première entrevue, en lui expliquant ce qu'était la relaxation. Elle ira consulter. Elle ne donnera pas suite : « elle a compris suffisamment de choses et elle se débrouillera avec ça ».

Patiente fidèle, elle consulte régulièrement. Elle dit « les dents vont et viennent » au gré de la santé de ses parents âgés, malades, éloignés et surtout de sa mère, désormais hospitalisée dans un hôpital psychiatrique. Les dorsalgies alternent avec d'autres événements pathologiques, fistule anale, entre autres.

DOULEURS

Douleurs dysfonctionnelles chroniques

À ces douleurs dysfonctionnelles qui peuvent disparaître, de quelques jours à quelques semaines, parce que d'apparition récente dans un contexte existentiel bien particulier et accompagnées avec compétence et empathie par le praticien, s'opposent les douleurs chroniques de l'appareil manducateur qui vont durer parfois pendant des années.

Les malades qui en souffrent vont multiplier les consultations, arrivant avec un lourd dossier, souvent porté par le conjoint. Une attitude de fermeté concernant leur dysfonctionnement psychique s'impose pour tenter d'arrêter la quête insistante d'hypothétiques et coûteuses thérapeutiques mécanicistes.

Cas clinique

Madame M. est venue consulter dans le cadre hospitalo-universitaire. Septuagénaire, elle a dû être une fort jolie femme, elle est très élégante, apprêtée, des ongles vernis très longs. Son visage porte un masque douloureux et tout son corps semble tétanisé.

Elle se plaint d'algies étendues jusqu'à la ceinture scapulaire, à la nuque et au bras. Ces douleurs, pour Madame M. et son mari, d'une dizaine d'années plus âgé qu'elle, sont totalement attribuées à des causes d'origine dentaire. Une prothèse fixe supérieure a été exécutée par le « dentiste le plus cher de Paris, il y a douze ans ». Loin d'avoir réparé les marques du temps, elle les aggravées. Preuve à l'appui, des photos sont exhibées pour témoigner de sa beauté « avant » et illustrer les postes prestigieux occupés, tout au long de sa vie, dans des industries de luxe.

Cette prothèse maxillaire, unanimement reconnue nocive par une quarantaine de praticiens des plus connus et des plus compétents, est toujours intacte. Tout a été tenté à la mandibule et soigneusement décrit, avec force détails, en termes très professionnels, par Madame M.. Elle reconnaît avoir été soignée pour des épisodes dépressifs, mais nie farouchement toute incidence. Cette mise en échec de spécialistes, réduits à l'impuissance, semble procurer des bénéfices personnels au mari, qui demande qu'on lui désigne la prochaine « victime », capable de réussir là où les autres ont échoué.

Douleurs psychogènes de la sphère oro-faciale

Très nombreuses et d'affections très diverses, nous nous limiterons à celles pour lesquelles l'odontologiste est le plus souvent consulté : les paresthésies buccales, les glossodynies, les stomatodynies, les odontalgies *sine materia*.

Ces syndromes douloureux, sans lésions visibles, d'étiologie organique inconnue, peuvent évoluer pendant des années et donner lieu à des consultations réitérées.

Les trois-quarts des patients ont plus de cinquante ans. Les femmes sont, proportionnellement, les plus nombreuses.

D'une façon générale, les douleurs sont légères le matin, elles augmentent dans la journée, pour atteindre leur sommet le soir. Elles sont calmées lors des repas, elles s'atténuent lors des moments de détente (distractions, jardinage, bricolage, etc.). Elles disparaissent totalement la nuit.

Glossodynies et stomatodynies

La glossodynie cryptogénétique, essentielle ou *burning tongue* des anglo-saxons, est une douleur lancinante, à type de brûlure, souvent bilatérale, parfois diffuse à la bouche, au palais, aux joues, lèvres (stomatodynies). S'y ajoutent toujours une sensation de sécheresse buccale, un goût amer ou métallique, une cancérophobie.

Le patient qui consulte est très inquiet, il a souvent regardé sa langue. Il l'a tiré sur tous les côtés, il a cru voir des anomalies. Quand on l'observe, sa langue est d'une motilité exceptionnelle, elle vient buter sur les dents, elle lèche les commissures, elle balaye les joues : une langue ivre.

Pour ce patient, les raisons sont purement organiques et il fait remonter le déclenchement des douleurs soit à :

– un épisode infectieux ;

– une stomatite mycosique ;

– un détartrage ;

– la pose d'une prothèse dentaire fixée ou amovible.

Il a souvent déjà consulté plusieurs spécialistes : médecins, stomatologistes, ORL, etc. Il attend du énième praticien que celui-ci trouve, enfin, ce que les précédents n'ont pas vu et lui prescrive le remède miracle. Son entrain à multiplier les consultations n'a d'égal que ses brûlures. Il semble répéter inlassablement la description de ce qu'il ressent, exhibe sa langue, plus enclin à la tirer qu'à parler de lui-même.

L'anamnèse révèle toujours ce qui fait le lit des douleurs chroniques :

– perte d'objet : décès d'un proche, veuvage, départ des enfants, etc. ;

– changement de situation : retraite, déménagement, transplantation, etc. ;

– traumatisme narcissique : d'un divorce, d'un vieillissement inéluctable, etc. ;

– et, souvent, un cancer de la zone ORL d'un proche, point de départ de la cancérophobie.

Deux patients sur trois sont dépressifs, certains depuis longtemps, d'autres plus récemment. Les autres peuvent être de grands anxieux, à tendance hypochondriaque (hallucination sensorielle). Chez certains patients, y compris les dépressifs, ces algies évoquent des phénomènes de type conversionnel.

Mais ce que l'on retrouve toujours, c'est l'emprise du patient sur l'entourage qui subit la tyrannie de cette langue qui brûle tout sur son passage.

On peut parler, la plupart du temps, d'une douleur « centrifuge » selon É. Ferragut. De plus, la dépression en est, pour eux, la conséquence et non pas la cause.

Anxiolytiques et antidépresseurs n'ont pas toujours les effets bénéfiques que certains auteurs se plaisent à rapporter. Bien des glossodynies résistent à tout !

Le plus difficile est de rassurer le patient sur la bénignité de sa symptomatologie et d'avoir le courage de lui dire que les douleurs partiront un jour, comme elles sont venues, et, que moins il se polarisera dessus, plus elles auront de chance de disparaître. Plus tôt elles sont diagnostiquées, plus on a de chance de les endiguer.

La proposition d'une aide psychologique, psychothérapie ou relaxation, est rarement acceptée. Lorsque c'est le cas, elle est souvent vite abandonnée.

Cas clinique

Une très ancienne patiente a tenu à présenter une de ses amies qui souffre depuis quelques mois de sensations de brûlure de la langue. Veuves, toutes les deux, alertes, elles font de beaux voyages ensemble et veulent profiter de la vie qui leur reste, elles ont dépassé les 75 ans.

L'une s'afflige des douleurs de l'autre qu'elle décrit, depuis toujours, négative, mais actuellement maussade et passablement déprimée. L'anamnèse de Madame P. révèle que son dentiste a voulu changer une couronne ancienne, sur une molaire inférieure gauche. La pose de la nouvelle couronne, en métal semi-précieux lui a, très peu de temps après, provoqué des brûlure de la langue, du même côté, brûlures caractéristiques de la glossodynie. Après deux mois d'hésitations de la part du praticien et de plaintes de la patiente, la couronne est déposée, au profit d'une nouvelle, en céramique. Les douleurs ne cèdent pas pour autant. Bien au contraire. La première intervention prothétique a coïncidé avec l'annonce du départ du fils unique, marié, père de deux enfants, pour la province. « Un fils qui n'en veut qu'à son argent, comme la bru et les petits enfants. Pourtant il a eu sa part de l'héritage paternel… ». Au fil du discours, qui cache à peine son ressentiment, elle déclare qu'il lui reproche d'avoir mis sa mère à l'hospice, au lieu de la garder chez elle, alors qu'elle était veuve et retraitée… « Il n'avait qu'à la prendre, lui… ». Cette grand-mère a élevé ce fils jusqu'à son entrée en sixième : père et mère dans le commerce, n'avaient pas le temps de s'occuper de lui. Une possible dépression en réaction au départ de ce fils, estimé ingrat et égoïste, est évoquée. Mais tout est rapporté à cette couronne changée inconsidérément, puisqu'elle ne souffrait pas.

Elle va partir au Maroc quinze jours. Au retour, elle dit avoir observé une sédation pendant ce voyage dans un très beau pays. Mais, depuis, tout a recommencé.

Odontalgie *sine materia*

Cette douleur intéresse une seule ou un groupe de dents.

Toutes autres causes possibles doivent être soigneusement éliminées : pulpite subaiguë, fêlures, surcharges occlusales, etc.

Mais, là encore, la douleur est calmée lors des repas ou en mâchant du chewing-gum. Elle disparaît la nuit, réapparaît le matin, peut s'atténuer lors des moments de détente. Toute avulsion s'avère inutile, car la douleur devient, alors, celle d'une dent fantôme.

Cas clinique

Madame V. est une dame ronde, de la soixantaine, au visage poupin, mais assez figé, malgré une grande volubilité. Elle souffre « des dents à gauche ». La douleur est exemplairement décrite : elle souffre deux à trois heures de suite, jamais la nuit, le matin non plus, jusque vers onze heures : lorsque son organisme s'éveille, la douleur aussi, mais jamais pendant les repas.

D'emblée elle dit que tout a commencé à la suite de son divorce. Le premier chirurgien-dentiste consulté a trouvé ses dents magnifiques et lui a prescrit des antalgiques, avant de partir en vacances. En son absence les douleurs ont redoublé. Elle est alors allée consulter plusieurs stomatologistes qui ont « gratté » ses dents, jusqu'à celui qui lui a déclaré que ses douleurs étaient liées à sa dépression. Elle a changé plusieurs fois de psychiatres qui lui ont prescrit de l'Anafranyl. « Le dernier est gentil, il fait ce qu'il peut, mais il n'y a pas grande amélioration... J'en ai marre d'avoir mal ».

Il y a cinq ans, elle est allée, dans un accès de colère, demander à un chirurgien-dentiste de lui arracher deux dents. Il ne voulait pas, elle l'a forcé : « ça n'a rien changé », reconnaît-elle, elle a souvent mal à l'endroit où les dents ont été extraites... on arracherait les deux dernières ce serait pareil. À cette époque, secrétaire d'un vétérinaire, elle s'était mise en ménage avec un homme violent qui la persécutait et l'a forcée à l'épouser. Il a fini par se suicider, à son grand soulagement. Grâce à leurs deux enfants, elle a toujours entretenu de bons rapports avec son ex-mari, dont elle n'aurait pas dû divorcer (il avait une liaison, elle l'a trompé, il ne lui a pas pardonné...). Maintenant elle vit avec un veuf, très gentil et cultivé, qui ne supportait plus sa solitude. Opéré d'une artérite il est devenu impuissant. Mais elle ajoute, qu'à son âge ça ne la gêne pas. L'essentiel est qu'ils s'apportent une certaine chaleur.

Madame V. semble avoir bien rôdé son histoire, à force de la raconter. elle sait, depuis longtemps que c'est « uniquement psychique », mais la douleur n'en démord pas, pour autant.

Une relaxation lui est vivement conseillée, en accord avec le psychiatre traitant, qui ne peut que déplorer la pauvreté de ses capacités associatives. Elle ira trois fois et elle abandonnera.

CONCLUSION

La cavité buccale se distingue par sa précocité et sa complexité sensorielle, fonctionnelle, relationnelle et érogène. Elle appartient à la préhistoire émotionnelle, affective et traumatique de chacun.

On ne peut pas, devant les pathologies muqueuses, plus ou moins sévères, ne pas évoquer les états de détresse des tout premiers mois de la vie, où angoisse diffuse et processus biologique sont totalement indifférenciés. On a observé, aussi bien chez Henri, atteint d'une gingivite ulcéro-nécrotique très invalidante, que chez Lucie, présentant des aphtes géants récidivants douloureux, la même angoisse massive. Ces désorganisations psychosomatiques surgissent lors de vécus de grand isolement ou d'abandon.

Là se pose la question d'interactions pathologiques précoces : discontinuité de la relation (séparation, hospitalisations, etc.) et surplus d'excitation sur la zone orale en particulier.

Vecteur fondamental de la relation, de la communication et de l'expression (de la parole aux mimiques), la zone oro-faciale présente des symptomatologies qui ne peuvent laisser insensibles quant à la coïncidence frappante entre les symptômes dysfonctionnels et la nature des conflits sous-jacents. Ils sont toujours, à des degrés divers, porteurs et mode d'expression de pulsions agressives réprimées qui ne trouvent d'autre issue que dans les hypertonies des muscles masticateurs et leur exacerbation douloureuse.

De ce fait, inévitablement, la question du choix de l'organe et/ou de la fonction s'impose.

L'acquisition du « non » marque, chez l'enfant, le début d'une maîtrise verbale de l'agressivité. Bien des « non » inexprimables vont rester verrouillés entre des dents serrées et des masséters contractés. On a vu Claude, bardée d'un solide masochisme, évoluer entre l'agressivité, la culpabilité et la dépression : les gens du bureau sont insupportables, les parents « lourds » sont visités pratiquement tous les week-ends. Ses escapades vacancières sont, ponctuellement, bénéfiques. Après tout recommence : dorsalgies, pathologies diverses alternent avec strictions dentaires douloureuses. Elle va ainsi, errant du fonctionnel au psychosomatique, toujours très proche du conversionnel.

Les douleurs dysfonctionnelles chroniques de l'appareil manducateur sont exemplaires du syndrome de l'indicible où la dépression se nourrit d'un violent appétit d'usure lente et déterminée de l'entourage et/ou des thérapeutes successivement consultés. On se souvient de Madame M., accompagnée d'un mari, probablement tyrannisé, mais puisant, à son tour, quelques bénéfices auprès des thérapeutes.

Plus encore sur un versant conversionnel dominant sont les douleurs psychogènes de longue durée : les glossodynies, stomatodynies et odontalgies *sine materia.*

À propos de la langue, Ambroise Paré disait : « Son action est la plus excellente qui se fasse par la vertu et la faculté de l'âme, pour ce qu'elle est truchement et messagère des cogitations de l'esprit ».

La langue est une flamme, elle en a la forme et la motilité. Le feu dévore, détruit et purifie. Qu'est-ce que cette langue brûlante, dévore et purifie à la fois ?

Ne peut-on évoquer aussi la langue exploratrice des premiers moments de détresse : elle se retourne, elle s'agite pour combler le vide d'un abandon intolérable, où, la bouche, privée du sein, brûle de sécheresse et de rage. Madame P. ne peut supporter le départ irrémédiable de son fils qui semble la fuir.

L'odontalgie *sine materia* est, là encore, un investissement substitutif d'un objet perdu, dans un registre auto-punitif, où les instruments mêmes de l'agressivité doivent disparaître et qui, supprimés, subsistent encore sous forme d'organe fantôme douloureux. Madame V. ne supporte pas d'avoir divorcé d'un homme auquel elle reste attachée, pas seulement à cause des enfants. Ces douleurs chroniques viennent masquer, tout autant, la détresse que la violence et le symptôme qui apparaît ici dans toute sa crudité expressive, plus ou moins intense, il est bien la preuve d'un fonctionnement défensif, dont la valeur protectrice doit, dans certains cas, rendre le thérapeute circonspect quant à sa suppression. D'autant que, bien souvent, patient et entourage semblent y trouver chacun leur compte.

Bien évidemment, toutes ces algies sont liées au débordement du sujet face à des traumatismes, tant endogènes, en rapport avec son histoire personnelle, qu'exogènes : deuil, séparation, changement dans la vie professionnelle, etc. Elles sont, on l'a vu, presque toujours favorisées par des mal-relations dento-dentaires, soit structurelles, soit d'origine iatrogène, telles des réhabilitations prothétiques, en apparence satisfaisantes, mais insuffisamment adaptées aux conduites fonctionnelles individuelles.

Il est important de noter, là encore, que beaucoup s'en accommodent, d'autres pas. On peut évoquer aussi toutes les interventions qui, sans être inutiles, ne révèlent aucun caractère indispensable ou urgent, et qui, mal comprises ou non souhaitées, ouvrent la voie à des difficultés d'intégration, voire à des revendications.

Un patient est une personne à part entière, qu'il faut d'abord décoder pour évaluer qui il est, ce dont il se plaint, ce dont il souffre, ce qu'il veut et ce dont il a réellement besoin. Sans cette évaluation, en amont de toute intervention, diagnostic, pronostic et plan de traitement sont approximatifs, voire erronés. Cette évaluation se fait dès la première consultation et se poursuit lors des consultations suivantes.

Lors de l'anamnèse, écoute et observations attentives et minutieuses sont de rigueur. Pour cela, disponibilité, empathie, tact et sensibilité sont les conditions requises pour une investigation où le patient ne se sent pas cerné par un tir de questions uniquement fermées ou policières. Déjà, la façon, non intrusive, de conduire l'anamnèse peut s'avérer thérapeutique, par la compréhension, parfois tacite, des faits, partagée entre praticien et patient. Au praticien d'expliquer, simplement et humainement, ce qu'il a retenu pour proposer le ou les traitements appropriés. Quelques soins buccaux préliminaires, détartrage, radios, prise d'empreintes, etc. permettent en plus d'apprécier ses premières réactions, sa capacité à accepter les contraintes et le suivi dont il sera capable.

Rien ne peut être entrepris sans avoir obtenu l'assurance de la participation éclairée et effective du patient. L'odontologiste, qui a une expérience et une connaissance psychosomatique certaines, est mieux placé pour évaluer un patient dans sa globalité, structure de personnalité comprise. Il sera plus à l'aise, en particulier, devant celui présentant des troubles persistants, en dépit de thérapeutiques aussi variées que nombreuses.

La question est de savoir s'il peut entreprendre un traitement psychologique en même temps qu'il va procéder à des actes purement odontologiques. La réponse est délicate et s'examine au cas par cas. Il semble qu'il ne soit, de toute façon, question que d'un soutien psychologique. soutien dont certains thérapeutes sont spontanément capables, d'autres moins.

Plusieurs cas sont possibles.

Lorsqu'un patient traverse une période difficile, dont il est conscient, et qu'il accepte volontiers cette réalité comme facteur déclenchant ou aggravant de ses troubles, que, de plus, il conçoit que le traitement organique ne résoudra pas tout, le praticien peut effectivement apporter un soutien thérapeutique somatique et psychologique. Bien des conforts buccaux redonnés et une écoute empathique améliorent considérablement, et parfois assez rapidement, ce type de patient.

Lorsqu'un autre est nettement moins enclin à faire le lien avec sa vie psychique, parfois même avec un déni forcené, n'attendant de l'odontologiste psychosomaticien qu'une énième intervention technique, l'aide psychologique est infiniment moins certaine, voire illusoire. L'orientation vers un « psy » est d'autant plus improbable, du moins dans un premier temps. Une attitude de prudence et de fermeté s'impose pour ne pas intervenir, sauf à bon escient, et faire comprendre que la nécessité thérapeutique est ailleurs. Enfin, nombreux sont les patients qui, face à un praticien qui leur donne le sentiment de les écouter réellement, peut-être pour la première fois de leur vie, cherchent ou espèrent « faire l'économie d'un psy ».

C'est au praticien d'être clair avec lui-même, entre ses aspirations, ce qu'on attend de lui, ce qui est compatible avec sa compétence et ce qui ne l'est pas. Toute confusion de rôle pourrait s'avérer fatale, à plus ou moins long terme.

Enfin on ne peut passer sous silence la proximité, tant physique qu'émotionnelle, entre un odontologiste et son patient et la nature même des interventions, dans ce lieu intime, si promptement ouvert à tous les fantasmes. Le maintien d'une bonne distance thérapeutique, s'il est toujours indispensable, devient *a fortiori* impératif si l'on veut accompagner, avec empathie et sérénité, ces patients tout aussi avides que vulnérables.

BIBLIOGRAPHIE

BONAPARTE M. — Des auto-érotismes par la griffe et la dent. *Rev. Fr. Psychanalyse* 1933, VI, 2.

CAIN J., DECOURT P. — Place, rôle et sens de la douleur d'un point de vue psychanalytique. 147, 16. In : *La dimension de la souffrance chez le malade douloureux chronique*. Masson, 1995.

COULY G. — La langue, appareil naturel d'orthopédie dento-faciale « pour le meilleur et pour le pire ». *Rev. Orthopédie Dento-Faciale* 23 : 9, 17, 1989.

DEJOURS Ch., MARTY P., HERZBERG, POLONIECKA R. — Les questions théoriques en psychosomatiques. *Encycl. Méd. Chir.* Psychiatrie 37400, C 10, 7, 1980.

DEJOURS Ch. — *Le corps entre biologie et psychanalyse*. Payot, Paris, 1986.

FERRAGUT E. — Aspects cliniques et prise en charge psychologique du patient douloureux chronique. In : *La dimension de la souffrance chez le malade douloureux chronique*. Masson, 1995.

FREUD S., BREUER J. — *Étude sur l'hystérie*. PUF, 1956.

GUICHARD R., RUEL KELLERMANN M., VAN AMERONGEN P.-A. — Psychosomatique en odonto-stomatologie. Concepts récents et applications cliniques. *Encycl. Méd. Chir.* Stomatologie 23840, A 10, 7, 1986.

KAWAMURA Y. — *Physiology of mastication*. Éd. Y. Kawamura, Osaka, 104-114, 1974.

KREISLER L. — Les bases originaires de l'organisation psychosomatique. *RFP*, n° 1, PUF, 1991, p. 169-184, 11.

LE BRETON G., GODEFROY M. —.Douleur et dépression en odonto-stomatologie glossodynies et stomatodynies. *Clinic* 1998, vol. 19, n° 7, 413-425, 12.

PIONCHON P., JOUBERT E. — Les ADAM constituent-ils un moyen d'expression bio-psychosociale ? *Information Dentaire* n° 15 du 18 avril 1996, 1149-1155, 13.

KELLERMANN M. — La consultation psychosomatique en odonto-stomatologie. *Le Chirurgien-Dentiste de France* n° 224, 1983, 53.

KELLERMANN M. — Douleur et dépression en odonto-stomatologie. Réflexions et références psychanalytiques. *Psychol. Méd.* 1983, 15, n° 4, 529.

KELLERMANN M. — Des auto-érotismes aux paralonctions. *Rev. Orthop. Dento-Faciale* 1983, 17, n° 3, 301.

KELLERMANN M., VAN AMERONGEN P.-A. — Psychosomatique en odonto-stomatologie-psychiatrie. In : *Médecine et Chirurgie Dentaire*. Éd. CDP, 1988, 921-927, 17.

KELLERMANN M., JOUVEAU Cl., GUICHARD R. — Le facteur psychologique dans l'approche globale du patient. Quand et pourquoi ? *Le Chirurgien-Dentiste de France* n° 224, 1983, 53.

SPITZ R. — *De la naissance à la parole. La 1re année de la vie*. PUF, 1971, 19.

SPITZ R. — *Le non et le oui. La genèse de la communication humaine*. PUF, 1976.

INDEX

400047 - (I) - (1,2) - OSB 80° - SNEL

MASSON Éditeur
120, boulevard Saint-Germain
75280 Paris Cedex 06
Dépôt légal : mars 2000

Achevé d'imprimer sur les presses de la
SNEL S.A.
rue Saint-Vincent 12 – B-4020 Liège
tél. 32(0)4 344 65 60 - fax 32(0)4 343 77 50
février 2000 - 15087